ISBN 978-0-282-03416-0
PIBN 10614058

LOUISE-MARIE-ADÉLAÏDE

DE BOURBON PENTHIÈVRE

DUCHESSE D'ORLÉANS

OUVRAGES DU MÊME AUTEUR

Souvenirs du Baron Hüe, officier de la chambre du roi Louis XVI et du roi Louis XVIII (1787-1819), avec gravure, introduction et notes, publiés par son arrière-petit-fils, le Baron de Maricourt. Calmann-Lévy, 1903. In-8°.

Du Protestantisme au Catholicisme, Psychologie d'une conversation au XVIIe siècle. Mme Chardon. Bloud, 1904. In 8°.

En Marge de notre Histoire. (Une séquestration au XVIIe siècle, Mme de Pompadour à Fontainebleau, Journées Révolutionnaires, Louis XVIII et Martin de Gallardon, Charles X sur la route de l'exil, La Duchesse de Berry, etc.) Emile-Paul, 1905. In-8°.

Oscar II intime, avec gravures. Juven, 1906. In-12.

Les Aventures du Cardinal de Richelieu et de la Duchesse d'Elbeuf. (D'après un manuscrit du XVIIe siècle.) Sansot, 1909. In-12.

Souvenirs de François de Cézac, hussard au régiment de Bercheny, volontaire à l'armée de Condé, avec introduction et notes. Émile-Paul, 1909. In-8°.

Lettres du Docteur Rigby. (Un voyageur en France avant la Révolution) publiées par U. Caillet, avec introduction et notes du Baron de Maricourt. In-12. Nouvelle Librairie Nationale, 1910.

Madame de Souza et sa famille. (Les Marigny, les Flahaut, Auguste de Morny (1761-1836); quatrième édition, Émile-Paul, 1913. **Ouvrage couronné par l'Académie française.**

Roman

L'Oncle Praline. E. Gautier, 1912. In-12.

En Préparation

La Mère de Louis-Philippe. La Duchesse d'Orléans (La Révolution, L'Exil, Les dernières années).

LOUISE-MARIE-ADÉLAÏDE

DE BOURBON PENTHIÈVRE

DUCHESSE D'ORLÉANS

LA JEUNESSE

—×—

Le Duc de Penthièvre. — Le Palais-Royal. — La Séparation.

(1753-1791)

QUATRIÈME ÉDITION

PARIS

ÉMILE-PAUL FRÈRES, ÉDITEURS

100, RUE DU FAUBOURG-SAINT-HONORÉ, 100

1913

LOUISE-MARIE-ADELAÏDE DE BOURBON PENTHIEV
DUCHESSE D'ORLÉANS

d'après le portrait de Mme VIGÉE-LEBRUN
Musée de Versailles.

LOUISE-MARIE-ADÉLAÏDE

DE BOURBON PENTHIÈVRE

DUCHESSE D'ORLÉANS

LA JEUNESSE

Le Duc de Penthièvre. — Le Palais-Royal. — La Séparation.

(1753-1791)

QUATRIÈME ÉDITION

PARIS

ÉMILE-PAUL FRÈRES, ÉDITEURS

100, RUE DU FAUBOURG-SAINT-HONORÉ, 100

1913

A MA MÈRE,

près de laquelle je les ai écrites,

je dédie respectueusement les pages qui suivent.

AVANT-PROPOS

Ce livre est destiné, je le crains, à réserver des déceptions à beaucoup de ses lecteurs.

Ce n'est, en effet, que la simple histoire d'une femme vertueuse.

On y verra se dérouler le cours d'une vie uniforme soigneusement défendue contre les passions ; et je tiens à mettre le public en garde contre sa probable méconvenue, car, au demeurant, ce qui nous fait le plus vibrer dans l'histoire comme dans la fiction, dans le présent comme dans le passé, c'est l'éternelle vision des orages du cœur humain.

Qu'il me soit toutefois permis de plaider ici la cause de Mme la duchesse d'Orléans :

Il est maintenant bien établi que les gens du XVIIIe siècle étaient des blasés au cœur sec et des sceptiques aux mœurs dissolues.

La cause a été définitivement jugée, mais cet arrêt prouve-t-il qu'elle ait été suffisamment entendue?

Il serait assurément paradoxal d'avancer que ce XVIIIe siècle fut proprement celui de la pudeur ; mais il est permis de tenir pour certain qu'on en a poussé le tableau au noir en jugeant la France entière sur les mœurs d'un certain nombre de femmes de la Cour et d'une poignée de grands seigneurs libertins dont les noms — il est à remarquer que ce sont toujours les mêmes — reviennent sans cesse sous la plume des biographes ou des mémorialistes.

Lorsqu'on s'attarde à étudier de près les mœurs des classes diverses de ce siècle, qui est comme le bouc émissaire de notre histoire, il semble bien qu'une vérité se fasse jour peu à peu, vérité incertaine, bien entendu, comme la plupart des « vérités », vérité, enfin, qu'on avance timidement, car elle présente une de ces idées presque neuves contre lesquelles se fâchent à l'habitude nos esprits dociles de routiniers : c'est que dans leur ensemble les classes moyennes du XVIIIe siècle ne furent pas très inférieures sur le chapitre de la moralité à celles qui les précédèrent et à celles qui les suivirent.

A parcourir les « livres de raison » et les documents familiaux du temps, à lire les mémoires et les souvenirs des personnages de secondaire importance, on s'étonne de voir surgir du sein de ces trépassés, que Chateaubriand appelait la « poudreuse famille des sourds », les fantômes innombrables d'estimables hobereaux et d'honnêtes bourgeois dont le doux Sedaine nous a vanté les mœurs patriarcales ou les charmes paisibles, et dont l'aimable Chardin nous a laissé les attrayants portraits.

Mais le souvenir de tout ce petit monde — qui, au total, formait plus des trois quarts de la France — est bien enseveli pour toujours dans le grand cimetière des oubliés.

L'honnêteté, quand elle se fixe humblement au foyer qui éclaire des vies médiocres ne saurait se raconter ; et l'historien serait osé qui tenterait de mettre sous les yeux d'un public bien naturellement avide d'émotions l'image de ces ancêtres ternes et falots dont le patrimoine moral appelle un titre suffisant à nous rebuter : celui de « vertus bourgeoises ».

Vertus bourgeoises. C'est bien là le mot... Et cependant, ces vertus bourgeoises se rencontrèrent d'aventure jusque dans la Ville et à la Cour [1], et, encore qu'elle fût très grande dame, la duchesse d'Orléans les porta au plus haut point pour les transmettre à sa race, qui les sut

1. Qu'on lise par exemple les *Souvenirs de la Maréchale de Beauvau.*

exalter sous la Monarchie de Juillet, où elles triomphèrent après avoir reçu en quelque sorte une manière de consécration officielle.

... Il est une expression bien profonde et qu'on emploie sans y prendre garde quand on désigne parmi nos contemporaines une femme qui ne s'est jamais égarée dans les périlleux sentiers de la Carte du Tendre : « C'est, dit-on, une femme dont on n'a jamais parlé. »

Ceci revient à dire que, les mémorialistes imitant le « monde », on a nécessairement écrit sur celles « qui ont fait parler d'elles », en sorte qu'elles nous présentent une image un peu faussée de l'époque où elles vécurent...

Et précisément la duchesse d'Orléans leur peut être opposée, et elle est bien de celles autour desquelles s'est fait le silence presque complet.

Quelques auteurs à gages ne lui ont pas ménagé les hyperboles sous le règne du roi Louis-Philippe. Ils ont bien voulu l'écraser sous les épithètes de modèle de vertu, d'ange tutélaire ou de victime expiatoire ; puis, après cet hommage respectueux, ils ont passé vite devant une figure qui n'arrête point. D'autres, depuis lors, l'ont au contraire qualifiée d'insignifiante créature, parce que sa figure effacée se dérobe dans les coulisses de l'Histoire... et ils ont passé plus vite encore.

Hélas! il convient de porter sur une âme humaine un jugement plus complexe et, comme toujours, la vérité semble au milieu de ces deux verdicts trop absolus.

Assurément, Mme la duchesse d'Orléans ne fut pas une figure de premier ordre, et j'aurais mauvaise grâce à ne le point reconnaître. On veut souvent, lorsqu'on trace une biographie, que le personnage de son choix soit un héros ou une héroïne. On s'hypnotise sur lui au point qu'il apparaît peu à peu comme un individu fort au-dessus ou fort en dehors des lois communes. Avouons que ce ne peut être le cas ici. Notre princesse ne fut qu'une pauvre femme au caractère en demi-teinte et point du tout un être d'exception... Mais ces titres seuls ne suffisent-ils pas à nous la concilier ? Il me semble qu'ainsi elle apparaît plus humaine et moins loin de nous et qu'elle a quelque droit à attirer notre sympathie.

Enfin, cette sympathie, elle mérite à un double chef de la retenir : elle fut profondément bonne et elle fut infiniment malheureuse...

« En voilà assez pour fermer le livre », s'écrieront quelques lecteurs. Peut-être. Et cependant, si cette préface était écrite par une plume plus autorisée et si je ne craignais qu'on m'accusât de chercher à m'attirer trop de lectrices, je n'hésiterais point à dédier cet ouvrage : « A celles qui souffrent. »

Elles rencontreront dans ce livre l'éternelle image d'une femme incomprise, meurtrie et trompée par la vie, mais d'une femme dont la douceur et la résignation allèrent jusqu'au sublime. Par ailleurs, les amateurs du passé trouveront, groupés autour de cette figure délicate et touchante, certains faits, certains traits de mœurs et certaines anecdotes qui apporteront leur faible contingent à l'histoire du Palais-Royal et de la société française à la veille de la Révolution. Et, sans doute, comprendront-ils pourquoi je me suis longtemps arrêté sur le chapitre du duc de Penthièvre, dont la belle physionomie fortifie mes hypothèses sur le XVIIIe siècle et dont l'histoire est trop mêlée à celle de sa fille pour qu'on la puisse décemment passer sous silence.

Il y a longtemps que j'ai commencé cette étude et que j'en ai donné des fragments[1] après

1. Le duc de Penthièvre. *Bulletin de la Société d'histoire contemporaine*, 1909. La duchesse d'Orléans. *Le Mois. Septembre 1909*. Idem. *Le Gaulois, 13 décembre 1910*, etc.

m'être laissé séduire par la mémoire de cette princesse attendrissante. Depuis[1] lors, d'excellents travaux ont effleuré le même sujet et ont quelque peu compromis le seul attrait dont je me flattais : celui de la nouveauté. Je me suis alors attaché à insister sur des points qui n'avaient point été éclaircis et à tirer sur la princesse et son entourage, des conclusions qui, peut-être, ne sont pas toujours exactement les mêmes que celles de mes devanciers.

Ce livre-ci, d'ailleurs, n'est qu'une manière de préface — bien longue car elle retrace l'époque la moins mouvementée de la carrière du duc et de la duchesse d'Orléans — d'un volume dans lequel, au milieu d'aventures romanesques et tragiques, on rencontrera, j'ose l'espérer, grâce à des communications inédites d'une exceptionnelle bienveillance [2], une duchesse d'Orléans aux traits accusés par l'âge et d'un relief assez pittoresque et assez inattendu.

Mais, qu'on ne s'y trompe point. Ce sera tou-

1. Raoul ARNAUD : *La Princesse de Lamballe*, 1911. Jean HARMAND : *Mme de Genlis*, 1912.

2. Comme l'a fort bien dit M. DARD (*Choderlos de Laclos*), la plupart des papiers concernant les d'Orléans ont disparu des fonds publics, ce qui rend malaisée toute étude sur eux. Dans ce premier volume, je cite sous la mention « Archives particulières » les deux sources auxquelles je fais ici allusion et dont je me servirai plus amplement dans le volume qui suivra.

jours, je le répète, l'histoire d'une « femme vertueuse », et si l'on cherche à scruter son âme pour en arracher le secret, on y trouvera — jusqu'à l'angoisse — ce qu'on rencontre fatalement quand on remue la « cendre mortuaire » des secrétaires anciens ou des bonheurs du jour, pour y rallumer un souffle de vie, quand on y feuillette avec pitié ou nostalgie les vieilles lettres dans lesquelles nos grand'mères, en se contant elles-mêmes, ont laissé quelque chose de leur âme : la grande douleur qui gît au fond du cœur humain.

André de Maricourt,
Ancien élève de l'École des Chartes.

Senlis, février 1913.

CHAPITRE PREMIER

Les ancêtres de la duchesse d'Orléans. — Le comte de Toulouse. — Le duc de Penthièvre. — Son mariage. — Mort de la duchesse de Penthièvre. — Douleur du duc. — Mlle de Penthièvre à Montmartre.

Expliquer les morts par les vivants, considérer l'hérédité comme un inéluctable fardeau dont on ne peut se dégager, serait singulièrement attenter à la loi de la liberté humaine; mais on doit reconnaitre cependant la solidarité indéniable qui relie les générations les unes aux autres et l'empreinte mystérieuse qu'elles laissent sur un individu.

Il n'est donc pas inutile de dire un mot ici des ancêtres de l'héroïne de cet ouvrage, Louise-Marie-Adélaïde de Bourbon, duchesse d'Orléans, qui naquit à l'hôtel de Toulouse, à Paris, le 13 mars 1753, du mariage de Louis de Bourbon, duc de Penthièvre, et de Marie-Thérèse-Félicité d'Est.

Ascendance curieuse en vérité. Le grand ancêtre, c'est Louis XIV, — mais un Louis XIV qui est le bisaïeul de l'enfant, grâce à Athénaïs de Mortemart, marquise de Montespan, et son trisaïeul par le fait de Louise de La Vallière [1]. Donc, au premier chef une gloire — et une double tache.

1. La duchesse de Penthièvre, née d'Est, était, par sa mère, petite-fille du Régent et de Mlle de Blois, fille légitimée du roi Louis XIV et de Mlle de La Vallière.

Puis, ensuite, il semble bien que — du côté Penthièvre — les descendants de ce commerce illégitime aient grand souci de l'effacer, cette tache. Car celle qui sera la duchesse d'Orléans a pour aïeul et pour père deux hommes vertueux : le comte de Toulouse et le duc de Penthièvre, qui, par surcroît, épousent des femmes vertueuses. Elle possède donc derrière elle une heureuse hérédité dont elle sera toujours digne.

Le comte de Toulouse, fils de Louis XIV et de Mme de Montespan, est un « honnête homme » au double sens du mot, tel qu'on l'entendait au XVIIe siècle et qu'on l'entend maintenant ; mais c'est un taciturne, un « triste », — de cette tristesse bizarre qui assombrira sans distinction — on ne l'a pas assez remarqué, — tous les descendants légitimés de Louis XIV. Après quelques rares aventures d'amour [1], il épouse secrètement, à l'âge de quarante-cinq ans, le 22 février 1723, la marquise de Pardaillan de Gondrin. Celle-ci est Noailles en son nom, et veuve du petit-fils légitime de Mme de Montespan [2], en sorte que nous la voyons tour à tour la femme du neveu et de l'oncle. Elle est charmante, de beaucoup d'esprit,

1. Il avait un fils naturel, le chevalier d'Arcq.

2. Louis de Pardaillan, marquis de Gondrin, brigadier des armées, mort en 1712, à l'âge de vingt-trois ans, était le fils de Louis-Antoine duc d'Antin et de Julie-Françoise de Crussol d'Uzès et petit-fils de Louis-Henri de Pardaillan, marquis de Montespan, mari de la favorite. Il avait épousé, le 22 janvier 1707, Marie-Françoise-Victoire de Noailles, remariée depuis au comte de Toulouse. Il en avait eu trois enfants : le duc d'Épernon ou duc d'Antin, le marquis de Gondrin et un fils mort jeune.

de haute valeur morale, un peu ambitieuse, assez économe, et Louis XV reconnaît volontiers le mariage. Plus tard, la comtesse de Toulouse deviendra l'une de ses amies..., au sens le plus honnête du mot, car le ménage Toulouse est exemplaire. « Pendant quatorze ans de mariage, nous dit le duc de Luynes [1], les deux époux ont toujours couché dans le même lit, et je ne crois pas que l'on pût trouver, dans ces quatorze ans, huit jours qu'aucun événement les ait séparés. »

De cette union, un fils unique naquit : M. de Penthièvre, dont la figure mérite de nous arrêter ici.

Le duc de Penthièvre, qui ne fut point un homme heureux, fut poursuivi par la malchance jusqu'après son trépas. En effet, il n'a pas eu de biographes, et on ne lui connaît que des panégyristes. C'est là un sort déplorable, car on se méfie quelque peu, en littérature historique, du genre édifiant qui accumule sur la tête d'un seul homme les qualités de l'humanité tout entière et qui se refuse obstinément à lui reconnaître le moindre des défauts. Le duc de Penthièvre valait mieux que cela. Il est de taille à supporter la critique sans que sa mémoire en soit pour cela accablée, et d'une étude impartiale sur son compte, se dégagerait incontestablement la physionomie attachante du grand seigneur-type et du modèle de l'honnête homme.

Louis-Jean-Marie de Bourbon, duc de Penthièvre, de Damville, de Rambouillet, de Châteauvil-

1. Cf. LUYNES : *Mémoires*, I, p. 408. SAINT-SIMON, *passim*, etc.

lain, prince de Lamballe, comte de Guingamp, pair, amiral et grand veneur de France, chevalier des ordres, gouverneur de Bretagne, naquit le 16 novembre 1725. Il fut élevé sous les yeux de ses parents, dont il reçut cette éducation de l'exemple qui, au total, est la meilleure de toutes, et c'est ainsi que, tout naturellement, il contracta de vertueuses habitudes, dont il eut le bon esprit de ne se jamais défaire.

Dès l'enfance, on lui donna une instruction très soignée et on essaya de faire de lui un marin. On amena de Bretagne un certain nombre de barques pontées dont la direction fut confiée à de vieux loups de mer, peut-être un peu étonnés de leur rôle, car cette flottille improvisée sur laquelle le jeune prince essayait son courage n'affronta jamais d'autres périls que ceux des étangs de Rambouillet[1]. En sorte que ce système ne fit jamais du duc de Penthièvre qu'un marin en miniature.

A cette époque, le petit prince est d'instinct colère. Il lui échappe un jour de dire à son secrétaire : « Vous me croyez doux de caractère ? eh ! bien, je suis né violent ! » De son côté, M. de Lescure a fort bien remarqué qu'il « avait parfois les saillies d'un tempérament sanguin et quelque peu violent à la façon bourbonienne[2] ».

Cependant, dès l'enfance, le duc de Penthièvre est au demeurant un « doux ». Il montre les dispositions d'une âme mélancolique et dominée par

1. *Le duc de Penthièvre*, par Honoré BONHOMME, p. 6.
2. LESCURE (de) : *Vie de la princesse de Lamballe*, p. 6.

les affections religieuses, et déjà la Bible est pour lui un livre de chevet qui lui apprend à maîtriser ses rares violences. Il y a du mérite car il est très jeune, nerveux, impressionnable et de santé médiocre, et, même quand il fera la guerre, il lui faudra soigner souvent ses accès de bile avec des « médecines » fréquentes et « quantité d'eau de poulet [1] ».

Sa vie militaire commence en 1742 [2]. Avouons qu'elle fut courte et que ses apologistes en ont un peu exagéré l'importance.

Nous le voyons prendre part à la malheureuse bataille de Dettingen, et il s'y comporta si vaillamment que le maréchal de Noailles, son oncle, le signala à l'attention de Louis XV, comme s'étant trouvé avec « grand sang-froid et tranquillité dans le feu le plus vif et plusieurs fois dans la mêlée ». Brigadier des armées du Roi, il est promu maréchal de camp au cours de la campagne d'Allemagne, où sa vaillance lui attira plus tard ces vers de Voltaire que les mémorialistes ont répétés sans cesse pour résumer — assez facilement — ses états de service :

> Penthièvre dont le zèle avait devancé l'âge,
> Qui déjà vers le Mein signala son courage.

En 1744, il est lieutenant-général, et il prend part à la bataille de Fontenoy, où il surmonte les

1. Aff. étrang., *France. Correspondance 141*, pp. 162 et suivantes.
2. Il avait perdu son père le 1er décembre 1737.

plus grands périls avec une vaillance exemplaire et où il fait preuve d'une grande netteté de vues. C'est l'apogée — et aussi la fin — de sa carrière de soldat. Il a légitimement acquis une solide renommée de courage personnel, et ce bagage lui suffira pour se livrer désormais à ses goûts, sans être taxé de couardise. Son oncle, le maréchal, n'a-t-il point écrit à Louis XV après la bataille de Fontenoy : « Si Monsieur le duc de Penthièvre veut, il peut devenir un jour un grand capitaine. Sans y mettre la moindre prétention, il a bien voulu me donner un conseil qui annonce du génie qui m'a fort bien réussi. La modestie de ce prince cache en lui des talents précieux ainsi que de grandes vertus qui le rendent surtout cher aux Français[1]. »

L'éloge sans doute est mérité, mais reconnaissons-le, toutes les tendances du prince devaient faire de lui un « pacifique », voire même un timide et un hésitant, et les lettres qu'il écrivit de Bretagne, où il alla présider les États, au maréchal de Noailles deux ans après Fontenoy, sont à cet égard curieuses et significatives. Déjà le duc de Penthièvre est ce qu'il sera toute sa vie, un « défiant de soi-même[2] ».

1. Aff. étrang., *France*, *Correspondance 141*.

2. A chaque instant, il demande des conseils à son oncle et ses lettres indiquent une grande inquiétude d'esprit et surtout un extrême désir de bien faire. De Rennes, le 9 novembre 1746, il écrit : « Recevez, Monsieur le Maréchal, mes remerciements du mémoire que vous avez bien voulu m'envoyer. Il n'est pas douteux que je n'aie qu'à l'exécuter pour bien remplir mes devoirs, mais il faut avoir une teste capable d'une pareille besogne. Cela ne dist pas néanmoins qu'on ne fasse de son mieux. » Le 24 novembre 1746, il écrit encore : « Je suis sur les

Entre temps, le prince s'est marié. Ce jeune homme sage a-t-il eu au préalable quelque aventure? Point. Et c'est à peine si l'on peut signaler une jolie idylle, dont nous parle un auteur qu'il faut consulter avec la plus grande circonspection [1]. Tout jeune, le prince aurait rêvé d'épouser la fille d'un homme de noblesse moyenne, mais sa mère, dont les ambitions pour lui étaient grandes, aurait coupé court à ce petit roman favorisé par un serviteur complaisant.

Plus tard, Mme de Toulouse avait songé à lui donner pour femme la princesse Louise-Henriette de Bourbon-Conti, car il lui plaisait assez de voir son fils contracter une alliance avec le sang légitime de France, mais les négociations avaient échoué pour des questions d'étiquette dont l'importance était primordiale :

épines pour la harangue que j'ai à faire lundi en ouvrant les États. » Dans ces lettres, enfin, Penthièvre exprime souvent — le terme lui est cher — son désir d'être « bon citoyen ». Toutes ces lettres inédites témoignent enfin d'un amour sans bornes pour sa mère et pour le roi.

1. La baronne de Brossin de Méré, née Guénart, a écrit une *Vie du duc de Penthièvre* qui est un demi-roman. Fortaire, valet de chambre du prince, s'en indigne et Mme de Lage de Volude, amie de Mme de Lamballe (*Souvenirs d'Émigration*) traite simplement cette biographie de « cochonnerie abominable ». Elle dit n'avoir jamais connu cette personne qui, sans doute, était une « cuisinière ou une revendeuse à la toilette ». Erreur : les Guénard et les Méré — d'excellente maison — figurent dans la maison du duc de Penthièvre. La famille de Méré conserve de nombreux souvenirs du prince. Mais, romancière, auteur d'*Irma* et de plusieurs compositions littéraires qui eurent leur moment de vogue sous le premier empire, Mme de Méré a écrit avec beaucoup de fantaisie. Certains faits contés par elle méritent d'être retenus quand on les peut contrôler. Elle a bien connu le caractère du duc de Penthièvre, et le récit qu'elle nous a laissé de ses dernières années est fort exact.

Le roi avait accordé à la comtesse de Toulouse que les princes nés de ce mariage obtiendraient de sérieuses prérogatives : par exemple, lorsque ces enfants passeraient dans la salle des Gardes, la moitié des Gardes prendrait les armes, et au souper du roi, les Aides du Gobelet leur présenteraient la serviette. Cela était bien appréciable, assurément, mais comme les princes du sang recevaient la serviette des mains du Chef du Gobelet lui-même et que la « salle des Gardes » tout entière leur présentait les armes, ces diverses mesures avaient paru insuffisantes aux Conti [1]. Et, pour ces raisons si supérieures aux questions de sentiments, Mlle de Conti fut mariée au duc d'Orléans et devint une épouse indigne, tandis que Marie-Thérèse-Félicité d'Est, fille du duc de Modène, qui aimait éperdument son cousin-germain [2], le même duc d'Orléans, devint la duchesse de Penthièvre [3].

Ce mariage ne déplut nullement, d'ailleurs, à la comtesse de Toulouse, et il flatta singulièrement le jeune prince. Il avait pu, pendant les fréquents séjours qu'elle faisait à Paris, apprécier Mlle de Modène, qui était intelligente et douce et qui, sans être jolie, possédait une physionomie agréable et une charmante expression de bonté, de jolis cheveux blonds et le plus beau teint du monde [4]. Et

1. Cf. *Mémoires* du duc de Luynes, t. III, p. 221.
2. *Idem*, t. V, p. 185.
3. La duchesse de Modène, était fille du Régent comme on l'a dit plus haut.
4. Vatout : *Le château d'Eu*, p. 377.

puis, il y avait aussi la Naissance! Elle avait l'honneur d' « appartenir au roi » par le sang de sa mère, et quant aux Modène, ils étaient connus par leur morgue et leurs prétentions nobiliaires, car ils appartenaient, disaient-ils, à « l'une des trois maisons commandant sur la terre », les d'Est ayant la même souche que les Bavière et les Brunswick. Seulement, comme depuis un an le duc de Modène s'était vu déposséder de ses états et de ses revenus par les Autrichiens et que le duc de Penthièvre était puissamment riche, tout s'arrangea au mieux.

Les Légitimés descendants de Louis XIV, qui depuis la mort du grand Roi sentaient lourdement le poids de leur naissance, furent enchantés, et ils se remuèrent si bien qu'ils obtinrent de Louis XV la promesse que les enfants à naître de cette union auraient le rang de princes du sang ou tout au moins un rang intermédiaire. Furieux, les Ducs firent une « représentation [1] », mais le mariage n'en eut pas moins lieu le 29 décembre 1744 [2].

Le prince, on l'a vu, apportait à sa fiancée les trésors d'un cœur vertueux, et Mme de Méré, très intéressée par toutes les questions amoureuses, veut bien même nous donner des détails précis sur certaine vieille nourrice qui, dans la circonstance, aurait rempli auprès du jeune ménage le rôle de Lycœnion, qui fut jadis si utile à Daphnis et à Chloé...

1. *Mémoires* du duc de Luynes, t. V, p. 350.

2. Le contrat fut signé le 28 dans l'Œil-de-Bœuf et le mariage célébré par le cardinal de Rohan (*Journal de Barbier*).

La jeune duchesse de Penthièvre accompagna son mari en Bretagne. Elle conquit tout le monde par sa bonne grâce et par sa simplicité. On la voyait manger souvent une aile de poulet dans sa voiture tandis qu'elle apprenait par cœur les réponses qu'elle devait faire aux harangues des Parlements, inviter les dames de province et jouer gaiement avec elles à la cavagnole[1].

Puis, ce fut ensuite pour le couple princier, à Paris, à Rambouillet ou autres châteaux, une existence fastueuse mais tranquille de grands propriétaires fonciers, tour à tour égayée par la naissance des enfants ou attristée par le trépas d'un grand nombre d'entre eux. Cinq rejetons avaient précédé la naissance de la duchesse d'Orléans qui vint elle-même au monde assez chétive. Le duc de Rambouillet, né en 1746, mourut à l'âge de trois ans; puis vint le prince de Lamballe, né en 1747. En 1748, naquit le duc de Châteauvillain, qui s'étiola pour mourir à l'âge de sept ans, en 1755. Son cadet, le comte de Guingamp, n'atteignit même pas l'âge de deux ans et il fut enlevé en 1752. Enfin, une fille, née le 18 octobre 1751, mourut le 25 septembre 1752.

De si grandes tristesses n'étaient point faites pour dissiper la mélancolie naturelle au duc de Penthièvre. Mais aucune amertume ne se mêlait à sa douleur adoucie par la Foi, et, en vérité, pendant l'enfance de la duchesse d'Orléans, il apparaît sous les traits qui seront toujours siens : ceux d'un des

1. Aff. étrang., *Correspondance France, 141.*

hommes les plus sympathiques de son temps. Il est, au total, la vivante antithèse de ces princes sceptiques et dissolus dont on évoque trop exclusivement l'image quand il est question du règne de Louis XV, et ce serait un peu à la décharge du XVIIIe siècle qu'on pourrait écrire la vie du grand seigneur dont Voltaire a dit : « Il est si vertueux et si aimable », et que le cardinal de Bernis a qualifié d'un mot en l'appelant un « prince honnête homme ».

A la fleur de l'âge, le duc de Penthièvre est beau. Il est beau comme l'était sa mère et comme l'était son père, car « les grâces extérieures n'ont jamais abandonné la descendance de Louis XIV et de Mme de Montespan[1] ». Il est de taille médiocre mais noble. Dans le visage pâle d'un ovale régulier auquel le nez bourbonien donne un aspect si caractéristique, les yeux bleus, un peu tombants, reflètent la triste douceur de l'âme. Quant au moral, la suite de ce récit nous permettra de l'apprécier davantage, mais on peut le résumer en quelques lignes, d'après le portrait, l'un des meilleurs, qu'a laissé de lui M. de Montyon, qui se connaissait en hommes de bien.

« La physionomie de M. le duc de Penthièvre, nous dit-il, annonce de l'esprit et de la douceur, et même un peu de coquetterie; on dirait qu'il vous oblige en vous regardant, et, lorsqu'il vous a parlé, vous vous sentez attiré à l'aimer autant qu'à le respecter.

1. Le Bœuf : *Histoire de la ville d'Eu*, p. 466.

« Voilà ce que j'ai éprouvé au premier aspect ; mais lorsque ses bontés m'ont donné des rapports plus particuliers avec lui, j'ai trouvé que son âme était au-dessus de tout le reste, qu'il était mille fois supérieur à tout ce que sa figure annonçait, à tout ce que ses manières laissaient entrevoir. Cette âme est d'une trempe si peu commune que je ne trouverai point l'expression qu'il faudrait pour dire ce que je vois et encore plus ce que je sens ; toutes les vertus y sont dans un équilibre parfait, parce que la sagesse les contient toutes dans les bornes qu'elles ne peuvent franchir sans devenir vice ou défaut ; généreux sans prodigalité, pieux sans minutie, tendre sans faiblesse, modeste avec dignité ; chez lui, actions, paroles, maintien, regard, tout est à sa place. Il semble que rien ne pourrait être autrement.

« Ce prince m'a paru un être si différent des autres hommes que pendant deux années j'ai plus d'une fois, je l'avoue, épié ses défauts pour essayer de consoler mon amour-propre : recherche vaine. Mes observations n'ont servi qu'à me faire mieux sentir sa supériorité et je me suis dit que je ne devais point aspirer à une perfection fondée par la nature dans un de ses plus heureux moments [1]. »

M. de Montyon est trop modeste. Encore une fois, s'il n'avait point eu d'imperfections, le duc de Penthièvre nous apparaîtrait un peu comme un de ces héros chimériques de contes de fée qu'on propose comme modèles aux enfants, et qui les

1. *Vie de M. de Montyon* s. n. (Paris, 1829), pp. XXXIV, XXXVI.

découragent et les irritent en leur donnant à penser — par comparaison — qu'ils méritent eux-mêmes les verges tout au long du jour. M. de Penthièvre eut ses défauts, et ce surhomme fut souvent un homme. Un peu vain et ostentatoire, chatouilleux sur ses prérogatives, « méticuleux et souvent despotique[1] », nous le verrons, en des instants, susceptible, ondoyant et manquant de caractère. Il n'en demeure pas moins certain que, pour l'exquise sensibilité de son âme, sa charité proverbiale qui l'a fait surnommer le *Roi des Pauvres*, sa bonté légendaire, il aurait mérité de compter au nombre des heureux de cette terre, si le bonheur et la vertu étaient synonymes.

Il fut loin d'en être ainsi. Au souci que lui donnaient la santé chancelante ou la mort de ses enfants, la complexion si délicate de sa fille Adélaïde, — nommée dès sa naissance Mlle d'Yvois — s'ajouta bientôt une épreuve plus rude.

Épuisée par ses grossesses successives, la duchesse de Penthièvre déclinait lentement, et c'est auprès d'une mère languissante qu'avant même d'avoir conscience de la vie, notre héroïne vécut ses premiers ans.

De châteaux en châteaux, le bon prince pour la distraire emmenait sa femme, mais il en est un, entre tous, qui leur plaisait particulièrement à tous deux. C'est le manoir de La Rivière, charmant petit nid de verdure dominant les eaux de la Seine

1. R. Arnaud : *La Princesse de Lamballe*. Perrin, 1911, p. 96 (d'après Bachaumont).

et abrité par les riantes collines de la forêt de Fontainebleau[1]. Ils venaient là sans éclat et sans bruit, entourés d'un petit nombre d'amis et de serviteurs, pour y vivre dans une intimité moins artificiellement champêtre que celle de Trianon ou d'autres *Folies* si chères aux mœurs du temps. En ce lieu, la princesse, chaque année, goûtait un peu de repos. Dans une chambre dominant la Seine qui serpente entre les bois de Saint-Aubin et le champ de Samoreau, elle se reposait, très faible, sur un canapé placé devant la fenêtre. Volontiers, elle donnait audience aux villageoises du pays auxquelles le couple princier prodiguait ses charités inépuisables et, très en confiance avec les humbles, elle leur parlait des médecins en leur disant :

« Voyez-vous, mes bonnes femmes, ce sont eux qui me tuent[2] ! »

Elle sentait venir la mort, et elle ne se trompait point. En février, la duchesse de Penthièvre crache le sang après une fluxion de poitrine. En avril, elle est à toute extrémité. Le 29, elle meurt à Paris en mettant au monde un enfant qui ne vécut point. Toute la ville assiégeait la porte de l'hôtel de Toulouse[3] pour avoir des nouvelles, et le deuil fut général.

« C'est une grosse perte pour le duc de Penthiè-

1. Honoré BONHOMME : *Le duc de Penthièvre*, p. 46. FORTAIRE : *Mémoires pour servir à la Vie du duc de Penthièvre* (Paris, 1808), etc. La Rivière fut vendu en 1773 à la princesse de Berghes.

2. Manuscrit de Mme la comtesse d'Armaillé, née Ségur, qui a recueilli bon nombre de traditions ancestrales et locales sur les Penthièvre et les d'Orléans.

3. Cet hôtel, comme on le sait, est actuellement la Banque de France.

vre, écrit alors M. de Luynes. La duchesse avait une figure agréable, beaucoup de piété, de douceur, de complaisance et de politesse qui lui avaient mérité l'estime et l'amitié de tous ceux qui la connaissaient. On ne pouvait s'empêcher de respecter la vertu de M. et de Mme de Penthièvre et l'union intime dans laquelle ils vivaient. Ils donnaient l'un et l'autre de grands exemples de charité... »

La douleur du Prince fut immense; non point une douleur à grand fracas dont la durée est en raison inverse de la violence, mais — suivant une locution un peu familière mais expressive — une de ces douleurs qui « creusent » avec le temps. Et celles-là sont sans remède.

Avec sa mère, la comtesse de Toulouse, il se retira à Puteaux, puis il essaya d'une retraite à la Trappe, et enfin il revint à La Rivière rechercher de chers et douloureux souvenirs.

Pendant plusieurs mois, il y vit presque solitaire, s'adressant à peine à ses rares familiers, mais toujours pour parler d'Elle... Il cherche l'apaisement dans le grand silence des bois. Seul ou avec le bailli de Froulley, son ami, il se promène à pied sous les futaies, mais le calcul est vain; car chaque jour plus lourde, tombe sur lui la mélancolie si profonde de la forêt[1] dont la vue seule éveille tout un passé qu'il idéalise peut-être encore davantage

1. « Le duc de Penthièvre, écrit le duc de Luynes, a choisi sa maison de La Rivière... parce que c'est un lieu plus solitaire. ... Il ne parle que de Mme de Penthièvre... passe sa vie à dire fort peu de choses... à faire presque tous les jours des promenades en forêt où il va seul et très rarement avec M. de Froulley. » (T. V, p. 380.)

devant l'irréparable, et... brusquement, il s'arrache, il fuit les rochers où il ne retrouve plus que le seul écho de sa voix désolée, les bruyères et les landes où il connaît maintenant plus que jamais — ce nostalgique — la tristesse de la vie et la solitude effroyable d'un cœur affectueux; il fuit vers Toulon, pour chercher une diversion dans « les connaissances particulières qui regardent la marine »... Ce n'est pas assez. Il fuit plus loin encore : vers l'Italie. Il part au printemps avec le chevalier de Castellane — un voisin de La Rivière — M. de Saint-Pern, M. de Cernay; il va visiter sa belle-famille, chercher des horizons nouveaux, des lieux inconnus... C'est inutile... et quand il revient à la Cour, le 28 avril 1755, le duc de Luynes nous dit : « M. de Penthièvre est toujours aussi triste... » Désormais, il le sera toujours et le cœur vide, l'âme en deuil, l'esprit désemparé, il sera l'éternel errant qui cherchera toujours à se fuir lui-même — en vain.

Deux lueurs cependant éclairent d'un pâle rayon sa vie sombre : deux enfants : M. de Lamballe et Mlle d'Yvois... tout le souvenir qui lui reste d'une morte [1].

... Quand disparut la duchesse de Penthièvre, sa fille n'avait pas atteint l'âge de quatre ans. L'embarras de son père fut extrême. La garderait-il auprès de lui pour la mettre, suivant l'usage, au couvent quelques années seulement avant son mariage? C'était là une mesure qui répugnait à sa

1. On a vu que le duc de Châteauvillain mourut en 1755.

conscience scrupuleuse. Il se souciait peu de donner à l'enfant une belle-mère, et il craignait à lui seul de ne pouvoir lui inculquer les principes d'une éducation suffisamment chrétienne[1]. Bien qu'il lui en coûtât, il se décida donc à se séparer d'elle malgré son jeune âge et à la confier, dès maintenant, aux soins des religieuses[2]. La marquise de Saluces, dame d'honneur de sa mère, fut mise auprès d'elle; la marquise de Sourcy fut attachée à sa personne en qualité de gouvernante, et on chercha la maison qui conviendrait le mieux à sa condition de très jeune orpheline. Il y avait bien Panthemont. C'était là le couvent à la mode, mais on y respirait je ne sais quelle atmosphère de monde et de plaisirs qui mit le bon prince en émoi. Il préféra pour sa fille un couvent plus modeste, situé à la porte de Paris et assaini toutefois par l'air vivifiant et salubre de la campagne voisine. C'était l'abbaye royale de Montmartre.

Fondée par la reine Adélaïde femme de Louis VI le Gros, la vieille abbaye avait eu ses jours de décadence et de réforme. Les temps étaient passés où le désordre y était si grand que les pauvres

1. FORTAIRE : *Op. cit.* DELILLE : *Journal de la Vie de S. A. R. la duchesse d'Orléans douairière.* Paris, 1822. Bien qu'il soit écrit sur le ton de l'apologie perpétuelle, cet ouvrage d'un secrétaire intime de la princesse est une source excellente.

2. L'entrée d'une princesse de l'âge de Mlle d'Yvois au couvent avait d'ailleurs des précédents. En 1738, Louis XV envoya à l'abbaye de Fontevrault ses cinq filles. Madame Adélaïde était âgée de six ans, Madame Victoire de cinq ans, Madame Sophie de quatre ans, Madame Félicité de deux ans, et Madame Louise n'avait pas même un an. Elles n'y reçurent jamais la visite de leur royale famille.

religieuses étaient contraintes pour vivre de mener paître leurs vaches sur la butte [1], tandis que leur abbesse, Mme de Beauvilliers, de mémoire un peu trop gaie, témoignait à Henri IV une bienveillance allant peut-être jusqu'à l'excès. Depuis lors, le vent du jansénisme, dont on a dit parfois trop de mal, car il eut, au moins, de salutaires effets sur les mœurs conventuelles, avait soufflé là, et une sage administration avait remis le bon ordre dans les affaires de la maison, dont l'abbesse était toujours choisie parmi des femmes de condition, prudentes et sages. Grâce à l'une d'elles, véritable femme d'affaires, Mme de Rochechouart [2], le couvent s'était relevé de ses ruines dès le début du XVIIIe siècle, au point d'offrir cinquante ans plus tard, aux yeux du duc de Penthièvre, l'aspect d'une maison honnête, bien tenue et sans luxe excessif.

1. SAUVAL : *Histoire de Paris.*

La première abbaye de Montmartre était située en haut de la butte près de l'église Saint-Pierre. Elle devint plus tard la maison conventuelle, résidence de l'abbesse. Louis XIV édifia un second monastère à mi-côte sur le versant descendant vers Paris, « entre le chemin de Paris et un mur voisin de l'enclos du Calvaire ». La résidence de l'abbesse y fut réunie (CHÉRONNET : *Histoire de Montmartre*, 1843).

2. Mme de Rochechouart avait obtenu le 14 février 1718, des bonnes grâces de la duchesse d'Orléans, dix actions du système de Law, qui produisirent 3.902 livres en papier pour payer les dettes de l'abbaye (CHÉRONNET : *Op. cit.*). L. Émilie de la Tour d'Auvergne (1727-1737) lui succéda. Leur souvenir et celui des abbesses qui suivirent sont restés longtemps vivants à Montmartre. Mais, à l'heure actuelle, les Parisiens sont rares qui songent que les rues de Rochechouart, de La Tour-d'Auvergne, de La Rochefoucauld et de Laval rappellent les dernières abbesses de Montmartre et que la rue de la Tour-des-Dames traversait le champ dans lequel était édifié leur colombier.

L'abbesse alors en charge était tout à fait digne de lui plaire et de lui inspirer confiance. Issue d'une forte race, qui brillait alors dans l'Église comme dans le siècle, Catherine de La Rochefoucault-Cousage était en exercice depuis le 8 juillet 1737 [1]. C'était une femme d'expérience, religieuse par inclination, c'est-à-dire pieuse; très ferme, un peu sévère, nettement opposée aux plaisirs mondains et à l'esprit philosophique. Par ailleurs éducatrice aussi habile qu'on pouvait l'exiger alors et administratrice de premier ordre [2].

Le duc de Penthièvre lui remit donc sa fille, certain qu'auprès d'elle Mlle d'Yvois ne saurait, dans la suite, rencontrer de mauvais exemples. Il ne forma pas de « maison » à l'enfant et, gardant Mme de Saluces auprès de lui, il n'envoya à Montmartre que Mme de Sourcy, qui s'enferma bénévolement dans le cloître. Une seule personne fut attachée au service de la petite pensionnaire en qualité de femme de chambre : ce fut Mlle Marie-Jeanne de La Noue, dont la famille devait plus tard lui donner bien des preuves de dévouement. Mlle de La Noue ne la quitta point. Elle mourut à Montmartre, l'année même où la princesse en partit, et son attachement à

1. Catherine de La Rochefoucauld appartenait à la branche des comtes de Cousages, détachés des seigneurs de Chaumont, rameau de la branche de Barbezieux, issue d'un fils cadet de François comte de La Rochefoucauld. Elle était la tante du comte de Cousages, vice-amiral de France sous Louis XVI, l'un de nos bons marins français. Elle est enterrée à Saint-Pierre de Montmartre.

2. CHÉRONNET : *Op. cit.* Communications de M. le comte Aimery de La Rochefoucauld.

sa maîtresse et aux « Dames » — c'est ainsi qu'on nommait à Montmartre, où elles étaient très estimées, les bénédictines du monastère — lui valut les honneurs de l'inhumation dans leur église [1].

L'éducation publique présente parfois pour les princes certains avantages sur l'éducation privée. Le contact de camarades leur donne une plus juste connaissance de la vie, et n'en fait point d'éternels isolés comme ceux qui sont élevés loin du monde, par des gouverneurs et par des gouvernantes. Il est très probable qu'à Montmartre, Mlle de Penthièvre — c'est ainsi qu'on l'appela dès lors — conçut le culte de l'amitié qui devait la caractériser pendant sa vie tout entière, et elle commença là à former des liens très doux avec des jeunes personnes bien nées, mais de condition inférieure à la sienne. Plusieurs de ses compagnes demeurèrent plus tard ses amies. Notons parmi celles qu'elle connut au couvent lorsqu'elle eut atteint l'âge raisonnable : Mlles de Montmorency Laval, de Saint-Simon, de Breteuil, Joly de Fleury, d'Aigremont, de Beaumont, Talon, Hocquart, de Montferrand, de Combreux, du Dreneuf, de La Grange, de Varennes, de Cayla, de Boubers, de Thieuville, de Saint-Cha-

1. On lit dans le *Registre des actes mortuaires de l'Abbaye de Montmartre* (Collection PARENT DE ROSAN, Manuscrit, t. LII, f° 332, *mairie du XVIe arrondissement de Paris*) cette mention : « Le 12 juillet 1769 [mort de] Mlle Marie-Jeanne La Noue, femme de S. A. S. Mlle de Peinthièvre (*sic*). Elle a été enterrée dans notre cloître de Montmartre, lieu de notre sépulture. » Mlle La Noue ou de La Noue devait appartenir à la famille de La Noue qui, pendant la Révolution, reçut la duchesse d'Orléans à l'abbaye de la Joye, près Nemours.

mans, etc [1]. Parmi les élèves du monastère, beaucoup appartenaient à la noblesse moyenne. Le prix de leurs pensions variait de 200 à 600 livres [2] par an, tandis qu'à Panthemont on ne payait jamais moins de 800 livres.

Une des pensionnaires les plus fortunées [3] de Montmartre était Mlle de Montigny, qui, âgée de deux ans de plus que Mlle de Penthièvre, entra en même temps qu'elle au couvent. A peine balbutiaient-elles toutes deux leurs premières leçons, qu'elles devinrent inséparables. Ce fut plus tard, entre elles, une de ces affections rares, cimentées au temps des absences par une correspondance quotidienne [4], et que seule la mort de la princesse devait dénouer après soixante ans au moins d'existence. Aucun nuage sérieux ne troubla jamais ce sentiment mutuel. Mlle de Montigny était douce, bonne, et déjà aussi dévouée qu'une enfant peut l'être à sa petite amie [5]. Elle était la confidente de ses chagrins et de ses plaisirs innocents, comme elle le sera plus tard de ses joies et de ses déboires

1. Ces élèves étaient pensionnaires à Montmartre de 1760 à 1770 environ (F. de Guilhermy : *Montmartre*, 1906. R. P. Jonquet : *Montmartre, s. d.*, et *Journal des recettes de l'Abbaye de Montmartre. Collection manuscrite Parent de Rosan*, t. LII).

2. Compte des recettes de l'abbaye de Montmartre, 1765-1770. *Archives de la Seine*, C. 537.

3. Mlle de Montigny payait 700 livres par an. C'est, après la pension de Mlle de Penthièvre, le chiffre le plus élevé des pensions (même source).

4. Cette correspondance a malheureusement dû être détruite, mais le souvenir en subsiste dans la postérité de Mlle de Montigny, qui devint plus tard baronne de Talleyrand (Communication de M. le comte d'Antioche).

5. Delille : *Op. cit.*, p. 3.

conjugaux. Tout enfant, Mlle de Penthièvre avait cette nature sensible, aimante et passionnée, qui devait, dans la vie, la faire si vivement souffrir. Elle était bien petite — huit ans à peine — lorsqu'elle remit un jour à la jeune Montigny un bijou qui venait de sa mère et qu'elle conservait sur elle avec vénération.

— Garde-le toujours, lui dit-elle, afin que tu aies en mon absence une partie de moi-même [1].

C'est à cette époque que Mlle de Penthièvre éprouva son premier chagrin violent : Mme de La Rochefoucault mourut le 9 décembre 1760.

Pour l'enfant, c'était presque une mère d'adoption. Il fallut tous les raisonnements et toute la consolation religieuse de Mlle de Montigny, petite personne déjà raisonnable et très pieuse, pour mettre un frein à sa douleur.

Au reste, Mme de La Rochefoucault ne fut pas mal remplacée, et Mme de Montmorency-Laval, qui lui succéda, continua ses fortes traditions [2]. Vouée dès l'enfance à l'état religieux, elle était alors dans la force de l'âge — trente-six ans — et sa grande intelligence, sa piété éclairée, lui conquirent l'affection des religieuses et des pensionnaires, en même temps que sa ferme direction assurait la prospérité de l'abbaye. Fort bien apparentée, elle sut faire de son couvent « le rendez-vous des

1. Cette phrase est textuellement rapportée par Delille (p. 4), qui ajoute en parlant des deux compagnes : « Depuis, elles ne se quittaient jamais sans se laisser réciproquement, pour adoucir le chagrin de l'absence, les choses auxquelles elles étaient le plus attachées. »

2. Chéronnet : *Op. cit.*

demoiselles des plus grandes familles [1] », et la réputation de vertu de cette femme de bien [2], qui alla croissant avec les années, franchit les murs de l'abbaye, descendit sur Paris et jusque dans le peuple, était bien faite pour la désigner un jour aux fureurs révolutionnaires. Trente-quatre ans plus tard, le 20 juillet 1794, âgée, infirme et presque sourde, l'éducatrice de la duchesse d'Orléans devait mourir sur l'échafaud, quelques mois après Philippe-Égalité.

Mais n'anticipons pas sur les événements et revenons à Montmartre, où, sous l'autorité de Mme de Laval, la vie ne doit pas être trop sévère pour les jeunes pensionnaires de qualité. Elles sont assez indépendantes les unes des autres, et leur existence diffère sensiblement de celle qu'on mène dans les maisons d'éducation modernes. N'ont-elles pas chacune leur chambre, voire même leur appartement, qu'elles chauffent à discrétion avec les « voies de bois » que leur envoient leurs famillles et dans lesquels elles se reçoivent « à goûter », pour faire, dès l'enfance, le difficultueux apprentissage des bonnes manières ? N'y a-t-il pas, dans un corps de logis voisin du pensionnat, plusieurs dames, douairières vénérables ou bien jeunes

1. Nous voyons entre 1768 et 1780, parmi les pensionnaires de Mme de Laval : Mlles de Rochechouart, de Bouillé, de Chavagnac, de Montmorency, d'Osmont, de Sparre, de Maupeou, de Saint-Chamans, de Tavannes, etc. (PARENT DE ROSAN : *Manuscrit cité.* DE TRÉTAIGNE : *Montmartre et Clignancourt*, 1862).

2. Communications de M. le Marquis de Lévis, dont la grand'mère, la Duchesse de Mirepoix, nièce de l'abbesse de Montmartre, fut la dernière Montmorency Laval.

femmes veuves ou séparées ? Elles y vivent librement, « tout en bénéficiant — suivant l'expression de M. de Ségur [1] — du parfum de décence qui émane d'un pieux voisinage ». Même plusieurs d'entre elles, comme la marquise de Saint-Simon [2], mère d'une élève, ont leur livrée et leur carrosse, et la présence en ces lieux conventuels de ces « évadées du siècle » n'entr'ouvre-t-elle pas pour l'ardente curiosité des petites pensionnaires une porte sur les mystères de la vie mondaine?

Et vraiment, on s'imagine ce que fut la jeunesse de Mlle de Penthièvre en ce cercle de choix. Au milieu « de ces fillettes en robe courte qui seront demain Mme la Marquise ou Mme la Duchesse, mais qui, en attendant, gazouillent comme des oiseaux [3] », elle jouit d'une situation privilégiée qui lui donne assez la figure d'une petite reine très douce, très choyée de tous et honorée de l'affection particulière de l'abbé de Contrastin, confesseur de la maison pendant vingt-huit ans.

Bien qu'en contact avec les autres, elle est honnêtement logée dans un appartement de 1.500 livres [4], sous l'œil vigilant de la « bonne Sourcy ».

1 *Julie de Lespinasse*, par le Marquis de Ségur (au sujet des Dames pensionnaires du couvent de Saint-Joseph), p. 80.

2. Mme de Saint-Simon est logée dans ces conditions en 1765. Parent de Rosan : *Manuscrit cité.*

3. Le Breton : *Le Roman français au XIXe siècle*, première partie, p. 53. Paris, 1901.

4. Parent de Rosan : *Manuscrit cité*, t. LII, f° 275. Sortie du couvent le 5 avril 1769, son loyer fut payé jusqu'au 1er juillet suivant.

Son père est le bienfaiteur de la Maison [1] ; il ne regarde point à la dépense pour sa fille, et les présents de gibier [2] qu'il adresse royalement à l'abbesse ne sont pas pour nuire à l'enfant, qui doit vivre là, semble-t-il, d'une existence agréable et douce :

Eh bien, non....., à Montmartre, Mlle de Penthièvre n'est pas heureuse. Nous avons sur ce point un témoignage formel de son père :

« Ma fille, dira-t-il plus tard à un religieux qu'il honore de sa confiance, avait été mise en pension à l'abbaye de Montmartre et ne se plaisait nullement dans cette maison [3] ! »

Le secret de ce poids qui oppressa le cœur de Mlle de Penthièvre à Montmartre n'est pas difficile à dévoiler. Certes Diderot, Prévost et Marivaux ont dit trop de mal du couvent au XVIIIe siècle ; mais en le qualifiant, pour le louer, d'une épithète un peu précieuse, en l'appelant une « volière de colombes amies », un auteur du temps [4] a fait sur certains points son procès. Épris d'indépendance et de liberté, l'enfant n'aime point les « volières » ; et puis aussi l'enfant est un poète

1. Le 5 juillet 1770, le duc de Penthièvre, en souvenir de sa fille, donnera à l'abbaye 8.172 l. 13 s. pour les boiseries et tableaux du grand chœur (PARENT DE ROSAN : *Manuscrit cité*, t. LII, f° 230).

2. Le 1er août 1758, le duc de Penthièvre envoie 20 livres de bougie pour sa fille ; le 15 novembre 1765, on paye 3 livres au porteur « de 6 lièvres, 6 perdrix, 2 faisans, 1 chevreuil » envoyés par le même, etc. PARENT DE ROSAN : *Manuscrit cité*, t. LII, f°s 247, 253, etc.

3. *Mémoires* de Dom COURDEMANCHE, publiés par E. ALLAIRE, Plon, 1889, p. 256.

4. Mme DE SOUZA : *Adèle de Senange*.

dont la jeune imagination se grise en l'entraînant vers l'Inconnu. Et certes, par sa position, le monastère de Montmartre devait permettre à Mlle de Penthièvre, impressionnable et sensible, de s'évader souvent dans le royaume des rêves. A ses pieds s'étendait la grande ville mystérieuse, cette ville dont son père pensait et disait assez de mal [1], pour éveiller peut-être ses curiosités enfantines et sur laquelle elle devait presque régner un jour [2]... et si, d'aventure, elle jetait ses regards sur Montmartre, la petite princesse captive, subissait sans doute en face des grands moulins de la Butte, du vol des pigeons de « ces dames » et de la plaine, qui là-bas verdoyait dans les lointains, cette attirance profonde de la campagne à laquelle l'enfance ne sait point résister.

Et surtout, disons-le, ce qui manquait à Mlle de Penthièvre, malgré l'affection des religieuses, c'était la tendresse — un peu moins grave — d'une mère. En sorte que, dès l'enfance, il semble bien que la destinée ait condamné cette princesse aimante à souffrir par défaut d'amour et à ne point connaître le bonheur.

Une question se pose encore :

Mlle de Penthièvre travaille-t-elle à Montmartre? Médiocrement. L'honnête Delille [3], son biographe, qui ne lui ménage point les éloges, nous dit bien qu'elle y contracta le goût des études historiques, mais, ingénument, il démasque l'indigence de

1. Cf. plus loin.
2. On surnommait alors les ducs d'Orléans les *rois de Paris*.
3. *Op. cit.*, p. 6.

l'instruction conventuelle en nous édifiant sur les principaux travaux de la princesse, qui consistaient surtout à lire l'histoire, les saintes Écritures, et à unir avec beaucoup d'adresse en de jolis ouvrages à l'aiguille « l'or et la soie ». Plus catégorique encore, Mme de Genlis nous dira « qu'elle ne savait pas même l'orthographe » et que son instruction était nulle, Mme de Sourcy ayant été incapable de la mener à bien[1].

Avouons-le. Sauf dans certains couvents où l'on avait adopté les heureux enseignements de la Maison royale de Saint-Cyr, l'instruction pour les filles de qualité était au XVIIIe siècle une fort petite affaire.

Leur former le caractère — ce qui est essentiel — et leur inculquer des manières — ce qui est important — était le plus gros souci des religieuses de Montmartre vis-à-vis de leurs élèves. Comme elles assuraient à elles seules le soin de l'instruction sans s'adjoindre aucun professeur[2], comme leur bibliothèque était fort mal garnie[3], comme il y avait une seule salle de classe[4] pour toutes les élèves, il est permis de croire que les études n'y allaient pas à l'excès et que le couvent des

1. Mme DE GENLIS : *Mémoires*, Paris, 1825, t. II, p. 256.

2. *Archives de la Seine*. Abbaye de Montmartre. C. 539.

3. Un inventaire de 1790 n'y mentionne que 350 volumes. *Archives de la Seine, id.*

4. *Archives de la Seine, id.*, et PARENT DE ROSAN : *Manuscrit cité*. On ne trouve guère non plus mention des arts d'agrément à Montmartre. Mlle Joly de Fleury, sortie du couvent en 1770, paye 15 livres par an pour le clavecin. En 1763, Mlle Darispe en loue un 3 livres par mois, et Mlle de Montigny de même, mais il semble bien qu'elles soient parmi les privilégiées.

Dames était, comme bien d'autres, une de ces pépinières de jeunes filles auxquelles on inculquait ce que l'on a plaisamment appelé les principes de « l'orthographe du cœur ».

On n'en demandait pas davantage à nos arrières-grand'mères, et, d'ailleurs, si elle manqua d'instruction scientifique, Mlle de Penthièvre, plus favorisée que bien des princesses de son temps par le séjour prolongé qu'elle fit dans un couvent vraiment religieux, contracta des qualités supérieures qui devaient la « marquer » pour toujours.

A l'âge où les impressions se gravent à jamais, elle reçut les assises solides de la Foi qui devait éclairer comme d'un rayonnement sa voie douloureuse, et elle apprit, au temps des philosophes, à vivre « de cette vie intérieure qui, selon l'expression d'une de ses contemporaines, n'est bien connue que dans le cloître[1] ».

1. Mme de Souza : *Op. cit.*

CHAPITRE II

Mort de la comtesse de Toulouse. — Mort du prince de Lamballe. — Mlle de Penthièvre chez son père. — Négociations matrimoniales. — Difficultés apportées par la Maison d'Orléans. — « L'immortelle raison de la dot. » — Le contrat. — Le mariage. — Les cérémonies. — La bénédiction du lit. — La réception du duc de Penthièvre.

Plusieurs événements familiaux signalèrent le séjour de Mlle de Penthièvre à Montmartre et lui donnèrent l'occasion de quitter la « volière » pour vivre momentanément avec les siens. Dans ces circonstances, elle était à l'aller et au retour escortée par un jeune page de son père : le chevalier de Florian, que les religieuses de Montmartre bourraient de bonbons et de friandises [1].

Le 1er octobre 1766, ce fut une triste circonstance qui l'amena à l'hôtel de Toulouse [2]. Elle vit, parée sur son lit de mort, sa grand'mère, cette délicieuse comtesse de Toulouse qui venait de s'éteindre à l'âge de 78 ans, des suites d'une affection cardiaque. Les bornes de cette étude ne permettent point de s'étendre sur les épisodes qui signalèrent ce décès et l'inhumation de la princesse. Fastueux comme toujours, le duc de Penthièvre, malgré sa

1. *Mémoires d'un jeune Espagnol*, par FLORIAN.

2. Elle mourut le 30 septembre, à 8 heures du soir, après une longue maladie.

profonde douleur qui s'exhale dans sa correspondance avec le chevalier de Lastic, son premier gentilhomme, tint à ce que « la pompe fût magnifique ». Et certes, le spectacle funèbre qui s'offrit aux yeux de la petite princesse, lorsqu'elle pénétra dans la « grande chambre du Balustre », était bien fait pour frapper une imagination enfantine.

Sur le lit de parade entouré de seize grands chandeliers d'argent, le corps de la princesse gisait. Autour du lit, assis sur des pliants, étaient la marquise de Saluces, la marquise de Clermont, le chevalier de Lastic, et plus loin, les femmes de chambre et les valets de chambre. Sur deux autels improvisés, deux prêtres de Saint-Eustache et des Petits-Pères célébraient des messes sans interruption, tandis qu'assis sur des banquettes, six autres prêtres psalmodiaient lentement. Et devant la balustrade du lit, sous la surveillance de douze suisses et d'un sergent, c'était le respectueux défilé du peuple qui entrait et sortait silencieusement, c'était la procession interminable des Jacobins, des Récollets, des Carmes Billettes, des Feuillants, des Capucins, des Grands-Augustins, des Minimes, des Génovéfains, des Grands Cordeliers, des Oratoriens, de presque toutes les communautés de Paris, dont la princesse avait été si souvent la bienfaitrice.

Pendant plusieurs jours, les tristes cérémonies se succédèrent, soigneusement réglées par le duc de Penthièvre et par le chevalier de Lastic, auquel il avait donné toute sa confiance. Il y eut l'autopsie faite par Tronchin[1] et autres docteurs, « à laquelle Mme de Saluces n'eut pas le courage d'assister », l'exposition dans la chambre ardente, l'envoi aux Carmélites de Compiègne du cœur de la princesse porté en carrosse par deux abbés suivis de deux pages à cheval et de deux valets de pied, et enfin l'inhumation à Rambouillet, le 6 octobre. Depuis Paris, le corbillard était accompagné de cinq carosses à six chevaux, de deux écuyers, de deux suisses, de trente et un pages. Depuis l'hôtel de Toulouse jusqu'au « Pont-du-Jour », à Auteuil, il avait été suivi de cent pauvres avec cierges et flambeaux, de dix hommes du guet et de cent vingt et un valets de pied.

N'insistons point sur l'interminable service qui eut lieu à Rambouillet[2], car Mlle de Penthièvre, pas plus que son frère, le prince de Lamballe, n'y assistèrent, et disons seulement que le duc de Penthièvre, « malgré un trouble affreux et la fièvre qui le menaçait », se montra pour tous les assistants plein de bonne grâce et de courtoisie et très attentif à ne provoquer aucune susceptibilité[3]. Il fut

1. *Archives nationales*. K. 577 et Archives, du château de Parentignat. Le procès-verbal de l'autopsie donna lieu à une discussion entre les quatre médecins qui y avaient procédé. Tronchin partit sans vouloir le signer. Il fallut le rappeler ainsi qu'un de ses collègues.

2. Aucun membre de la famille royale n'assista aux obsèques. La famille seule de la princesse fut représentée par les Noailles, les Civrac et les d'Uzès.

3. La plupart des détails qui précèdent sont empruntés à un volumineux dossier concernant les obsèques de la comtesse de Toulouse et conservé dans les archives de la maison de Lastic, au château de Parentignat. J'en dois la gracieuse communication à M. le marquis de Lastic. Ce document, qui ne con-

profondément touché des regrets unanimes que laissait sa mère [1], et des marques de sympathie du roi Louis XV. Celui-ci perdait une amie, et dès l'instant qu'il avait appris la mort de la comtesse de Toulouse, il avait tracé lui-même de sa grosse écriture, sur un billet, les mots suivants : « Le Roi demande un détail exact de la maladie et de tous ses accidents [2]. »

Quelques mois plus tard, l'hôtel de Toulouse devait s'entr'ouvrir dans de moins tristes circon-

tient pas moins de trente-quatre pièces, est d'un grand intérêt pour l'histoire du cérémonial. A côté des minuties sans nombre de l'étiquette, exagérées encore par l'esprit inquiet du duc de Penthièvre, on trouve à chaque instant la preuve de la bonté du cœur, de l'abandon familier du prince vis-à-vis du chevalier de Lastic, avec lequel il correspond « à mi-marge », suivant une habitude à laquelle sa fille demeurera fidèle. « Cela simplifie les réponses, écrit-il. Un mot à côté de la question estant suffisant et ma pauvre teste ne va pas bien. » On trouve d'autres documents sur la *pompe funèbre* de la comtesse de Toulouse aux *Archives nationales* (K. 577). La plupart des pièces de ce dernier dossier ont été annotées par le duc de Penthièvre après la cérémonie. On y sent à chaque instant son regret lorsqu'il constate que l'étiquette n'a pas été suffisamment observée dans la place d'un carrosse, la forme d'un « grand habit », etc.

Très courtois, il répond lui-même ou fait répondre à toutes les lettres de condoléances qu'il a reçues.

1. « Ses grandes qualités et son éminente piété, nous dit le *Mercure de France* du 3 octobre 1766, lui avaient acquis l'estime générale. »

2. Billet conservé au château de Parentignat. Louis XV, qui ne montrait pas toujours de l'indifférence devant la mort de ceux qu'il avait aimés, demanda le procès-verbal de l'autopsie : « Monseigneur m'ordonne de mander à Monsieur le Chevalier, écrivait Benoît, secrétaire du duc de Penthièvre, à M. de Lastic avant l'inhumation, qu'il le prie de luy envoyer le fatal procès-verbal d'ouverture, qu'il désire l'avoir promptement quelque affreuse que luy en soit la vüe. »

« J'ay mandé au Roi que je le ferai passer sous ses yeux », ajoute le duc de Penthièvre.

stances pour le mariage du prince de Lamballe avec Marie-Thérèse de Savoie Carignan. Mlle de Penthièvre, suivant une rigoureuse étiquette qui lui interdisait d'aller « dans le monde » avant d'être présentée à la Cour, ne prit part à aucune des fêtes, mais, dans l'intimité, elle se lia bien vite avec sa belle-sœur, qui, malgré ses dix-huit ans, n'était guère qu'une enfant naïve et inexpérimentée.

Quant à son frère, elle le connaissait peu, et sans doute n'y perdait-elle point. Le prince de Lamballe était rarement chez son père. Tout jeune, il sortait sans cesse, surveillé par un serviteur aux gages du duc de Penthièvre. L'excellent prince s'attendrissait lorsqu'il entendait celui-ci lui dire que son fils dépensait sa pension très modeste — vingt-cinq louis par mois — en allant la nuit secourir les pauvres. En réalité, le serviteur était acheté par le jeune prince, qui, se souciant peu de courir les galetas de la misère, recevait les enseignements regrettables et onéreux des demoiselles Farine et Famfalle [1]. Et c'est une faute grave dans la vie si pure du duc de Penthièvre d'avoir, par ce manque de clairvoyance et cette ignorance du mal qui sont parfois comme les ombres d'une extrême vertu, « ignoré » son fils au point de le laisser glisser jusque dans la fange. Aussi bien, « d'une santé délicate comme tous les enfants de la duchesse de Penthièvre, d'une complexion amoureuse médiocre, le pli de ses lèvres et le bistre de ses paupiè-

1. R. Arnaud : *La Princesse de Lamballe*. p. 59.

res annonçaient-ils déjà, au moment de son mariage, que le prince de Lamballe avait été pour le vice une proie facile [1] ».

Le duc de Penthièvre fit preuve, l'année suivante, d'une faiblesse du même genre. Toujours prêt à croire à la conversion du pécheur, il ne montra pas assez de fermeté pour s'opposer au projet d'union qu'on lui proposa pour sa fille. Mlle de Penthièvre atteignait en 1768 l'âge de quinze ans. On la savait charmante et on n'ignorait point qu'elle posséderait un jour une fortune assez considérable pour rehausser encore ses qualités personnelles. Plusieurs princes tournaient déjà sur Montmartre un regard intéressé, lorsque l'abbé de Breteuil, chancelier du duc d'Orléans, qui n'était point sans esprit d'intrigue, eut le premier l'idée de lui faire épouser Louis-Philippe-Joseph de Bourbon, duc de Chartres, fils de son maître.

Dès lors, commencèrent des négociations sans fin. Le sort de la naïve petite princesse à l'âme poétique, qui, avec les illusions de la jeunesse, ouvrait sur la vie des yeux pleins de candeur, allait être discuté en de très prosaïques marchandages. C'était une héritière, et elle allait payer sa fortune par le malheur de toute une vie.

Le prince de Condé, qui la désirait pour son fils, le duc de Bourbon, avait cherché à obtenir par M. de Choiseul le consentement du roi. Cette démarche avait été vaine. L'abbé de Breteuil, jugeant donc le moment opportun, s'ouvrit de ses projets

1. ARNAUD : *Loc. cit.*

au duc d'Orléans. Il y mit une telle insistance qu'on l'accusa à tort, il est vrai, tant sa réputation était douteuse, de chercher à toucher une commission. Dans l'instant qu'il lui parlait, le duc d'Orléans, assez grand seigneur sous ses apparences bourgeoises, le prit de haut. Bien qu'il fût lui-même petit-fils de Mlle de Blois, légitimée de France, il estimait assez son titre de premier prince du sang pour ne pas faire à Mlle de Penthièvre l'honneur de la choisir pour bru. Jamais il ne souffrirait que le lambel des d'Orléans fût accolé à la barre de bâtardise des Penthièvre.

M. de Breteuil n'insista point. Il savait le duc d'Orléans désireux de régulariser la conduite de son fils, lequel était fort libertin... Patiemment il attendit, estimant que son heure viendrait .. Elle vint. Le prince de Lamballe, épuisé par la débauche, tomba malade au mois de mars. On jugea sa fin imminente. Bien vite, M. de Breteuil courut chez le duc d'Orléans et lui fit valoir ce que Mme d'Oberkirch appelle judicieusement « l'immortelle raison de la dot [1] ». La mort du prince de Lamballe ne doublerait-elle pas la fortune de Mlle de Penthièvre, destinée à devenir la princesse la plus riche de France et même d'Europe?

Le duc d'Orléans vit tout de suite l'avenir sous un autre jour, il comprit et il acquiesça. Il parla lui-même au duc de Choiseul, qui promit de pressentir le roi, tandis que M. de Breteuil allait trou-

1. Baronne D'OBERKIRCH : *Mémoires*, Bruxelles, 1854, t. I, p. 102.

ver le duc de Penthièvre. Mais, à son tour, celui-ci « fit le difficultueux ». Estimant que le duc de Chartres était trop joyeux compagnon pour devenir un bon mari, il opposa un refus catégorique..., encore qu'il fût assez flatté de cette proposition venant des marches du trône. Cela n'était point pour lasser l'infatigable abbé de Breteuil, qui chercha, de concert avec le duc d'Orléans, l'homme susceptible de mieux influencer M. de Penthièvre[1].

...Bientôt leur choix est fait. On ne peut mieux trouver que le maréchal de Puisieux[2]. Ce vieillard, ami de la Maison d'Orléans, exerce sur le duc de Penthièvre une influence qui est due à leur similitude de caractères. M. de Puisieux est un mélancolique, l' « homme le plus ennuyé de France », et sa réputation de piété, de droiture et d'intégrité est inattaquable. Confiant dans la conversion que le mariage peut amener chez le duc de Chartres, il assume la mission de parler à M. de Penthièvre. Grand combat dans l'âme du Prince. Sa nature timide, indécise et malléable, est mise à une cruelle épreuve. Cette fois il est moins catégorique dans son refus... Pourquoi n'accepterait-il pas des négociations qui n'entraînent encore aucun engagement formel? Dans cet état d'esprit et avec

1. Mme DE GENLIS : *Mémoires*, passim. — Mme D'OBERKIRCH : *Mémoires*, I, p. 202. *Archives nationales*, R⁴ 826.

2. Le marquis Bruslart de Puisieux, oncle de M. de Genlis, ambassadeur de France en Suède, puis ministre des Affaires étrangères de France en Suède, avait été surnommé par le maréchal d'Estrées « le juge du point d'honneur des affaires contentieuses ». Cf. Mme DE GENLIS : *Mémoires*, II, p. 140.

son ordre habituel, il va jusqu'à confier au duc d'Orléans un état bien exact de sa fortune auquel il joint son testament. Et il assure à sa fille une rente de 50.000 écus en dot. Le duc d'Orléans calcule, suppute, hésite... Mais, tout à coup, il s'indigne. En effet, il vient d'apprendre qu'une amélioration inattendue s'est produite dans l'état de M. de Lamballe. Est-il bien certain que ce jeune prince va mourir? Dans ces conditions si fâcheuses, 50.000 écus de rentes ne sont qu'une « misère ». M. le duc de Penthièvre ne pourrait il pas augmenter la dot?

M. le duc de Penthièvre, on le sait, pèche par excès plutôt que par défaut de bonté. Il ne se fâche point, ne voulant mécontenter personne, et il se contente de dire doucement : « Mon fils vit, il est condamné... Dieu, il est vrai, peut faire un miracle et me le conserver. » Mais il n'augmente pas la dot, estimant sans doute que sa fille vaut mieux que d'être achetée. Ajoutons que ces misérables calculs, dont la mesquinerie doit blesser sa belle âme et lui laisser peu d'illusions sur les bas-fonds du cœur humain, se jouent autour du lit d'un moribond dont il sent qu'on attend avec impatience le dernier souffle.

M. de Lamballe a subi une opération humiliante et dangereuse à l'hôtel de Toulouse. Avec mille précautions on vient de le transporter à Louveciennes. Il souffre beaucoup. Ses nuits sont terribles, coupées de longues léthargies. La terreur est peinte dans les yeux fixes de cet adolescent qui sent venir la mort[1]. On espère cependant contre tout espoir. L'air vivifiant de la campagne, les premières effluves du printemps — nous sommes en avril — n'aideront-ils pas la nature à sauver un être si jeune? En effet, légère et trompeuse, l'amélioration persiste. Elle persiste au point que le duc d'Orléans, non sans quelque cynisme, rompt toutes les négociations[2]. Cette fois, outragé doublement dans ses affections paternelles, le duc de Penthièvre sent sourdre chez lui la violence héréditaire des Bourbons. Le duc de Choiseul partage sa colère, et tous deux déclarent qu'ils n'auront plus jamais affaire avec la maison d'Orléans.

Le prince de Condé revient alors à la charge, et il demande encore à Choiseul de proposer son fils pour Mlle de Penthièvre. Mais, jaloux de venger les Penthièvre, Choiseul vise plus haut. Il demande au roi de parler à M. de Penthièvre en faveur du comte d'Artois pour sa fille. Malgré les désordres de sa vie privée, Louis XV poussait très loin le sentiment de la dignité de la Maison de France, et il souffrait de la haute situation faite par Louis XIV aux Légitimés. Il répondit que jamais son petit-fils n'épouserait « pour de l'argent » une fille de race illégitime[3].

Sur ces entrefaites, le prince de Lamballe mourut à Louveciennes le 6 mai, après une longue et douloureuse agonie.

1. ARNAUD : *Op. cit.*, p. 79.
2. Cf. *Mme de Carignan, princesse de Lamballe*, par M. DE VOUZIERS, s. d. (vers 1814); *Mme de Lamballe*, par BERTIN; *Idem*, par M. DE LESCURE; *Mémoires* de BACHAUMONT, etc.
3. Mme D'OBERKIRCH : *Op. cit.*, t. I, p. 203.

Tandis que Mme de Lamballe se retirait à Saint-Antoine-des-Champs pour le pleurer, Mlle de Penthièvre obtint de Mme de Laval l'autorisation de passer quelques jours avec son père, dont la douleur était immense. Sauf sa fille, il avait tout perdu ! Rentrée au couvent, Mlle de Penthièvre subit elle-même une crise de dépression très pénible. Elle tomba dans un état de prostration tel qu'il fallut l'amitié réconfortante et éclairée de Mlle de Montigny pour lui rendre peu à peu la gaieté de son âge [1].

Cependant, des semaines passaient. Le duc d'Orléans n'était point sans regrets. Il calculait que, si son fils avait épousé Mlle de Penthièvre, celui-ci aurait eu un jour une femme charmante et huit millions de rentes [2]... Très simplement il reprit les négociations. Le duc de Penthièvre était aussi hésitant que par le passé... la conduite du duc de Chartres l'effrayait toujours... Il fallait cependant que tout ceci prît une fin, et il le comprit si bien qu'il demanda un nouveau congé pour sa fille, dont il voulait connaître les sentiments.

Aussitôt qu'elle fut devant lui, il lui fit part des divers projets matrimoniaux qui pouvaient lui convenir. Afin de la mettre bien à l'aise, il affecta de ne lui parler du duc de Chartres qu'après deux autres prétendants : l'Infant, fils du duc de Parme, et le prince de Carignan, frère de Mme de Lamballe, parti d'ailleurs assez modeste... Mais à peine

1. Delille : *Op. cit.*, p. 6.
2. Baronne d'Oberkirch : *Op. cit.*, t. I, p. 202.

avait-il prononcé le nom du duc de Chartres que la princesse lui répondit[1] délibérément :

— Si tel est le prince que me destinent Sa Majesté et mon père, point n'est besoin de m'en présenter d'autres, car leur volonté sera assurément la mienne[2].

Par ces paroles nettement prononcées, le duc de Penthièvre connut avec surprise que le cœur de sa fille avait parlé et qu'elle était éprise de son cousin, M. de Chartres.

Appuyé par Mme de Lamballe[3], qui redoutait le caractère du prétendant et qui, sans doute, regrettait de voir son propre frère évincé, le duc de Penthièvre, dit-on, risqua quelques objections :

— Si on me force à faire un autre mariage, répliqua la jeune fille avec véhémence, j'irai me jeter aux pieds du roi pour le supplier de ne pas contraindre mon inclination et de ne pas me rendre malheureuse pour le reste de mes jours, et jamais je n'aurai d'autre époux que M. le duc de Chartres.

« Et cette fermeté, ajoute un contemporain[4], parut d'autant plus extraordinaire de la part de la princesse qu'on ne pouvait trouver caractère plus doux et plus timide que le sien. »

1. Ducos (Comte) : *La mère du duc d'Enghien*, p. 64.

2. Delille : *Op. cit.*, p. 6.

3. *Mme de Lamballe*, Bertin, p. 67, Mme d'Oberkirch, *loc. cit.*

4. Ce témoignage est celui de l'auteur des mémoires dits de Besenval. Selon lui, la scène aurait eu lieu alors que M. de Penthièvre parlait à sa fille du comte d'Artois. Quant au reste, son témoignage est en tous points semblable à ceux des auteurs précités. Bien que très informés sur la Maison d'Orléans, ces Mémoires ne doivent être cités qu'avec prudence.

Le duc de Penthièvre, résigné, fit alors parler au roi par M. de Choiseul, mais le consentement de Louis XV fut difficile à obtenir. « Quoi qu'on en ait dit, écrit Mme d'Oberkirch, et qu'on en dise tous les jours, le roi Louis XV avait le sens droit ; il sentit quel puissant levier était une pareille fortune entre les mains du premier prince du sang et ce qu'il pouvait en faire s'il avait l'esprit de révolte. Il refusa d'abord, et M. de Choiseul eut beaucoup de peine à l'y amener :

— Songez donc, disait le roi, que mes petits-fils, le comte d'Artois et le comte de Provence, sont loin d'une pareille fortune, et que vous allez rendre MM. d'Orléans bien plus riches que les aînés.

— Sire, les aînés ont la couronne, qui les place toujours hors de toute comparaison.

— Prenez garde de donner aux cadets le moyen de la leur enlever, Monsieur le duc [1].

Le roi refusa longtemps ; il ne céda qu'aux instances de M. le duc de Penthièvre, pour lequel il avait une amitié de jeunesse ; encore son consentement fut-il accompagné de restrictions et d'observations répétées.

— Vous avez tort, mon cousin, dit-il, le duc de Chartres a un mauvais caractère, de mauvaises habitudes ; c'est un libertin, votre fille ne sera pas heureuse. Ne vous pressez pas, attendez !

1. Baronne d'Oberkirch : *Op. cit.*, t. I. p. 202. Il convient de remarquer qu'en plaçant ces paroles dans la bouche de Louis XV, Mme d'Oberkirch écrivait en pleine Révolution et que ses souvenirs du passé pouvaient être influencés par les événements présents. Cependant, elle avait bien compris « l'esprit » de

La princesse, elle, était pressée. Son père l'adorait, il céda... Après avoir vainement demandé un « noviciat de sagesse » du prince, Louis XV, dit-on, s'écria avec dépit : « Elle veut de lui? à la bonne heure [1] ! »... Depuis ce temps-là, ajoute Mme d'Oberkirch, le père et la fille ont dû souvent se rappeler les paroles du vieux roi [2]. »

Mme d'Oberkirch nous a appris le principal mobile de l'attitude du duc de Penthièvre. Père faible, « il adorait sa fille » et comme, le dira plus tard en termes plaisants un pamphlet révolutionnaire, « il était charmé de ne point voir sa demoiselle s'expatrier [3] ». D'autres motifs — secondaires assurément — le réconcilièrent avec ce projet de mariage. Il avait été flatté, on l'a dit, des premières avances du duc d'Orléans :

Nous avons vu que sa naissance lui pesait et que la piété chez lui n'avait pas suffi à étouffer des tendances un peu vaines, mais très excusables. Il y a même quelque grandeur et quelque souci de moralité dans le désir perpétuel des Légitimés de racheter par tous les moyens la honte de leur origine.

Louis XV et de Versailles, comme il apparaît par le contexte de ses mémoires, et ce dialogue entre Louis XV et Choiseul n'a rien d'invraisemblable.

1. *Princesse de Lamballe*, par M. de Vouziers. Je cite cet auteur peu connu, car j'ai eu souvent l'occasion de vérifier l'assertion de ses dires. Il écrivait en 1814, et il avait certainement connu l'ancienne Cour.

2. Mme d'Oberkirch ajoute plus loin (t. II, p. 101) en parlant de ce mariage : « Ce fut la seule fois peut-être que le père et la fille ne furent pas d'accord. »

3. *Vie secrète de la duchesse d'Orléans* (1790). Cf. plus loin.

Or, n'était-il pas flatteur pour M. de Penthièvre de devenir le beau-père du duc de Chartres? Car enfin — sans compter cette bâtardise — il était lui-même assez loin du trône, et sa situation était intermédiaire entre celle de prince du sang et celle de grand seigneur...

A cette époque où les questions de naissance jouaient un rôle aussi considérable, le duc de Penthièvre comptait peu de parents dans les familles royales[1] :

Son frère utérin avait épousé une Carbonnel Canisy, laquelle était de bonne maison, mais point même ducale. Du côté de sa mère, il avait vingt oncles et tantes — Noailles — mariés dans les maisons de Gramont, d'Estrées, de Coëtquen, de La Vallière, de Beaumanoir, Rousselet de Château-Renaud, Le Tellier de Courtanvaux, Mancini, etc., ce qui lui créait en alliances à l'infini avec des maisons de haute ou de bonne noblesse...

Mais c'étaient là des familles de « sujets » du roi de France et non de souverains. Par sa bisaïeule, Anne Boyer[2], dame d'atours de la reine Anne d'Autriche,

1. Louis de Pardaillan, duc d'Antin et d'Épernon (1707-1743), frère aîné du duc de Penthièvre (par sa mère), épousa Gillonne de Montmorency, dont il eut un fils et trois filles : l'abbesse de Fontevrault, la marquise de Civrac et la duchesse de Crussol, avec lesquelles le duc de Penthièvre et la duchesse d'Orléans entretinrent toujours des relations très affectueuses. Le frère cadet du duc d'Antin, Antoine, marquis d'Antin (1709-1741), n'eut pas d'enfants de son mariage avec Françoise-Renée de Carbonnel Canisy.

2. Anne-Louise Boyer, fille d'Antoine, seigneur de Sainte-Geneviève-des-Bois, mariée en 1645 à Anne, duc de Noailles, morte avec une grande réputation de piété, en 1697.

Par l'illustre maison de Noailles, le duc de Penthièvre se ratil n'eut pas été nécessaire de remonter loin pour trouver la roture... et voilà que sa fille allait s'asseoir près des marches du trône et occuper une des premières places du royaume! Il est très légitime que l'amour-propre paternel du duc de Penthièvre ait trouvé quelque consolation dans cette aimable perspective.

Reste maintenant à expliquer la passion de la candide petite pensionnaire de Montmartre pour le débauché qu'était le duc de Chartres. Les mémorialistes se sont chargés de nous éclairer sur ce point :

Elle ne l'avait vu qu'une fois. Elle l'avait rencontré chez son grand-oncle le prince de Conti au cours d'un jour de fête qui coïncidait avec une de ses « sorties ». Il avait été aimable, empressé, il ne l'avait pas quittée un instant... Il avait sollicité l'honneur de la reconduire à son carrosse. Là, il l'avait saluée d'un air à la fois noble et soumis. Cela avait suffi. Un regard du prince avait embrasé le cœur de la jeune fille d'un feu qui n'était pas près de s'éteindre [1], et elle était rentrée à Montmartre, disant à Mlle de Montigny qu'elle ne se marierait jamais parce qu'elle aimait M. de Chartres.

Cette victoire d'ailleurs n'est point faite pour étonner. Le duc de Chartres n'était-il pas un de ces irrésistibles conquérants dont parlaient

tachait cependant à une famille souveraine. Sa grand'mère, la duchesse de Noailles, née Bournonville, descendait, par les d'Egmond, de Sabine de Bavière, sœur du Palatin Frédéric III.

1 Mme D'OBERKIRCH : *Loc. cit.* BESENVAL, *idem.* Talleyrand dans ses mémoires écrit que cet amour « remplit » la vie de la princesse.

avec admiration les femmes de Paris, et sur lequel chuchotaient peut-être avec quelque trouble les petites pensionnaires de Montmartre? Il donnait le ton, il avait été l'un des premiers à prononcer ce mot de *sport* qui amusa si fort Louis XV lorsqu'il l'entendit, il se distinguait comme les Anglo-Saxons par sa compétence en matières hippiques et sa fougue aux exercices du corps. Ces exercices du corps — il ne l'ignorait pas, lui qui depuis l'enfance cherchait tant à briller et à séduire — mettaient en relief sa taille élevée, svelte et bien prise. Enfin il était beau, et le « sombre éclat » de ses yeux bleus et languides jetait assez le trouble dans le cœur des femmes pour leur faire oublier les fâcheuses rougeurs de son teint gâté par l'impureté. Il n'en fallait pas plus pour bouleverser l'âme et les sens d'une jeune fille très passionnée, et, sans doute, infiniment curieuse d'amour.

Quels avaient été les sentiments du duc de Chartres vis-à-vis de Mlle de Penthièvre la première fois qu'il l'avait rencontrée? Manifestement, il avait cherché à lui plaire. Avait-il alors des vues sur elle? Peut-être. N'en avait-il pas sur toutes les femmes?... La conquête d'un cœur tout jeune ignorant l'amour n'est-elle pas une de ces victoires qui plaisent particulièrement aux blasés et qui parfois même les remettent sur la voie droite? Et quand on avait parlé mariage, le duc de Chartres n'avait soulevé aucune objection. Il y a même tout lieu de croire que — sans pour cela se désintéresser en aucune manière du chiffre de sa fortune — il aima très sincèrement la jolie Mlle de Penthièvre.

Ce mariage lui apparaissait en tous points supérieur à celui que son père aurait voulu lui imposer deux ans auparavant en lui faisant épouser la princesse Cunégonde de Saxe[1], âgée de sept ans de plus que lui. La perspective de cette union, qui l'aurait rendu l'oncle du futur roi Louis XVI manquait de charmes pour un tout jeune prince. Il avait été très heureux lorsque la Dauphine[2] l'avait éconduit, estimant qu'un roi seul pourrait épouser Cunégonde, sa sœur — qui, d'ailleurs, mourut plus tard chanoinesse et quelque peu ridicule — et depuis lors, il avait assez joyeusement mené la vie de garçon, pour s'en estimer las[3].

On affirme même que, pour accélérer ses noces et contracter une union vraiment avantageuse du côté de la fortune, il aurait sciemment poussé le prince de Lamballe dans la débauche, afin de le faire marcher à la mort. Sur la foi de quelques mémorialistes[4], certains historiens l'ont dit et redit à satiété. En vérité, le duc de Chartres n'était point un monstre et — devenu duc d'Orléans — il a de lui-même suffisamment chargé sa mémoire pour qu'on ne lui prête pas un nouveau crime, dont l'odieux même détruit la vraisemblance. Agé de vingt ans, entièrement livré à ses plaisirs, impulsif et irréfléchi, il était assurément trop jeune de cœur et d'esprit pour nourrir d'aussi noirs desseins.

1. Tante du roi Louis XVI.
2. Marie-Joseph de Saxe, sœur de la précédente.
3. Cf. au sujet de ce projet de mariage, l'*Amateur d'autographes*, 1903, p. 85.
4. Mme Campan, M. de Moriolles, Bachaumont.

L'accusation d'un pareil crime, dont Laclos, plus tard, n'aurait même osé charger ses personnages, suppose de la part des accusateurs une haine de parti ou une psychologie assez courte. Même après la Révolution, le prince de Ligne — cet admirateur de Marie-Antoinette — défendit hautement Philippe-Égalité en écrivant : « Le duc de Penthièvre ne l'a jamais accusé d'avoir entraîné M. de Lamballe, son fils, dans la débauche, car M. le duc d'Orléans ne l'a jamais voulu avoir dans sa société[1]... »

Le mariage de Mlle de Penthièvre et du duc de Chartres ne fut pas déclaré de suite. Pour quelques mois encore la princesse retourna à Montmartre, engagée seulement aux yeux de son père.

Ici se place un épisode qui souligne une fois de plus la nature romanesque de la princesse. Mlle de Montigny fut de suite la confidente de la grande nouvelle. Leurs jeunes imaginations marchèrent. Elles firent mille plans d'avenir, parlèrent de leurs mariages futurs, et elles décrétèrent avec une certitude un peu prématurée que chacune d'elles aurait une fille.

— Avec quel plaisir je nommerai ma fille Eugène ! dit la princesse à Mlle Eugène de Montigny. Ce nom me rappellera toujours celui de mon amie.

— Moi également je croirai toujours jouir de la

1. *Œuvres choisies* du maréchal prince de Ligne, Paris. Chaumerot, 1800, pp. 2, 3, 4. Suivant Rouzet de Folmon, dont on parlera plus tard, le mauvais génie du prince de Lamballe était un certain M. de Wargemont que le duc de Chartres ne connaissait même pas.

présence de ma compagne en appelant ma fille Adélaïde, répliqua Mlle de Montigny.

On verra par la suite comment la princesse tint parole [1].

Au mois de novembre 1768, Mlle de Penthièvre obtint un nouveau congé pour la cérémonie du baptême. Elle n'avait été qu'ondoyée par suite d'une tradition de rigueur dans la maison de France. Tout prince et toute princesse appartenant plus ou moins au « sang » n'était baptisé qu'à l'âge de la présentation à la Cour. On estimait qu'il était nécessaire d'attendre cette époque pour leur permettre d'apprécier l'auguste parrainage qui était de règle, c'est-à-dire celui du roi, de la reine ou des enfants de France. Le Saint-Siège, en raison des services rendus par saint Louis et par ses descendants à l'Église, avait autorisé cette dérogation aux règles habituelles du baptême.

Voilà donc la princesse embrigadée dès maintenant sous les lois de l'étiquette qui régnait à Versailles. On verra une fois de plus, par le récit de son baptême et de son mariage [2], combien elles étaient inexorables et pénibles :

Le 29 novembre 1768, le duc de Penthièvre demande au Roi les honneurs de la présentation pour sa fille. Sa Majesté répond qu'elle sera présentée le 5 décembre et baptisée le 6. Le Dauphin sera son parrain; car Sa Majesté a déclaré qu'Elle ne tiendrait plus Elle-même aucun enfant sur les Fonts.

1. Delille : *Op. cit.*, p. 7.
2. *Archives nationales*, K. 147. Manuscrit, 13.

Puis, changeant d'avis, Elle fait dire le lendemain que la présentation aura lieu le 7. Dès lors le formalisme du duc de Penthièvre s'inquiète... Il veut avant tout qu'aucune erreur de protocole ne dépare la cérémonie : — N'invitez que les parents qui sont du sang de France et non ceux de Mme votre Mère, lui répond un peu dédaigneusement le prince de Condé, que le duc interroge et qui peut-être a sur le cœur l'échec infligé à son fils. Ils ne sont pas assez « nés », et il n'est point d'usage de les convier à pareille fête[1].

Mlle de Penthièvre arrive à Versailles le 5. Tout intimidée sans doute, privée pour le grand jour de l'appui d'une mère, la petite princesse, suivant la coutume, demeure deux jours au château sans voir personne autre que le gouverneur et la gouvernante des Enfants de France. Elle ne sort que le 6, pour entendre la messe aux Récollets. Enfin, dans la journée du 7, l'instant émotionnant arrive. Sa cousine, la comtesse de La Marche, va la présenter après le « diner » qui a suivi une nouvelle messe aux Récollets. Alors commence le supplice de la toilette. Mme de Saluces, sa dame d'honneur, l'affuble du panier, de la collerette et du *grand corps* qui « coupe les bras, serre horriblement et découvre les épaules[2] ». On la coiffe de la manière la plus gothique du monde et la moins propre à mettre en valeur sa chevelure qui est superbe. On lui met du rouge sans discrétion, on la poudre à l'excès et on

1. *Archives nationales*, K. 147.
2. Mme de Genlis : *Mémoires*, 1825, t. I, p. 242.

la couvre de bijoux. Détail curieux : ces bijoux ne sont pas à elle. Son père les a empruntés au garde-meuble du Roi. Ce sont « une pièce de corps de diamants avec ses accessoires, des trousse-côtés et des trousse-queue, des boucles de soulier pompons, deux nœuds de manches, un collier avec pendeloques, un ruban de tête, de grandes girandoles et une aigrette avec quatre pendeloques ».

Dans cet appareil, la princesse est *présentée* au Roi et elle a soin de faire les révérences à reculons sans repousser sa robe en arrière avec le pied, ce qui est de mauvais goût. La plupart des princes sont là en grand habit. Le duc de Chartres profite de la circonstance pour faire sa demande officielle, car la présentation à la Cour est ce que nos ancêtres appelaient, un peu crûment, la « déclaration de nubilité ». Le roi décide que le mariage sera annoncé le 2 janvier suivant, et il en fixera ultérieurement la date au 5 avril 1769 [1].

Ensuite la princesse remonte dans ses appartements, où on la déshabille suivant l'étiquette. Elle revêt une « robe de chambre », monte en carrosse avec Mme de La Marche et dans cette tenue elle va à Paris visiter ceux des princes qui n'ont pu venir à Versailles.

Le lendemain, cérémonie du baptême. Le roi, la reine et la famille royale se rendent en grande pompe à la chapelle du château, les deux huissiers de la chambre portent leur masse devant le roi, les

1. Nouvelles à la main de la Maison de Penthièvre. *Bibliothèque Mazarine.* Manuscrit 2.384.

évêques attachés à la Cour sont tous présents, les Cent Suisses sont là en grande tenue. La princesse, vêtue d'une tunique blanche de catéchumène, s'agenouille sur un carreau de velours rouge près de M. de la Roche-Aymon, archevêque duc de Reims et grand aumônier. Celui-ci administre le sacrement à la jeune fille, qui a pour marraine Madame Adélaïde dont le « compère », on l'a vu, est le Dauphin. Elle reçoit les prénoms de Louise-Marie-Adélaïde. Puis, après la distribution des dragées faite à toute la Cour, elle se retire auprès de son père, qui l'emmène le lendemain à Rambouillet.

Elle part, mais derrière elle elle laisse un souvenir qui ne s'effacera point. A la Cour, sa beauté a été très remarquée[1]. La renommée de sa grâce et de sa candeur en franchit bientôt les limites et se répand dans Paris, dans le peuple. Ce peuple, qui a toujours eu le culte de la beauté et qui ne s'effarouche guère du libertinage pourvu qu'il soit aimable et généreux, ne se scandalise nullement lorsque le bruit transpire du prochain mariage de la petite princesse avec le duc de Chartres. Ce prince — jusqu'ici — est un peu son enfant gâté. On l'admire quand il passe journellement dans le faubourg du Roule ou dans le faubourg Saint-Honoré. Le Parisien égrillard se considère un peu comme le complaisant de ses fredaines lorsqu'il promène en troupes tapageuses ses courtisanes jusqu'au merveilleux jardin de Monceaux, qu'on a

1. Nouvelles à la main de la Maison de Penthièvre. *Idem.*

heureusement comparé à « une île de luxure aux abords de la capitale du roi très-chrétien[1] ».

C'est par des qualités contraires que Mlle de Penthièvre, vivante antithèse du duc de Chartres, a conquis les suffrages, mais dès les premiers jours de leurs fiançailles cette double popularité est nettement établie. Elle croîtra de telle sorte que quelque temps plus tard elle créera, dès leur mariage, une situation difficile au Dauphin et à la Dauphine dans la population parisienne. A l'Autrichienne, on opposera la Française ; et de cette rivalité « malgré elle », dont la duchesse de Chartres sera bien innocente, naîtra entre les princes une série de différends qui se dénoueront un jour dans le sang.

... Mais à peine Mlle de Penthièvre avait-elle été aperçue à Versailles et à Paris qu'elle quitta Rambouillet pour regagner son couvent, tandis que les négociations officielles commençaient entre son père et le duc d'Orléans. Sitôt qu'il fut autorisé par le roi, ce dernier se rendit à l'hôtel de Toulouse pour faire au duc de Penthièvre la demande en mariage qui fut accueillie « avec les marques de la plus vive satisfaction ». Incontinent les deux princes s'occupèrent de faire rédiger les articles du contrat. Le duc d'Orléans chargea de cette mission l'abbé de Breteuil, son chancelier, qui avait si bien manœuvré dans toute cette affaire, M. de Bellisle, secrétaire des commandements, et deux de ses conseillers. M. de Penthièvre, de son côté, nomma l'abbé Lenoir, chef de son Conseil, M. de Grand-

1. Comte Ducos : *La mère du duc d'Enghien.*

bourg, son secrétaire, et également deux membres de son Conseil. Lesdits commissaires s'assemblent chez M. de Breteuil le 31 décembre 1768 et rédigent les articles qui sont approuvés par les princes et soumis au roi. Celui-ci les approuve à son tour le 1er janvier et il assigne le lendemain aux princes pour venir « faire la demande de son agrément ». Le 2 janvier, les ducs de Penthièvre et d'Orléans, le prince de Condé, le prince de Conti, le comte de La Marche et le comte d'Eu se rendent à Versailles dans le cabinet du Roi où les deux princes demandent à Sa Majesté son agrément qui leur est accordé « avec les témoignages les plus sensibles de son affection ». Le Roi fixe le mariage au 5 avril et il donne ordre à M. de Choiseul de demander à Rome la dispense de parenté par courrier extraordinaire. On y mit la plus grande diligence, et la dispense fut accordée gratuitement le 28 janvier [1].

Aussitôt après ces premières formalités, la princesse remonta vers les hauteurs de Montmartre et elle rentra comme une enfant sous la direction de Mme de Laval. Il est vrai que cet internat, qui se prolongeait un peu trop pour ses goûts, fut fréquemment adouci, pendant les trois mois qui s'écoulèrent jusqu'au mariage, par de petits séjours chez son père. Celui-ci avait vendu la maison qu'il possédait à Puteaux, pour en acheter une plus gaie à Passy [2], afin de permettre à sa fille et à Mme de Lamballe — bien jeune pour pleurer sans cesse —

1. *Archives nationales*, K. 147.
2. L'asile actuel du docteur Blanche.

de s'y distraire avec quelques amies intimes. Quand les deux belles-sœurs « folâtraient », il les appelait en riant les pompes du siècle, et souvent, le soir, il disait à Mme de Lamballe : Marie la folle, combien de contredanses avez-vous dansées aujourd'hui [1] ? Mlle de Penthièvre s'égayait aussi. Peu soucieuse des questions graves, elle avait généreusement abandonné la pension à laquelle elle avait droit comme princesse du sang et elle vivait à Passy très simplement. C'est là que Moreau, historiographe de la reine, la surprit un jour, jouant et courant, son jupon retroussé dans ses poches [2].

A Rambouillet, elle vivait aussi dans l'intimité constante de Mme de Lamballe. Elles se promenaient ensemble dans les rues de la petite ville paisible, grimpaient à la Butte du Moulin, assistaient aux offices de l'église paroissiale, et toutes deux étaient tenues en vénération profonde par la population [3].

Parfois encore, la petite princesse allait à l'hôtel de Toulouse, où elle occupait sur la rue des Petits-Champs l'ancienne chambre de sa mère, si bien meublée avec sa basse couchette à l'impériale à pilastres brodés d'or et d'argent, ses tabourets de bois dorés, ses fauteuils de tapisserie à tête de sphinx, son lit de repos de soie cramoisie, sa table « de marbre griotte d'Italie [4] ».

1. Fortaire : *Op. cit.*, p. 63.
2. Moreau : *Souvenirs*, p. 210.
3. Lorin : *Florian chez le duc de Penthièvre* (Mémoires de la Société archéologique de Rambouillet, t. X).
4. *Archives particulières.*

Enfin, Mlle de Penthièvre quitta définitivement le couvent au printemps de 1769. Elle n'y avait pas été heureuse... Elle le quittait avec regret. Cette apparente contradiction n'est point faite pour surprendre. En tournant définitivement une page de sa vie, la jeune fille colorait le passé de toute la poésie de ce qui n'est plus. Le couvent de Montmartre où elle revint souvent plus tard[1], prise au trébuchet des souvenirs, c'était le cadre familier où ses rêves d'enfants avaient pris leur premier vol; c'était la paix un peu monotone du cloître où elle s'était tout au moins sentie défendue contre l'inconnu de la vie. Et son biographe, Delille, nous assure qu'en abandonnant ses maîtresses et ses compagnes, elle « nourrissait de noirs pressentiments » que l'avenir ne devait pas rendre mensongers[2].

Ces pressentiments, Mlle de Penthièvre aurait pu leur donner des bases, si, plusieurs jours avant son mariage, quelque Diable boiteux, soucieux de l'initier aux mystères de la vie galante, l'avait transportée dans une des petites maisons du duc de Chartres. Le prince, à l'occasion du mariage du comte de Fitz-James, enterrait sa vie de garçon avec une précision de détails qui annonçait assurément le désir — sinon la volonté — de renoncer à ses plaisirs. Mais l'ordonnance de la fête n'en eût pas moins semblé à la jeune fille d'un goût un peu douteux.

1. Le journal des dépenses de l'abbaye de Montmartre signale à plusieurs reprises après 1780 des « dépenses de bougies » pour la princesse, qui peut-être y venait faire des retraites.

2. Delille : *Op. cit.*, p. 12.

Laissons parler Bachaumont [1] :

« Au mariage de M. le comte Fitz-James, M. le duc de Chartres lui donna, à sa petite maison, un souper appelé le souper des veuves. On y avait réuni les maîtresses de ce prince et des différents seigneurs mariés ou sur le point de se marier. Tout était tendu de noir; les femmes étaient en habit de deuil. Les hommes de même. Les flambeaux de l'amour s'éteignaient et se trouvaient remplacés par le flambeau de l'hymen. Ces deux dieux étaient dans une rivalité continuelle à cette fête. En un mot, tout y caractérisait le tombeau des plaisirs à l'empire de la raison. On assure qu'il est question de renouveler cette farce plus solennellement encore à l'occasion du mariage prochain du duc de Chartres. »

Les prévisions de Bachaumont étaient injustifiées. Le duc de Chartres eut le bon goût de ne pas recommencer cette plaisanterie, et l'événement d'importance pour la curiosité des Parisiens fut la cérémonie très officielle de son mariage.

Les bans avaient été publiés à Saint-Eustache et à Montmartre, à cause du couvent, et à Versailles, suivant un usage observé par les princes du sang qui se marient à la chapelle en présence du Roi.

Le 3 avril, le duc d'Orléans, le duc de Chartres, le duc de Penthièvre, Mlle de Penthièvre et Mlle d'Orléans se rendent à Versailles avec la plus grande partie de leur maison, et à 7 heures, M. de Saint-Florentin fait la lecture du contrat « en passant les

1. *Mémoires...* (25 mars 1769). Cf. aussi *Journal de Collé*.

clauses... devant tous les Princes et Princesses, sauf Madame Clotilde et Madame Élisabeth, qui sont dispensées par leur jeune âge de cette formalité.

Après la signature, de gros incidents naissent au sujet des invitations, et en vérité il faudrait un Saint-Simon pour conter ces minuties. Le duc de Penthièvre a soigneusement examiné la liste qui a servi au contrat et au mariage du prince de Lamballe [1]. Au dîner de contrat on adjoindra aux princes parmi les plus proches parents grands maternels de la fiancée : les Noailles, les d'Armagnac et les Courtenvaux et, avec les Choiseul et les Polignac, un nombre très restreint de ducs, duchesses et princes lorrains.

Les clauses du contrat ont été réglées très prudemment pour les intérêts de la princesse. On adopte le régime de la communauté, mais si la future duchesse de Chartres meurt sans enfants, ses héritiers naturels seront mis en possession de toute sa fortune, dont rien ne demeurera à son mari. De son vivant il sera loisible à la princesse de se retirer de la communauté et de reprendre tout ce qu'elle aura apporté en mariage. Il semble qu'en exigeant cette clause, le duc de Penthièvre ait prévu l'avenir ! Quant à l'heureuse fiancée, elle ne pouvait deviner certes qu'elle en userait vingt-deux ans plus tard en demandant la séparation, et que quelques années même avant sa mort, il lui faudrait encore la faire valoir pour préserver sa fortune des gaspillages de feu Philippe-Égalité...

1. *Archives nationales*, K. 578.

De son côté, le duc de Chartres apporte cent cinquante mille livres, que le Roi lui donne « pour l'honneur qu'il a de lui appartenir [1] de sang et de lignage », et l'héritage de sa mère en nu-propriété. Très prudemment, le duc d'Orléans, qui connaît l'humeur dépensière de son fils, n'y ajoute qu'une dot [2] dont il se réserve l'usufruit et l'administration à condition de loger, nourrir, entretenir et faire servir le jeune ménage. Si celui-ci juge bon de faire cesser ce dernier état de choses, il le gardera chez lui, mais en servant aux époux 400.000 livres par an pour leur entretien.

Mlle de Penthièvre a reçu assurément une belle dot doublée par la mort de son frère : six millions ; mais cette dot, à peine supérieure à celle de sa future belle-sœur Bathilde d'Orléans [3], est peu de chose en comparaison de sa fortune à venir. D'ailleurs elle ne toucha de suite que 3.865.000 livres, auxquelles le Roi ajoute 100.000 livres [4]. Son douaire fut fixé à 30.000 livres de rentes [5].

Le lendemain 4 avril, a lieu le dîner de contrat dont nous connaissons les convives. Le 5, c'est le

1. *Archives nationales*, R4 626.

2. Le capital n'en est pas stipulé.

3. La dot de celle-ci était de quatre millions, mais il est vrai qu'elle était un avancement d'hoiries et que son père n'en paya de son vivant qu'un million.

4. Les 3.865.000 livres sont représentées par la terre et la principauté de Carignan affermée 30.000 livres, la terre et le marquisat d'Albert, 50.000 livres, les domaines engagés de Coutances, Perriers et Saint-Sauveur-Lendelin, produisant 62.000 livres et 30.000 livres de rente sur l'hôtel de ville de Paris.

5. Par acte du 2 avril 1780, passé devant Goupy, à Paris (actuellement étude Faroux), le duc de Penthièvre constitua à sa fille 50.000 livres de rente perpétuelle en supplément de dot.

mariage dans la chapelle royale de Versailles. Pour cette cérémonie, le duc de Penthièvre a envoyé plus d'invitations que pour le contrat, mais le duc d'Orléans le dépasse encore sur l'article de la politesse. Estimant qu'il n'est pas chez lui, puisque le mariage a lieu à Versailles, il n'invite personne, laissant ce soin au Roi son maître[1]. Mais c'est là une nouvelle source de susceptibilités ! Les d'Orléans eux-mêmes comptent quelques parents de naissance non princière et pas même titrés[2]. Sa Majesté, bien qu'Elle se montre en ce jour assez large sur le chapitre des invitations, se refuse absolument à les convier. De là, grand courroux. Seront-elles au moins, le lendemain, admises dans les appartements des mariés « pour en faire les honneurs » ? Telle est leur humble requête. Le Roi l'examine soigneusement, et sa réponse est un refus très formel.

Dans la matinée, le couple est uni dans la chapelle royale, en présence de la famille royale, par l'archevêque de Reims, qui bénit l'anneau nuptial et les treize louis d'or offerts par le prince à la mariée en lointain souvenir de l'achat de la femme.

Pendant la cérémonie, on assure que « pour recevoir la bénédiction nuptiale, le duc de Chartres ne s'était point placé du côté de l'autel où il devait être. Quelqu'un lui en fit l'observation ; aussitôt, il sauta par-dessus la robe de la mariée pour se placer de l'autre côté. Cette étourderie de

1. *Archives nationales*, R[4] 826.

2. On appelait ainsi à la Cour tous ceux qui ne portaient pas le titre de duc.

jeunesse scandalisa les vieux courtisans qui défendaient encore les droits de la grave étiquette [1] ».

Dans la journée, il y a foule à Versailles. Le maréchal de Richelieu, « très énervé, très vif », a donné des ordres contradictoires. Au dernier moment il s'échappe pour fuir les assauts de tous. On distribue, suivant une regrettable coutume, deux fois plus de billets que « les appartements royaux » contiennent de places. Il en résulte une confusion extrême aux barrières des Cent Suisses et des Gardes du corps, et la Cour elle-même arrive à peine à gagner le lieu des fêtes. Le soir, il y a « appartement et jeu » depuis le salon d'Hercule jusqu'à celui de la Guerre. M. Papillon de la Ferté, intendant des menus, s'est surpassé. Il a fait placer les femmes « les plus choisies » sur huit gradins au pourtour du salon d'Hercule. « Le grand gradin adossé à la cheminée fait si bel effet », nous dit-il avec joie, que le Roi lui témoigne « son contentement » et lui demande s'il en sera ainsi quand le Dauphin se mariera [2]. En entrant à six heures et demie dans la salle, Sa Majesté a souri avec grâce et Elle est de fort belle humeur au « dîner du Roi » qui réunit vingt et un princes ou princesses [3].

Parmi ces augustes convives, nous dit Delille, on en remarquait « une douzaine qui étaient à la fleur

1. *Dictionnaire de la Conversation*. Article Orléans. L'anecdote est également rappelée dans une *Notice sur les princes d'Orléans*, sans nom d'auteur, conservée au musée Condé, et attribuée, peut-être un peu gratuitement, au roi Louis-Philippe.

2. *Journal* de Papillon de la Ferté, p. 246-247.

3. Delille : *Op. cit.*, p. 13.

de l'âge ». En effet, au nombre de ceux-ci, il y avait Mme de Lamballe qui, sur les instances du duc de Penthièvre, avait momentanément quitté le deuil; le Dauphin, félicitant son cousin le duc de Chartres, alors que plus tard Louis XVI et Philippe-Égalité se devaient rencontrer sur d'autres scènes... tant d'autres encore, que menaçaient, sinon la mort, du moins la prison et l'exil... Et en cette époque de décadence où les imaginations blasées demandaient à la magie et aux sciences occultes un aliment nouveau, on imagine assez le glas funèbre qu'aurait jeté sur cette jeunesse radieuse quelque sinistre « prophétie de Cazotte » ou quelque prédiction à la manière de Cagliostro.

Le duc d'Orléans n'imita point la munificence royale et ne donna pas de réception à l'occasion des noces. « Il n'y a pas eu de fêtes [au Palais-Royal], écrit son secrétaire, Collé, dans ses mémoires. M. le duc d'Orléans les a remplacées en donnant 500 louis aux pauvres de Saint-Eustache, sa paroisse. Par ce trait de charité, sa politique épargne 3 ou 400.000 livres [1]. »

Cependant, avec l' « assemblée royale » de Versailles, les jeunes mariés n'en sont pas quittes envers le monde. Il leur faut encore subir, le soir, une cérémonie d'étiquette qui prouve tout ce que le raffinement du XVIIIe siècle cachait encore de naïf et de cru.

C'est la bénédiction du lit.

Dans la chambre nuptiale des appartements de

1. Collé : *Journal historique*, t. II, p. 225.

Versailles qui seront dès lors réservés au duc et à la duchesse de Chartres quand ils viendront faire leur cour, se presse une véritable foule. La plupart des courtisans sont en effet « priés ». Sous le regard intéressé des assistants, la petite princesse arrive en robe de chambre, accompagnée de son mari qui est en grand habit, mais sans épée suivant l'étiquette, ce qui lui donne singulière mine. Alors le grand aumônier asperge le lit d'eau bénite ; puis, la princesse, qui a été déshabillée par ses femmes, derrière des courtines tenues à bout de bras, se met au lit. Pendant ce temps, son mari s'est dévêtu à demi dans une pièce voisine. Il revient pour recevoir — suprême honneur — la chemise des mains du Roi. Il sort encore et enfin il revient en robe de chambre et en pantoufles, le bonnet de nuit à la main, et il se met au lit. Jusqu'ici les rideaux ont été tenus fermés sur la princesse, mais le comte de Pons[1], premier gentilhomme du duc de Chartres, et Mme de Saluces, dame de Mlle de Penthièvre, les tirent alors d'un geste brusque avec un bruit d'étiquette, et cette fois, sans doute, les courtisans regardent d'un œil encore plus curieux, tandis que le roi « adresse ses compliments et ses souhaits aux mariés ».

1. Emmanuel-Louis-Auguste, comte de Pons-Saint-Maurice, chevalier des ordres, lieutenant-général, homme dont il est fort question dans les *Mémoires* de Mme de Genlis. La famille de Pons fut toujours très attachée à la duchesse de Chartres devenue duchesse d'Orléans. Pendant la Révolution, nous verrons la comtesse de Pons accompagner Mlle d'Orléans en Suisse, tandis que sa nièce, la comtesse de Pimodan, née Pons, partagera la captivité de la duchesse d'Orléans (Communication de M. le comte de Pimodan, duc de Rarécourt).

...Enfin, quelques jours après le mariage, le duc de Penthièvre donna à l'hôtel de Toulouse une fête en l'honneur des mariés. S'il en faut croire Tronchin, il marqua publiquement qu'il avait oublié ses premiers griefs et que le rang privilégié de sa fille n'était pas sans flatter son amour paternel.

« M. le duc de Penthièvre, écrit en effet le docteur genevois, donna hier un souper immense. Mme de Chartres entra la dernière et alla tout droit à son père, dont, avant son mariage, elle baisait toujours la main. Elle voulut la lui baiser encore, son père la lui refusa et voulut l'embrasser. Mme de Chartres s'obstina et lui demanda sa main. Le bon père lui dit que cela ne se pouvait plus, qu'elle était la première princesse du sang. Mgr le duc d'Orléans accourut, prit la main du père, la fit baiser à sa fille et ajouta que cela serait toujours ainsi. Mme de Chartres sauta au cou de M. le duc d'Orléans après avoir baisé la main de son père et versa des larmes de reconnaissance. Tous trois pleurèrent et s'embrassèrent[1]. »

1. *Théodore Tronchin* (1709-1781), d'après des documents inédits, par *H*enry TRONCHIN. Paris, 1906. Lettre du 20 avril 1769, p. 322.

CHAPITRE III

Le château de Villers Cotterets. — Les fêtes qui suivent le mariage. — Portrait physique et moral de la duchesse de Chartres. — Sa bonté. — Sa candeur. — Sa naïveté. — Sa charité. — Indécision de son caractère. — Sa faiblesse de constitution. — Anecdote de M. de Moriolles.

Le château de Villers-Cotterets, mis à leur disposition par le duc d'Orléans, abrita les premières amours du duc et de la duchesse de Chartres. L'architecture assez froide de la vaste demeure encerclée de toute part par les hautes futaies qu'égayaient à peine les frondaisons du printemps, le silence solennel des grandes salles médiocrement meublées et souillées encore du souvenir des « nuitées » du Régent... tout cet ensemble formait pour la circonstance un décor assez grave... en même temps qu'assez léger.

Il semble cependant, d'après la tradition, que la princesse s'y soit plu. Son intime et très fragile bonheur était en harmonie avec les premières joies de la nature. Des fenêtres de son appartement, elle voyait chaque matin ce qui constituait alors la suprême beauté de la résidence favorite des d'Orléans : les fameux jardins de Villers-Cotterets avec ses caisses d'arbres rares et ses parterres multicolores dont l'ordonnance était superbe.

Dans sa chambre à coucher tapissée de coton blanc à fleurs, simplement meublée de bergères et de chaises semblables et ornée de deux encoignures de « bois violet à dessus de marbre griotté de Flandre [1] », elle reçut avec affabilité de nombreuses visites. Bientôt, nous la verrons féliciter tout le monde sur la belle ordonnance de la maison, depuis le premier officier de la bouche jusqu'au dernier jardinier, tandis que le prince fera servir « des bons entremets, des vins de toutes sortes et des liqueurs en abondance » à toutes les députations qu'il recevra [2].

A Villers-Cotterets, les d'Orléans sont populaires. Le père du duc de Chartres « aime à connaistre les petits bruits du bourg que lui rapporte son vallet de chambre », à jouer publiquement à la paume, à régaler ses hôtes grâce aux talents variés de ses « officiers de haute maîtrise ès-art de la cuysine et du cellier [3] ». Aussi bien fête-t-on maintenant la jeune princesse qui n'a qu'à se féliciter de ses premiers contacts avec le peuple et qui, d'autre part, prend grand plaisir aux premières distractions champêtres qu'on lui offre. En son honneur, on courre plusieurs fois le cerf ; et le nom de Penthièvre est donné à l'un des carrefours de la forêt en souvenir de sa visite [4].

1. *Inventaire du château de Villers-Cotterets. Bulletin de la Société historique de Villers-Cotterets.* Année 1909, p. 290.

2. De Vertus : *Histoire de Fère-en-Tardenois*, p. 15. Michaux : *Histoire de Villers-Cotterets. Idem*, par E. Roch. *Bulletin cité, passim.*

3. Mêmes sources.

4. Ce carrefour se trouve dans l'avenue royale, à la hauteur des étangs de Malva, nous dit M. L. Roche, que des traditions familiales ont particulièrement documenté sur les visites de la duchesse de Chartres à Villers-Cotterets.

Puis, après un « voyage de noces » sur les terres de son mari, la jeune duchesse de Chartres revient de nouveau à Villers-Cotterets qui, cette fois, s'anime davantage. Le duc d'Orléans lui-même y est arrivé avec une cour nombreuse. « Le siège de Troie, écrit Tronchin à sa fille, le 27 mai 1769[1], n'occasionna pas plus de mouvement en Phrygie que le départ pour Villers-Cotterets en occasionna ici. Outre les dames de la Cour, il y en a trente-six d'invitées. Je ne sais où on les logera. On a déjà notifié aux gentilshommes qu'il faudra qu'ils cèdent leurs appartements. Je serai immobile dans le mien[2], que je cédai pourtant dans un moment de détresse au duc d'York... »

Et quelques jours plus tard : « Je suis arrivé sans accident, à onze heures du matin, à Villers-Cotterets et j'ai trouvé dans la première cour quatre cents hommes sous les armes avec tous les drapeaux du royaume de Soissons. C'est pour fêter la bienvenue de notre jeune duchesse qui est arrivée hier au soir, à dix heures. Elle est descendue à la porte du jeu de paume, dont on avait fait un bosquet pour lui donner une fête champêtre de la façon de Carmontelle. Le sujet en était l'innocence et les douceurs de la vie champêtre. Des couplets très jolis, dans un style très simple de Collé, musique de Monsigny, rien n'y manquait. M. le duc d'Orléans en avait encore la tête tournée en me le racontant. Ce que j'ai vu ce matin de plus joli,

1. *Manuscrit cité. Archives* de la famille Tronchin.
2. Tronchin était médecin du duc d'Orléans.

c'est vingt-quatre jeunes filles de Villers-Cotterets, de quinze à seize ans, vêtues de blanc et de rose avec des houlettes à la main, accompagnées d'une musique charmante. Elles m'ont paru trop jolies pour n'avoir pas été choisies à quelques lieues à la ronde dans le royaume de Soissons[1]. »

Le lendemain, 1er juillet, la ville de Soissons « fait une grande députation » à la duchesse de Chartres et le comte de Pons engage tous les courtisans « à se mettre sur leur beau ». La princesse reçoit les magistrats dans sa chambre. « Tout cela a bon air », mais le capitaine des arquebusiers de Soissons, qui doit prononcer un discours sur la terrasse, est si intimidé par l'affluence des spectateurs qu'il demeure court.

Le château de Villers-Cotterets n'a jamais reçu assemblées si nombreuses. Beaucoup de femmes de la Cour refusent d'y séjourner pour des raisons que nous connaîtrons plus loin, mais celles qui viennent ne s'ennuient point auprès de la princesse. Quand on ne chasse pas dans la forêt, on courre le lièvre dans le petit parc qui avoisine le parterre, les femmes en cabriolet, les hommes à pied. Le soir, à l'issue du souper, « qui est de cent cinquante couverts sans compter les extraordinaires », il y a jeu, bal et concert. Sur la prière de Mme de Montesson, on joue, le 2 juillet, la *Gabrielle d'Estrées* de Sauvigny. « Le comte de

1. TRONCHIN : *Op. cit.*, p. 324. On trouve aussi à la Chambre des Députés (Manuscrit 1537, fol. 14-23) dix compliments adressés au jeune ménage princier par les « Cadets », « bergères », religieux ou bourgeois de Villers-Cotterets.

Pons, écrit Tronchin, est très mécontent de ce choix. La pièce... est on ne peut plus déplacée chez l'arrière-petit-fils d'Henri IV. Outre nombre de choses répréhensibles, il y a une sortie contre les prêtres qu'on jurerait dictée par Voltaire. M. le duc de Penthièvre aimerait bien mieux *Athalie* ou *Polyeucte*, car il ne va jamais au spectacle, et c'est par une très grande complaisance qu'il se le permettra ici. Cet homme adorable mène la vie d'un ange ; si la sérénité en est le sceau, il l'a bien imprimée sur son visage [1]. »

Mais les divertissements sont bientôt interrompus par la mort de M. de Montesson, dont la femme est l'actrice principale de Villers-Cotterets et du Palais-Royal. « Toute la machine du plaisir est démontée », nous dit encore Tronchin, qui — homme de science et citoyen de Genève — juge de haut et sans indulgence le frivole entourage des princes : « J'avoue, à ma honte, ajoute-t-il, que toutes ces grandes petites choses me touchent si peu que cette affliction m'a fait dire en moi-même : Ah ! talons rouges, que votre semelle est plate !... Ces gens-là sont sans ressources, un plaisir manqué les désespère. Il est vrai que toutes les afflictions de leur âme sont on ne peut pas plus courtes. Un rien les afflige, mais un rien aussi les distrait. C'est l'onde qui chasse l'onde. »

Tel est le milieu dans lequel la duchesse va vivre désormais. Ces gens de plaisir, elle va les retrouver au Palais-Royal, où elle prend possession de ses

1. TRONCHIN : *Op. cit., idem.*

appartements dans le courant de l'automne 1769 [1]. Ce n'est pas au contact de ses entours qu'elle apprendra à développer sa personnalité, et, d'ailleurs, elle n'aura point dans cette atmosphère une de ces situations nettement indépendantes qui permettent à un caractère de s'accuser.

Quel fut donc ce caractère ?

Le moment est venu — quitte à anticiper sur les faits — de faire halte un moment dans l'histoire de la duchesse de Chartres, pour la considérer en elle-même et pour dire ce qu'elle fut. L'œuvre assurément est téméraire. Incapables de porter en quelques pages un jugement certain et précis sur nos contemporains, nous sommes encore plus inhabiles lorsqu'il s'agit d'exhumer de la poussière des siècles l'image d'un personnage d'autrefois, et surtout lorsque ce personnage se présente sous la forme un peu insaisissable, « ondoyante et diverse » d'une femme.

Disons-le de suite, la duchesse de Chartres est une de celles dont les traits assez indécis nous apparaissent plutôt comme ceux d'un pastel aux tons atténués que ceux d'une gravure à la manière forte. C'est, comme on l'a dit dans l'introduction de ce présent volume, une créature très douce et nécessairement un peu pâle.

La physionomie d'ailleurs indique assez chez elle les lignes prédominantes du caractère et mérite, de retenir notre attention.

1. Ces appartements sont situés dans l'aile latérale de la première cour donnant sur la rue de Valois. VATOUR : *Le Palais-Royal.* Paris, 1838, p. 181.

En estimant Mlle de Penthièvre à son gré, le duc de Chartres a prouvé qu'il était homme de goût. On a dit d'elle que « c'était un modèle de perfection [1] ». Il y a là de l'hyperbole, mais elle est mieux que jolie. Elle est charmante. L'ovale du visage est très pur, la transparence du teint laiteux — cette transparence qui est souvent l'indice d'une santé fragile — laisse voir « l'azur entrecroisé des veines sous la nacre de la peau [2] », la bouche, d'un impeccable dessin, est presque toujours souriante et les yeux surtout sont d'une extrême beauté. A comparer les différents portraits de la duchesse de Chartres, on peut lire dans ces yeux d'un bleu profond et limpide l'histoire de sa vie. Le regard manque de vivacité. Toujours on y rencontre quelque chose de candide et de très franc qui exerce une invincible attirance, mais l'expression un peu languissante et mélancolique dès le début devient de plus en plus douloureuse jusqu'au jour où elle s'accuse d'une manière effrayante dans ce portrait de 1790, qui nous la montre [3] « brisée de tristesse, les yeux agrandis par les larmes, un pli de dégoût aux lèvres [4] ».

Le visage est encadré par des cheveux admirables qu'on devine blonds sous la poudre et qui, lorsqu'ils sont dénoués, affirment ses femmes, descendent jusqu'à terre.

1. DELILLE : *Op. cit.*, p. 10.
2. DUCOS : *Op. cit.*, p. 66.
3. Ce portrait est conservé au Musée Condé, à Chantilly.
4. LENOTRE : *Le fils de Philippe-Égalité*. Paris, Perrin, 1907, p. 7.

La princesse, il est vrai, n'est pas très grande, mais elle fait impression par la « majesté » de ses attitudes, par ses « moindres mouvements qui sont pleins de grâces », et tout le monde remarque ses mains « qui sont les plus belles mains du monde[1] ».

Au total, le physique est fait pour plaire. Il a séduit tous les contemporains. Et le moral est à l'avenant.

Incontestablement; chez la princesse, les qualités du cœur priment celles de l'esprit. Elle a hérité — jusqu'à la faiblesse — l'excessive bonté de son père. En cette fin du XVIIIe siècle où il y a une souveraine qui domine tout, qui dirige tout, qui est partout : la femme, elle ne pratique point le culte du soi, elle ne domine pas, elle ne dirige pas elle n'est... nulle part, pourrait-on dire, tant sa modestie effarouchée et un peu timide l'éloignent de la « scène », tant elle a le souci de s'oublier elle-même pour s'absorber dans l'amour du prochain.

Cet amour est triple, l'amour de son père pendant sa jeunesse, l'amour des pauvres pendant toute sa vie, et — surtout ! — l'amour de son mari, qui l'absorbera presque tout entière, qui sera le sentiment impérieux, dominateur, autour duquel graviteront toutes ses pensées et tous ses actes, amour, en un mot, qui la consumera, jusqu'au jour où, allant d'humiliations en humiliations, d'écœurements en écœurements, elle aura compris qu'elle s'est trompée dans son choix et qu'elle a mal placé son cœur.

1. DELILLE : *Op. cit.*, p. 10.

Alors sa « raison d'être » disparaissant d'elle-même, sans but, sans affections, sans illusions, mais sans amertume, elle continuera de marcher dans la vie de cette démarche hésitante des aveugles qui cheminent dans la nuit éternelle, le cœur lourd et l'esprit las parce que, comme la lumière qui s'éteint, son idéal est tombé dans le sang et dans la boue.

Mais tant que le grand ressort qui la meut ne sera point brisé, elle aimera éperdument, elle aimera jusqu'à la folie, et c'est pourquoi cette femme doit inspirer une sympathie profonde : Au sommet de l'échelle sociale, sur les cimes où les grands, se croyant un peu des dieux, perdent si souvent alors la notion du bien et du mal et le sentiment du devoir — et combien les fumées de l'encens qui dès la jeunesse égarent leurs esprits les rend excusables. — elle est une figure type : « l'amoureuse dans le mariage ».

Et cette sympathie doit se doubler d'une compassion respectueuse, car, quand viendra la Révolution, elle personnifiera un autre type, celui de la victime qui ne tombe point sous le couteau de la guillotine, mais qui porte longtemps l'écrasant fardeau d'un nom trop lourd et le deuil d'un amour profané.

Si, plus tard — nous n'en sommes pas encore là — elle trouve des consolations un peu puériles, ne nous en étonnons point. Toute sa vie, la duchesse d'Orléans conservera ce que nous rencontrons dès maintenant chez la duchesse de Chartres : ce je ne sais quoi d'enfantin et de naïf que nous remarquons chez son père et qui, parfois, caractérise les natures très vertueuses.

Car elle est vertueuse — infiniment — et pieuse aussi.

Bien qu'en aient dit ses panégyristes, je ne crois point, à la suivre pas à pas dans ce Palais-Royal où règne l'esprit fort, qu'elle ait, comme son père, pratiqué la religion jusqu'à l'austérité ; mais elle est chrétienne assurément. Et c'est là comme la clef de voûte de tant de ses qualités. C'est aussi une traditionaliste. Elle acclamera Voltaire et elle aimera Rousseau parce que c'est la mode et que la mode chez les princes et les grands seigneurs est d'être inconséquent avec soi-même, mais, de cœur, elle sera toujours du côté de l'Église, du Roi et de nos anciennes institutions.

Et naturellement — ceci pourrait presque se passer sous silence, tant c'est la résultante fatale de son éducation et des tendances que je viens d'indiquer — elle est éperdument charitable. Je l'ai dit : la bonté est, si l'on peut ainsi parler, l'attribut qui lui revient de droit. Il va donc de soi qu'elle passe sa vie à soulager les infortunes de toutes sortes et à les soulager avec une délicatesse de cœur et un don de soi-même qui se pourraient véritablement qualifier la « science de l'aumône ». On l'a si souvent écrit avant cette étude ; l'épithète de « charitable princesse » est si nécessairement attachée au nom de la duchesse d'Orléans qu'il n'y a pas lieu peut-être de trop insister... Et cependant !... On serait tenté de le faire, tant le « geste » incessant de cette princesse qui épuise ses finances pour les pauvres, et qui, parce qu'elle est malheureuse peut-être, comprend la souffrance humaine, est à l'honneur d'elle-même et à la décharge de son temps.

Cette bonté de la princesse, ce perpétuel souci de faire plaisir aux autres, sont si inhérents à sa nature qu'on les retrouve chez elle au début comme à la fin de sa carrière. En 1786, le duc de Saxe-Teschen écrira. « La duchesse d'Orléans, princesse respectable, portait sur elle l'empreinte de la bonté et de la douceur, qui lui avaient acquis une affection générale[1]. »

Lors de sa réception à l'Académie française, Florian parlera du « Modèle adoré... qui en vivant toujours pour les autres rend impossible à tout ce qui l'entoure de ne pas vivre que pour elle, n'a jamais cherché que sa propre estime et s'est attiré un culte public ».

... « Cette princesse incomparable, écrit encore dom Courdemanche en 1788, ne connaît point de plus grands plaisirs que celui de faire du bien et de rendre heureux tout ce qui l'approche. »

Il faut faire la part du langage des cours évidemment... mais enfin, tous les témoignages sont unanimes, de quelque parti qu'ils viennent. Lisons plutôt ce pamphlet révolutionnaire [2]... une fable assurément, et une fable perfide et... un peu crue...

1. *Archives particulières.*

2. *Vie secrète de la Duchesse d'Orléans.* Paris, 1790. Cette brochure — rarissime — est un grossier pamphlet contre la cour. Son auteur, à n'en rien douter, connaissait bien le Palais-Royal. On peut donc le consulter quand ses témoignages sont d'accord avec des textes plus sérieux.

mais combien intéressante, car elle résume bien l'impression qu'ont de la Cour en général, et de la princesse en particulier, ceux qui sont « de l'autre côté de la barricade ».

« ... La calomnie audacieuse a respecté cette princesse ; il n'est qu'une voix, qu'un sentiment, qu'une opinion sur la vertu de Mme la duchesse d'Orléans. Jamais les princes n'ont osé se permettre de plaisanter, de badiner avec elle. Sans être froide, sans être fière, ni hautaine, jamais cette princesse n'a prêté l'oreille aux douceurs de la galanterie, de manière que les plus grands princes n'ont jamais abordé leur cousine sans la plus grande vénération... Le comte d'Artois, tourmenté par les douleurs aiguës que ses... lui faisaient ressentir, et mécontent alors, comme le sont alors tous les hommes empoisonnés par le virus, disait à son frère Louis XVI que toutes les femmes de la cour étaient [ici un mot ordurier]. — Il faut, mon frère, excepter Mme la duchesse d'Orléans, reprit le Roi ! »

Un peu plus tard, dans la *petite biographie conventionnelle*, on trouve ces lignes au sujet du duc d'Orléans : « Le respect dû aux éminentes qualités de sa veuve commande le silence sur... ses erreurs[1]. »

On pourrait multiplier les exemples de ces paroles louangeuses. On pourrait anticiper encore sur les

1. Dans une lettre à l'abbé Mariottini de l'abbé Guyot, attaché à l'éducation des princes, il parle (1786) au sujet d'une maladie de la duchesse « dell interesse generale che il Pubblico prende alla sua persona ! » London, *1912*. *Correspondance de l'abbé Mariottini.*

temps et dire que dans l'oraison funèbre de la duchesse douairière d'Orléans, prononcée à Notre-Dame de Paris, le 7 août 1821, par l'abbé Feutrier, on retrouve un ensemble de louanges qui s'appliquaient très exactement à la duchesse de Chartres; mais, à juste titre, on m'accuserait ici de tomber moi-même dans le panégyrique à outrance.

Abrégeons les éloges. Avouons que la duchesse de Chartres eût été singulièrement surhumaine et, avouons-le plus bas encore, qu'elle apparaîtrait encore plus incolore si elle avait été douée de toutes ces vertus sans que quelques ombres fussent là pour les mettre en lumière.

Cette femme vertueuse posséda — on est presque tenté de dire grâce à Dieu! — un certain nombre de défauts contre lesquels elle lutta énergiquement, ce qui, en lui assurant des mérites, lui donne aussi quelque saveur, à nos yeux.

Sans aborder encore le chapitre de l'esprit, et en demeurant dans le domaine du cœur, il convient tout d'abord de constater chez elle un certain manque d'équilibre. Toute sa vie, ce fut une malade; une « lymphatico-nerveuse », comme diraient maintenant les médecins qui révolutionnent l'histoire, en éclairant le passé de leur diagnostic... parfois exact ; et certes, la tâche fut lourde pour une femme qui dut traîner si longtemps une santé languissante dans l'atmosphère des cours et sous le harnais d'une impitoyable étiquette.

Elle est la victime d'une hérédité trop chargée : elle est Bourbon Penthièvre; sa grand'mère, la duchesse de Modène, était Bourbon Orléans; sa bisaïeule, la duchesse d'Orléans, était Bourbon légitimée de France. Assurément le sang des Bourbons est un des plus riches, et celui qui a le mieux supporté la loi politique et fatale des mariages consanguins, mais tout de même il y a ici excès d'alliances et, par conséquent, appauvrissement de la race, car descendre trois fois de Louis XIII indique assez un nombre insuffisant d'aïeux. De là, sans doute, cette constitution si faible, qui a enlevé dès le bas âge la plupart des enfants du duc et de la duchesse de Penthièvre et qui a si mal défendu le prince de Lamballe contre la débauche.

La duchesse de Chartres sera toujours comme son père, avec un tempérament plus fragile, la victime de ces malaises obscurs, mais terribles, qu'elle qualifie de « crispation de nerfs » et qui suffisent à empoisonner la vie d'une femme.

Qu'elles soient, ces souffrances, subjectives dans une certaine mesure peut-être, mais elles n'en sont pas moins cruelles pour la princesse. Dans les lettres écrites par elle dans la seconde moitié de sa vie et que j'ai eues sous les yeux [1], il n'en est pas une, peut-être, dans laquelle elle ne se plaigne de ses maux, avec le luxe de détails et le souci d'explications précises qui caractérise la névropathe. Exempte d'égoïsme, elle ne s'écoute pas. Mais elle s'étudie sans cesse, ce qui n'est pas la même chose, et on sent chez elle cette sorte de

(1) La plupart de ces lettres dont plusieurs seront reproduites dans le volume qui suivra cet ouvrage sont conservées dans des Archives particulières que l'auteur a obtenu la rare faveur de consulter.

« peur de vivre » qui est véritablement symptomatique. Elle est scrupuleuse à l'excès, elle a horreur de l'action, — on en jugera par son histoire, — et, de l'avis de tous, elle est indolente et nonchalante, impropre aux décisions rapides et aux « volitions » soutenues ; et parfois malgré sa douceur elle a des « vivacités de caractère » dont elle se méfie elle-même.

Est-il nécessaire d'ajouter qu'il faut la classer au nombre des « femmes sensibles » ? Cela s'impose. La sensibilité règne alors dans toute sa fureur. On s'en pare, on s'en vante, on s'en flatte. Il est de bon ton de montrer le « sublime de la douleur » au moindre « malaise » qui afflige le prochain, de s'abreuver la nuit de ses larmes et de tomber en syncope le jour — surtout quand il y a du monde. Nul n'en ignore. Les expressions : « Je fondis en larmes », « J'eus le visage baigné de pleurs », se retrouvent à chaque instant sous la plume des écrivains du temps. Et il ne faut pas prendre cette expression au figuré. Elle est au propre ; et le symptôme est vraiment bien curieux, car, cette sensibilité qui a un nom à la mode, « la sensibilité expansive », prouve à la veille de la Révolution une singulière hypertension nerveuse dans les hautes classes.

Mais aussi quelle hygiène pour les femmes ! Le manque d'air, la forme défectueuse du corset, la hauteur des talons, l'absence presque totale d'exercice, tout cela n'est pas fait pour ramener l'équilibre dans la santé de notre princesse pas plus que dans celle de sa belle-sœur, Mme de Lamballe, dont on connaît les grands troubles nerveux et les syncopes. Et, précisément, Mme de Chartres vit dans ce Palais-Royal, qui a le souci d'exagérer toutes les modes, qui les lance au besoin et dans lequel le ton est donné par un prince assez anglomane pour qu'on puisse le qualifier de « snob » sans que le mot jure trop ici par son anachronisme.

Si l'expression de snobisme est moderne, le défaut est de tous les temps, et au Palais-Royal, il règne souverainement. Par une de ses jolies qualités, le naturel, la duchesse de Chartres y échappera dans la plus large mesure possible, mais il y a des influences auxquelles on ne peut complètement se soustraire. Aussi bien, dans l'entourage de la princesse, on a déclaré qu'il convenait de se dégager des contingences vulgaires et de s'abstraire, de s'éthérer, au point de négliger la nourriture, cette fonction utile, affirment les « espèces », mais assurément bien grossière.

Mme de Blot, Mme de Rully et les dames d'honneur de la duchesse de Chartres font partie de cette cohorte de Précieuses qu'on plaisante volontiers dans un milieu moins élégant en les accusant de se nourrir de « lait de colombe ».

Les tables sont toujours servies avec un luxe inouï, mais on ne fait qu'y passer, et les cuisiniers — ainsi que les vieux gastronomes, ceux du grand siècle, où tout fut grand, même la gourmandise — sont en insurrection contre cette atteinte formelle à la dignité de la vieille cuisine française [1].

1. Cf. *Mémoires* de Mme de Genlis, de Mme d'Oberkirch, pour la table au Palais-Royal.

De ces « modes », de cette « ambiance », il fallait dire un mot. On conçoit comment, en pareille posture, notre héroïne soit une impressionnable à laquelle on cherche à éviter les moindres émotions [1], et l'on devine la somme de souffrances qu'accumulera plus tard cette écorchée vive, quand l'heure sera venue des grandes épreuves douloureusement brutales.

Nous savons par dom Courdemanche, qu'en apprenant un jour l'incendie de l'abbaye de Montmartre, qu'elle avait cependant aimée d'amour médiocre, elle entra dans de terribles convulsions qui lui étaient habituelles. Une autre fois, nous dit-il, le duc de Penthièvre fait une très légère allusion à son testament, et cette « expression présentant à la princesse l'idée qu'elle pourrait survivre à son auguste papa, elle s'attendrit et ses yeux se mouillèrent ». Le prince s'en aperçut, ajoute dom Courdemanche, se mit à rire et me dit : Dom Courdemanche, elle a bon cœur ma fille ; si je veux la faire pleurer, je n'ai qu'à lui parler de ma mort. Sur-le-champ, en effet, je vis les larmes couler, et le prince de rire. Mais il ne riait pas de plaisir de voir Mme d'Orléans affligée, c'était plutôt de joie d'éprouver sa sensibilité et son amour. » Et dom Courdemanche détourna les yeux, car il « aurait pleuré aussi [2] ».

1. Quand la princesse mit au monde un enfant mort, on lui en substitue un autre pendant quelques jours pour lui éviter un choc (Voir plus loin). Quand elle est près d'accoucher en juin 1775, le « Conseil de santé » hâte le départ du duc de Chartres à cause de « l'extrême sensibilité de la duchesse » (29 juin 1775). BACHAUMONT.

2. *Mémoires* de Dom COURDEMANCHE, p. 266.

Tout cela, sans doute, est fort touchant, surtout pour un père.

Mais cette impressionnabilité de femme imaginative et rêveuse, exclusive et parfois sans discernement dans ses affections, passionnée dans son amour et mue davantage par ses impulsions que par sa raison ou ses volontés réfléchies, durent souvent dérouter un prince viveur et insouciant comme le duc de Chartres. Sans doute ne s'essaya-t-il jamais à comprendre la jolie petite âme délicate et la nature affective et tendre que les religieuses de Montmartre avaient formée pour lui. On est toujours, et fatalement, injuste pour les malades quand ils se permettent de l'être d'une manière chronique ; et quand vint l'âge du plein épanouissement de la femme, la duchesse de Chartres ne trouva point dans un homme, déférent à son endroit, mais fatigué de ses « malaises d'âme », le tuteur nécessaire pour continuer l'œuvre commencée et mettre dans sa vie l'équilibre et la pondération qui manquaient à sa jeune tête de pensionnaire romanesque.

Du côté des qualités de l'esprit, une question se pose à son sujet. La princesse fut-elle intelligente?

Oui, Il apparaît bien qu'elle fut douée d'une valeur intellectuelle de moyenne envergure. Et il faut prendre ce terme pour ce qu'il vaut et ne pas tomber dans cet excès habituel qui, dénaturant le sens exact des mots, veut que cette expression d' « intelligence moyenne » déguise élégamment une demi-sottise. Non certes. La duchesse de Chartres ne fut pas brillante, mais elle ne fut point sotte. On a ri de ses candeurs. Il est une de ses naïvetés qu'on répète volontiers et qui est tirée des *Mémoires* dictés par Mme Vigée-Lebrun : Peu de temps après son mariage, la princesse est à une des fenêtres du Palais-Royal. Passent alors sous les ombrages des demoiselles de petite vertu.

— Tiens, voilà des filles, s'écrie un gentilhomme.

— Comment pouvez-vous savoir qu'elles ne sont pas mariées? interroge la princesse.

L'anecdote est-elle authentique? Peut-être. Il y en a parfois dans les *Mémoires*... Mais naïveté et sottise ne sont point similaires, et Montmartre, on l'a dit, préparait mal au Palais-Royal.

Ce qui fait plutôt défaut à la princesse, c'est la clairvoyance et le jugement en ce qui concerne ses affaires personnelles. Elle le prouvera.

Manque-t-elle d'esprit? Oui, s'il en faut croire Mme de Genlis et Mme d'Abrantès. Non, si l'on doit s'en rapporter à Mme de Lage et à Mme d'Oberkirch qui, l'une et l'autre, nous parlent de sa vivacité de langage quand elle se départit dans l'intimité du silence qu'elle observe volontiers en public. Il est assez difficile de se prononcer entre deux opinions aussi contradictoires, mais Mme d'Oberkirch qui la connaissait bien, paraît se rapprocher assez de la vérité, lorsqu'elle nous cite des saillies de la princesse et quand elle nous parle de pointes ironiques qu'elle émoussait d'elle-même lorsqu'elle craignait de causer de la peine à autrui[1]. Et il est

1. *Mémoires* de Mme d'Oberkirch, t. I, p. 96. Mme de Lage nous dit de la duchesse d'Orléans en Espagne (1806) qu'elle a conservé une étonnante vivacité d'esprit. *La Marquise de Lage de*

assez vraisemblable qu'en ce temps où l'esprit français régnait en maître, l'arrière-petite-fille de Mme de Montespan ait hérité quelques bribes de la verve moqueuse si légendaire chez les Mortemart.

Ce qu'on souhaiterait rencontrer chez elle, c'est plus de caractère. Elle manque souvent de vues personnelles et de fermeté dans sa conduite. Elle est aisément influençable, et Mme de Genlis, « rendant justice à sa vertu et au fonds de bonté qui est dans son âme », écrit à bon droit, cette fois, que de cette « facilité de caractère » on « abusait cruellement [1] ».

Il va sans dire que, là encore, nous trouvons des contradicteurs à Mme de Genlis ! C'est le propre des jugements humains qui rendent si difficile à débrouiller l'écheveau de l'histoire : Voilà dom Courdemanche qui arrive à point pour nous parler — avec Delille et M. de Bonnard — de la rare énergie de la princesse [2]. Mais, pour une fois, tout se concilie à peu près. Il suffira de lire la biographie de notre duchesse pour la classer dans cette catégorie des faibles, manquant de « défense », fatalement destinées à être écrasées dans la vie, mais qui, lorsqu'on les pousse à bout, dépensent dans les grandes circonstances une réserve d'énergie qui étonne. Ce sont là comme des lueurs très vives — mais qui s'éteignent — d'une volonté sans suite.

Volude, par la comtesse H. DE REINACH-FOUSSEMAGNE, Paris, 1908, p. 241.

1. *Mémoires*, t. IV, p. 18.

2. Cf. plus loin.

Telle fut cette douce princesse. Son visage nous apparaîtrait assez digne d'orner un vitrail ou la page d'un missel, si elle n'avait pas eu ses côtés très XVIIIe siècle, ses côtés très vivants. Ne l'imaginons point toujours au chevet des pauvres, ou pratiquant des actes de vertu. Elle fait parfois l'école buissonnière en dehors de la « voie étroite » qu'elle s'est tracée. Et nous rencontrons alors une duchesse de Chartres assez inattendue, surtout quand elle est très jeune. Elle est loin de détester le plaisir. D'ailleurs, elle n'a aucune notion du chiffre — nous le verrons plus amplement dans la suite — et elle dépense royalement, aussi bien certes pour ses pauvres que pour elle-même. Et le duc de Chartres paye ses dettes sans récriminations, semble-t-il [1]. Puis sa piété n'empêche point une nuance de coquetterie dans le double sens du terme.

Governor Morris nous dira plus tard [2] qu'elle fait volontiers admirer ses jolis bras, et quand son mari l'aura abandonnée, elle ne sera pas sans commettre quelques inconséquences. Coquetterie et piété s'allient mal, dira-t on ? Non pas en tous les temps, et ne cherchons pas à appliquer au XVIIIe siècle — si lointain de nous sur certains points — les jugements que nous portons sur nos contemporains. La princesse fut honnête, et c'est déjà beaucoup.

Et quant à la toilette, elle obéit à la fantaisie du

1. Mme DE GENLIS : *Mémoires*, t. III, p. 95.
2. Cf. plus loin.

moment, à la disposition de son humeur. Tantôt nous la verrons mise assez simplement, pour qu'elle semble donner une leçon à la reine [1], tantôt, au contraire, elle adoptera les modes nouvelles dans toute leur extravagance. C'est ainsi qu'à l'époque où les Parisiennes inaugurent, à l'instar de Rome où la femme de Marc-Aurèle avait, dit-on, trois cents coiffures différentes, les « formes » les plus extravagantes et les plus multiples, la duchesse de Chartres ne saurait demeurer en arrière. Elle porte, en manière de coiffure, un *pouff au sentiment*, qui est le plus admirable du monde : « Au fond est une femme assise dans un fauteuil et tenant un nourrisson, ce qui désigne M. le duc de Valois, son fils et sa nourrice. A la droite est un perroquet becquetant une cerise, oiseau précieux à la princesse ; à gauche est un petit nègre, image de celui qu'elle aime beaucoup. Le surplus est garni de touffes de cheveux de M. le duc de Chartres, son mari, de M. le duc de Penthièvre, son père, de M. le duc d'Orléans, son beau-père, etc. [2] ».

Ce souci de suivre la mode de près va chez elle avec une rigoureuse observance de l'étiquette. Comme son père, elle est un peu formaliste et elle tient souverainement aux hommages qui lui sont dus. Elle appartient à une école contraire à celle de Marie-Antoinette, qui croit conquérir son peu-

1. Le jeudi gras 1776, la duchesse de Chartres donne au Palais-Royal un bal à la reine. La reine a un très beau panache. Il faut le « lui baisser d'un étage » pour qu'elle puisse sortir et rentrer dans son carrosse, tandis que la duchesse de Chartres n'a pas un seul diamant. BACHAUMONT, t. IX, p. 48.

2. BACHAUMONT : *Ibidem*.

ple en faisant fi du protocole. Maintenir ses privilèges en public au moment où croule l'ancienne France, n'est déjà point si sot. Mais, au privé, c'est tout autre chose. Quand elle n'est pas en représentation, notre princesse imite cette fois la reine, qui souvent échange sa couronne, trop pesante, contre un chapeau de bergère. Elle fuit l'ennui si lourd qui pèse dans les palais et, avec tant d'autres de son temps charmées par les accents du philosophe de Genève, elle veut goûter comme une simple mortelle les jeux de l'ombre et de la lumière, le frémissement des arbres, la chanson des ruisseaux, l'enivrement des beaux soirs qui tombent sur la campagne qui dort, et, rompant ses lisières, prenant la clef des champs, elle fuit vers Rambouillet ou vers le Raincy, vers les bocages ou vers les prés, car dans son cœur de femme, qui comprend maintenant les joies profondes et divines de la terre, s'est développé ce sentiment nouveau qui ne trompe jamais et qui peut adoucir bien des plaies : le sentiment de la Nature [1].

Elle goûte aussi d'autres joies moins nobles. Le règne du travesti est alors à son apogée. C'est là encore une autre manière de ne point éternellement demeurer embrigadée derrière le protocole. La princesse y cède comme les autres. On lui prête une singulière aventure dont l'auteur responsable serait son mari :

Celui-ci, dit-on, trouve un jour plaisant de faire

1. On verra dans la suite de ce récit se révéler le goût de la princesse pour ses résidences champêtres.

prendre pour des filles de joie sa femme, sa tante la princesse de Conti, sa belle-sœur Mme de Lamballe et les dames de leur suite, idée à laquelle elles se rendent volontiers, et il les mène au jardin de Monceau. Il était en deuil et en habit de visite. Après le repas, il monte en postillon à la tête de huit chevaux, sa femme et sa tante dans la voiture, sa belle-sœur sur le siège, et toute la « carrossée » se livre à une course effrénée dans le faubourg[1].

Plus tard, la princesse se défendra formellement de cette escapade[2]. Il est probable que ce sera à bon droit, mais on ne prête qu'aux riches, et il en est une autre sur laquelle nous possédons un témoignage formel :

Un soir, le jeune comte de Moriolles, familier de la maison de Penthièvre, dîne au Palais-Royal et, après avoir quitté la table, il s'assied à la porte d'un café, là où bientôt on allait construire la fameuse Rotonde. « Je me livrais, dit-il, au vague de mes pensées en regardant le promeneur errer à la lueur des boutiques et des réverbères lorsque deux dames, en demi-toilettes recherchées, vinrent s'asseoir à côté de moi. » Mais M. de Moriolles a de la tenue. Il ne veut point entrer en communication avec « des personnes qui me paraissaient, dit-il, de la classe des filles entretenues

1. Cette anecdote qui courut Paris avant la Révolution est rapportée — prise naturellement au sérieux — dans le volume pamphlétaire de Gazeau de Vautibault. Les d'*Orléans au Tribunal de l'histoire*, t. III, p. 50.

2. Dans la *Réfutation de la Conjuration d'Orléans* de Montjoie écrite sous son inspiration, ouvrage dont il sera question.

fourmillant tous les soirs dans cet endroit ». Cependant les « deux dames » rient et l'agacent sans succès.

— Voilà un monsieur, dit enfin l'une d'elles, qui me paraît enfoui dans des réflexions bien sérieuses et qui l'isolent totalement du monde où il se trouve.

— Apparemment qu'il est amoureux, reprend l'autre ; ne le troublons pas dans son roman.

— Oui, Mesdames, s'exclame alors M. de Moriolles. Je suis amoureux comme un fou, mais je crois que vous possédez tout ce qu'il faut pour me faire connaître aussi l'inconstance !

Et la conversation se lie. Laissons Moriolles nous la rapporter lui-même : « Je rapprochai ma chaise des leurs, nous dit il, et nous nous mimes à parler ce jargon léger usité en pareilles circonstances dans lequel l'esprit ne produit que de misérables étincelles qu'on s'efforce de faire jaillir d'un stérile foyer. Ces dames étaient enjouées, vives, mais leur gaîté plus réservée qu'elle ne devait l'être et leur ton au-dessus des femmes de leur condition ; enfin il y avait évidemment de la gêne où elles voulaient affecter du naturel. Notre temps se passait agréablement et je leur proposai des glaces qu'elles acceptèrent. J'appelai un garçon qui nous en servit, et ces dames en usèrent avec beaucoup de grâce et de familiarité. Ceci prolongea un peu notre réunion, et, quand elles eurent fini leurs glaces, l'une dit à l'autre :

— Ma bonne amie, il est temps de retourner chez nous, où l'on doit nous attendre ; prenons congé de Monsieur l'amoureux.

— Comment, Mesdames! m'écriai-je. Si tôt se séparer ! Ah! permettez-moi de prolonger le charme de cette soirée en vous offrant de vous reconduire à votre porte. J'ai ma voiture dans la cour des Fontaines. Veuillez prendre mon bras pour la gagner, et ensuite vous me donnerez vos ordres.

— Vous êtes trop bon, Monsieur de Moriolles, me dit l'une d'elles ; ce serait abuser de votre complaisance.

Je fus frappé de surprise en m'entendant nommer : Je ne leur cachai pas et je leur demandai vivement à quel heureux hasard je devais le bonheur d'être reconnu d'elles et dans quel endroit j'avais pu les rencontrer.

— Oh! nous vous connaissons depuis longtemps, répondirent-elles et nous vous portons même assez d'intérêt pour avertir Monsieur votre père de votre conduite galante envers des personnes comme nous.

Elles se levèrent en disant ces mots, dérangèrent leurs chapeaux en riant et me montrèrent qui ?... Mme la duchesse de Chartres et la princesse de Lamballe avec qui je venais de dîner. Chacune me prit alors par le bras pour traverser le jardin et, arrivées sur la route, au pied du grand escalier :

— Pas plus loin, me dirent-elles.

Et elles se mirent à en monter les marches quatre à quatre en riant comme des folles[1]. »

M. de Moriolles était de son temps. Il avait pour

1. *Mémoires* du comte de Moriolles publiés par Frédéric Masson. Paris, 1902, p. 5.

la princesse un sentiment de véritable vénération, et il ne fut nullement scandalisé de la voir sacrifier à la mode des *descampativos*[1].

Au demeurant, ce n'était là qu'espièglerie qui nous paraîtrait maintenant d'un goût douteux ; et si nous avons anticipé sur les temps pour conter cette anecdote, c'est parce qu'elle complète le portrait de la princesse en mettant mieux qu'un sourire sur ses lèvres, puisque M. de Moriolles nous parle d'éclats de rire. Ils furent rares dans sa vie ces éclats de rire et il fallait se hâter de les signaler avant de la suivre au Palais-Royal dans son officielle carrière de princesse du sang.

1. La mode des déguisements est alors portée très loin. Le duc de Chartres se travestit en jockey, Mme de Marigny en abbé, etc. Il y a chez les femmes un curieux mélange de pruderie et de curiosités étranges. Au Palais-Royal on n'oserait pas avouer, nous dit Mme de Genlis, qu'on lit la *Nouvelle Héloïse* ou les *Liaisons dangereuses*, et d'autre part Mme de Blot, qui affiche le rigorisme, s'y promène un jour dans les jardins en un tel « déshabillé » qu'un inconnu vient à elle.. très effrontément. « Vous me prenez pour une autre! » lui dit-elle alors. « Non, répond l'individu, je te prends pour moi! » (*Paris et Versailles au XVIIIe siècle*, par un ancien officier aux gardes françaises, 1811.)

CHAPITRE IV

La cour du duc d'Orléans. — Mort d'un enfant. — Les voyages à Forges. — Mme de Montesson. — Difficultés familiales. — Animosité du duc de Chartres contre sa « belle-mère ». — Naissance du duc de Valois. — Les fêtes. — Mort de Louis XV. — La princesse franc-maçonne. — Voyages de Hollande et d'Italie.

Au Palais-Royal, où elle va tenir le premier rang au retour de Villers-Cotterets, la duchesse de Chartres fera ses débuts dans la vie mondaine d'une manière un peu difficile. Elle n'aura ni cour ni « chez soi », et l'état de subordination dans lequel le jeune ménage vivra vis-à-vis du duc d'Orléans, la situation un peu fausse de la branche cadette dont les moindres actes suscitent les critiques de la branche aînée, la jetteront dès le premier instant dans l'ombre des seconds plans, où la petite pensionnaire volontairement et sagement s'efface. Les circonstances favorisant sa nonchalance naturelle, elle ne réagit point contre sa timidité native et la passivité de son caractère. Disons-le de suite : sous la tutelle de son beau-père, puis sous celle de son mari, elle vivra pendant vingt ans d'une existence en quelque sorte négative et peu fertile en « gestes » notoires et en actes personnels.

Au Palais-Royal même, sa présence exige beaucoup de prudence et de discrétion. Elle le comprend, car elle possède une appréciable qualité :

le tact. La vie du duc d'Orléans est de celles en effet qui ne vont point sans provoquer quelque gêne chez une bru, surtout lorsque celle-ci est la fille du vertueux duc de Penthièvre.

Comme ce prince tenait de sa mère — née Bade — un physique un peu lourd qu'accentuait encore le légendaire embonpoint des Bourbons, on n'a voulu voir en lui qu'un « brave homme ». Cela va de soi. C'est — on ne sait trop pourquoi — l'épithète dont l'esprit humain, un peu paresseux et propre aux généralisations hasardeuses, qualifie volontiers les individus corpulents. On répète volontiers qu'il était « bonasse » et d'esprit court. Il est permis de croire qu'à le mieux étudier on lui trouverait des facultés plus amples. Il avait eu des actions à la guerre et il avait donné des preuves de sa vaillance en Flandre et en Allemagne. D'Argenson, dont l'indulgence n'était pas la qualité maîtresse, a reconnu qu'il était « ferme, de bon sens, juste, droit, homme de parole et haut comme le doivent être les princes[1] ».

Bien qu'il fût assez économe dans l'ordonnance de sa vie, il était charitable au point de donner 300.000 livres par an aux pauvres. Enfin il se montrait grand amateur de littérature, protecteur des arts et des artistes, comme tous les princes de sa branche[2], et la parfaite bonne grâce avec laquelle il accueillait son monde l'avait fait surnommer le Roi de Paris.

1. D'Argenson : *Journal*. Édition Rothery, t. II, p. 386.
2. J. Harmand : *L'Automne d'un prince*. B. Grasset, 1900, p. 12.

Seulement ce prince gourmand, timide et voluptueux, manquait quelque peu de sens moral. L'éducation singulière qu'il avait donnée à son fils, la place d'honneur qu'il avait assignée au Palais-Royal à Mlle Le Marquis, de la Comédie-Française, ancienne écaillère de son état, disait-on, et à ses deux fils naturels, l'abbé de Saint-Farre et de Saint-Albin — deux épicuriens très sécularisés — témoignaient assez de cette regrettable indigence.

Depuis quelques temps, il est vrai, l'étoile de Mlle Le Marquis pâlissait devant celle de Mme de Montesson, maintenant veuve, qui aspirait à devenir duchesse d'Orléans. Mais cela n'était point pour faciliter la tâche de la duchesse de Chartres, obligée de manœuvrer habilement entre son beau-père, son mari mécontent, la maîtresse d'hier et la favorite de demain.

Dans ces conjonctures, elle se trouva d'abord un peu perdue. Bien qu'on en ait dit, la haute société du XVIIIe siècle, très indulgente quant au fond, était assez rigoriste quant à la forme, et elle souffrait difficilement le scandale. En raison de la présence encore assez fréquente de Mlle Le Marquis, bon nombre de jeunes femmes bien nées déclinaient les invitations du duc d'Orléans.

La princesse au début de son mariage fut donc assez privée, quant à l'amitié et au commerce de ses contemporaines [1]. A peine vécut-elle pendant quelques mois en contact avec sa belle-sœur Bathilde d'Orléans, qui, en 1770, épousa le duc de

1. Sa Maison ne fut formée qu'un an après son mariage.

Bourbon, celui-là même qui avait naguère aspiré à sa propre main.

Il est vrai que, si elle cherchait des appuis et des mentors, elle fut amplement servie du côté des douairières. Plusieurs femmes d'âge, anciennes dames d'Henriette de Conti, duchesse d'Orléans, de scandaleuse mémoire, avaient conservé, au Palais-Royal, le loyer et le coucher. Singulier contraste. Ces femmes respectables qui acceptaient jadis la continuelle promiscuité de Mlle Le Marquis[1] étaient pour la plupart tombées dans une dévotion et une austérité un peu revêches. Pour faire excuser leur complaisance, elles renchérissaient sur le chapitre de la pruderie, et cette attitude déplaisait au duc de Chartres, qui, soucieux dès l'enfance de braver l'opinion quand il ne pouvait se la concilier, affichait une liberté de manières toute contraire à cet étalage de sentiments excessifs[2].

Ces douairières, qui vont continuer un peu gauchement auprès de la duchesse de Chartres le rôle des religieuses de Montmartre, nous les connaissons par les Mémoires du temps.

Voici d'abord la vieille marquise de Polignac, dont le visage ressemble parfaitement à celui d'un singe et qui s'est attirée par ses reparties mordantes une réputation sans égale. Bien que très pieuse, elle conserve au fond du cœur une petite flamme mal éteinte, car elle a eu jadis des bontés pour M. de Maillebois, dont elle parle encore chaleureu-

1. Par une même contradiction, rien n'était plus mal vu au Palais-Royal qu'une visite à Mme du Barry.

2. Mme de Genlis : *Mémoires*, t. II, p. 184.

sement. Avec sa nièce par alliance, la comtesse de Polignac, née du Rumain, gracieuse et poupine, elle formera bientôt le trait d'union entre Marie-Antoinette et le Palais-Royal.

Voici encore la comtesse de Rochambeau, aussi bonne qu'aimable. Elle conte à ravir les histoires d'autrefois, et sa verte vieillesse est comme le couronnement d'une vie irréprochable. A ses côtés, notons encore la vieille comtesse de Montauban, une joueuse effrénée qui ne manque jamais d'à-propos. — Eh quoi! Monsieur, me prenez-vous pour une Danaé, dit-elle certain soir à un joueur qui par mégarde laissait tomber une pluie d'or dans son dos?

Mme de Montauban est très bien avec la marquise de Barbantane, qui est une personne d'importance au Palais-Royal. Toute sa famille y est attachée. Elle a été elle-même gouvernante de Mme Bathilde, avec laquelle elle s'est enfermée à Panthemont. Elle jouit d'une grande réputation de bonté, mais elle est affligée d'une humeur assez tracassière, d'une pruderie extrême et d'un physique que l'âge a rendu un peu désobligeant. Cependant, si les années ont doué son visage et son nez d'une désolante rougeur, elle a eu jadis de la beauté, sauvegardée d'ailleurs par une vigoureuse vertu devant laquelle M. le duc d'Orléans, qui « avait voulu l'attaquer à la houzarde », est demeuré plein d'estime et désarmé. Il a subi le même échec devant une autre commensale du Palais-Royal, Mme de Blot[1].

1. Marie-Cécile-Pauline d'Ennerie, mariée en 1746 à Guilbert de Chauvigny, dit le comte de Blot, nommé en 1752.

Celle-ci est encore assez jeune. Elle est charmante et gaie, lorsqu'elle ne tombe pas dans le galimatias et dans les vapeurs d'une « âme sensible » et quand elle ne se laisse pas aller à ses penchants très marqués pour une avarice sans bornes.

Au milieu de ces dames, la duchesse de Chartres mène pendant les premières années qui suivent son mariage, la vie un peu oisive et un peu vide de toutes les princesses de son temps. Combien celle-ci était énervante et fatigante malgré son apparente monotonie, c'est ce dont nous nous rendons malaisément compte à l'heure présente.

Pour la duchesse de Chartres en particulier, il y avait l'obligation de suivre son beau-père dans ses résidences et d'accompagner la cour dans ses villégiatures dont l'itinéraire était réglé bien à l'avance. Sans compter les voyages chez le duc de Penthièvre, il lui fallait donc chaque année partager son temps entre le Palais-Royal, Villers-Cotterets, Sainte-Assise et Bagnolet, maisons de campagne des d'Orléans, et, plus tard, elle suivra le Roi à Versailles, Compiègne, Fontainebleau, Saint-Germain et Marly.

Comme le disait Tronchin, « les princes sont comme les girouettes qui ne s'arrêtent que lorsqu'elles sont tout à fait rouillées » ; et si l'on songe aux moyens de locomotion et à l'état des routes au XVIIIe siècle, on peut imaginer combien pareille existence pouvait ébranler les nerfs d'une jeune femme de santé délicate.

On se reposait rarement à la cour de celui que l'on appelait couramment « le gros Philippe ». Si la chasse à courre était un de ses plus grands plaisirs à Villers-Cotterets, il ne négligeait, dans aucune de ses résidences, le théâtre qu'il aimait passionnément et dont Taine a si bien défini le rôle au XVIIIe siècle en écrivant : « Le théâtre, alors, prépare l'homme au monde, comme le monde prépare l'homme au théâtre ; dans l'un et dans l'autre, on est au spectacle, on compose son attitude et son son de voix, on joue un rôle ; la scène et le salon sont de plain-pied. Vers la fin du siècle, tout le monde devient acteur ; c'est que tout le monde l'était déjà. »

Grâce à Mme de Montesson, qui écrit des comédies de bon ton « dont le dénouement arrive au bout des cinq actes comme les morts de vieillesse parce qu'il faut bien que tout finisse », il a abandonné la parade et la comédie grivoise, mais il joue toujours les rôles nobles, et on lui peut appliquer le vers de Delille :

Tel néglige ses fils pour mieux jouer les pères.

Dans ce milieu un peu mêlé de gens de plaisir et d'acteurs mondains qui étaient les commensaux habituels du duc d'Orléans [1], la jeune princesse occupa très dignement sa place, et elle observa une réserve sans hauteur : « Elle se fit bientôt remarquer dans le monde, écrit Delille ; elle avait une affabilité qui ne nuisait en rien à sa dignité ;

1. *La Société Française du XVIe siècle au XXe siècle*, par V. du Bled. VIIIe série. *La Comédie de Société*, p. 21.

sa vivacité lui faisait prévenir les moindres désirs de son époux ; sa prudence lui faisait peser ses paroles ; sa grande bonté la tenait toujours prête à faire le bonheur de ceux qui l'entouraient et à soulager toutes les peines ; son amitié et sa parole étaient inviolables ; sa piété était austère sans affectation. Chacun l'aimait et la respectait sans la craindre. » Delille ne se trompe point. Au milieu d'une petite cour où tout était « attitude », ce naturel de la petite princesse que nous avons remarqué amusa et charma. Mais il y a mieux. L'excellent biographe nous dit d'elle :

« Sa prudence lui faisait peser ses paroles », et cinquante ans plus tard, Mme d'Abrantès, on l'a vu, écrira avec moins de ménagement : « Elle était assez nulle dans la conversation. »

Ces deux jugements portés sur la princesse aux deux âges extrêmes de sa vie mondaine renferment dans une certaine mesure le secret des sympathies qu'elle fit naître et du petit nombre d'inimitiés qu'elle suscita. En un temps où l'on aimait beaucoup causer, et par conséquent s'écouter, la duchesse de Chartres savait se taire. Elle évitait ainsi de blesser par des reparties trop vives qui, dans la bouche des princes, prennent une importance extrême. Et en se reléguant dans la vie au rang des auditrices, elle se concilia les bonnes grâces des gens d'esprit, qui lui surent gré de n'en point avoir à l'excès et de leur permettre de déployer le leur.

Dès le début de son mariage, la duchesse de Chartres ne se montra point hostile aux plaisirs de société, mais, bientôt, plusieurs grossesses répétées l'appelèrent à des devoirs plus sérieux et furent les événements d'importance de sa vie.

Dix-sept mois s'étaient écoulés depuis son entrée dans la maison d'Orléans, sans que rien n'annonçât la prochaine naissance d'un héritier du nom, lorsqu'en 1771 on annonça officiellement sa grossesse. Sa santé si fragile aurait eu besoin de ménagements, mais c'était alors une habitude dans la famille royale, comme dans toutes les autres, de ne pas multiplier les précautions en pareilles circonstances.

Au cours d'un voyage à Villers-Cotterets, le duc, son beau-père, l'invita un jour à suivre une chasse à courre dont il se promettait grande fête. Timidement, la jeune femme objecta son état.

— En calèche, il n'y a aucun danger. D'ailleurs, il me serait agréable de vous y voir, insista le prince.

— C'est bien, mon père, répondit-elle, j'obéirai puisque cela vous fait plaisir [1].

La duchesse partit, mais on imagine ce que représentait pour une femme enceinte l'attrait d'une chasse suivie « en calèche » dans une forêt accidentée et percée de routes et de chemins entretenus comme ils l'étaient au XVIIIe siècle... Ces chemins étaient tels, qu'il fallut passer à grand renfort de coups de fouet sur des troncs d'arbre. Aussi bien le résultat de cette partie de plaisir ne se fit-il point attendre et vint-il sous la forme d'un

1. DELILLE : *Op. cit.*, p. 12.

enfant mort, une fille, que la princesse mit au monde au Palais-Royal, le 10 octobre 1771, à onze heures du matin.

Tous les princes avaient été avertis du « travail ». Le duc de Penthièvre, enchanté, en avait fait part à ses parents non titrés [1].

La déconvenue fut si grande, que pour ménager la sensibilité extrême de la princesse, on substitua, pendant quelques jours, à l'enfant mort, la fille d'un de ses valets de pied en lui cachant son malheur [2].

Pour une princesse du sang, c'était plus qu'un chagrin ; c'était presque une humiliation aux yeux du public.

Le petit corps fut enlevé la nuit et enterré sans aucune cérémonie dans le caveau de Saint-Eustache. « Le bedeau, qui avait reçu l'ordre de l'aller prendre au Palais-Royal, en fit l'inhumation, et à si bas bruit, qu'elle échappa à l'oisive curiosité des suisses [3]. »

La duchesse de Bourbon chercha à alléger les peines de la princesse, et bientôt elle écrivit à Mme Esmangart, son amie : « Je l'ai vue... Elle pleurait beaucoup, mais cependant elle était très raisonnable. Quand je l'ai quittée même, elle ne pleurait plus et paraissait consolée. »

Aussitôt qu'elle fut remise [4], la duchesse de Char-

1. *Archives nationales*, K. 546.

2. Fortaire : *Mémoires pour servir à la Vie du duc de Penthièvre*, p. 91. Bachaumont : *Loc. cit.*, plus haut.

3. *Archives nationales, ibidem.*

4. Les relevailles eurent lieu en grande pompe dans la chapelle de la princesse, au Palais-Royal, le 1er novembre. Elle

tres se rendit à Forges, où elle prit les eaux pendant deux années de suite.

La jolie petite station thermale de Forges était, au XVIIe et au XVIIIe siècles, extrêmement connue. Alors qu'on se faisait une gloire de posséder une postérité nombreuse, les femmes accouraient volontiers à cette fontaine de Jouvence qui leur assurait, dit-on, des vertus prolifiques... Aujourd'hui, Forges est un peu délaissé...

Le duc de Chartres accompagna sa femme à son premier voyage et il la laissa en compagnie nombreuse : Mme de Genlis, Mme de Blot, le chevalier de Durfort, le comte de Clermont, l'abbé de Montauban.

Il y avait là, pour passer le temps, quelques distractions : le jeu, les tracasseries entre les « dames des eaux »[1], les promenades dans « une espèce de désert rempli de bruyères » ou dans les bois « pleins de fraises, de mûriers et de framboisiers sauvages » qui avoisinent la « riche abbaye de Bobec ». Au grand ébahissement des villageois, la princesse parcourait le pays dans « son beau carrosse doré avec six chevaux tout bigarrés d'argent » précédés de coureurs en habit écarlate, et parfois elle entrait dans les chaumières des indigents, à grand' peine d'ailleurs, car « les souliers à talons, les chapeaux et les plumes » l'obligeaient

reçut les « visites publiques » au sujet de ses couches « depuis la révolution de la quatrième semaine jusques et y compris la cinquième » *Archives nationales*, K. 546.

1. Cf. DELILLE, p. 17, et surtout l'*Idylle d'un Gouverneur* de G. MAUGRAS (Paris, 1904), dont on reparlera plus loin.

à se courber sous les portes basses [1]. Les pauvres, en effet, jouaient à Forges un grand rôle dans sa vie, et son « coëffeur », M. Regnol, était chargé de rechercher les familles indigentes de Forges et des environs. Chaque matin, il faisait son rapport à la princesse, qui, pour elles, lui donnait les secours nécessaires.

Les séjours de la duchesse de Chartres lui furent d'autant plus faciles que, pendant deux ans, elle fut dispensée de « faire sa cour » à Versailles.

En 1771, au moment de la création du nouveau Parlement, le duc de Chartres, ainsi que la plupart des princes du sang, avait protesté et refusé d'assister aux lits de justice du Roi. Il en était résulté une disgrâce qui dura deux ans et qui était de très fâcheux augure.

Pendant cet intervalle, un événement survint qui, au Palais-Royal, rendit la situation plus difficile encore pour la duchesse de Chartres. Au commencement d'août, on annonça le prochain mariage du duc d'Orléans et de Mme de Montesson.

Ce fut dans la société un *tolle* général. Le duc de Chartres avait obtenu récemment de Mme de Montesson la promesse de surseoir pendant deux ans à tout projet d'alliance. Devant cette violation de parole, il se montra fort courroucé et il fut cacher son dépit en Belgique. Il fut d'abord, à Belœil, l'hôte de son ami, le prince de Ligne, puis il se rendit aux eaux de Spa avec [2] « une partie con-

1. On trouvera dans les *Veillées du Château*, de Mme DE GENLIS, t. III, p. 291, le récit d'une jolie anecdote, dans laquelle la duchesse de Chartres joue le rôle « d'ange bienfaisant ».

2. *Mémoires* du duc des Cars, 1890, t. I, p. 274.

sidérable de la plus grande compagnie de la Cour et de la ville ». Bien qu'il fût là, quelque peu charmé par la princesse Sangusko, une veuve à la tournure séduisante, qui attirait tous les regards [1], il adresse de Spa à sa femme, des lettres très affectueuses. Celle-ci était fort embarrassée sur la conduite à tenir vis-à-vis du duc d'Orléans pendant ses négociations matrimoniales. « Rassurés-vous bien, lui écrit le duc d'Orléans, le 1er août 1773, et n'ayés aucune inquiétude. Sûrement, *il* ne vous en parlera pas, mais vraisemblablement, il fera ce qu'il pourra pour vous le laisser entendre et peut-être bien, si vous rougissés ou si vous vous embarrassés, supposera-t-il que vous l'avés compris sans qu'il vous le dise et continuera-t-il à vous en parler comme si vous le saviés. Voilà ce qu'il faut tâcher d'éviter et rassembler toute l'assurance, même l'effronterie qui est en vous, dût-il vous prendre pour ce moment-là seulement, pour la plus bête de toutes les créatures. Il ne faut pas le comprendre quelque chose qu'il dise... »

Le mariage est bientôt célébré à Paris. Mais Mme de Montesson, qui, suivant l'histoire, a su amener le duc d'Orléans au conjugat en résistant à ses avances [2], n'obtient cependant pas qu'il soit officiellement déclaré. Le Roi a exigé une union secrète,

1. Elle était également très courtisée par le prince de Nassau, qui l'épousa peu après.

2. Telle est la version historique. Suivant la légende recueillie par M. Roch (*Histoire de Villers-Cotterets* citée plus haut), qui descend de plusieurs familles attachées aux d'Orléans et qui a recueilli la tradition, Mme de Montesson n'aurait pas été aussi vertueuse, et on indique encore, dans la forêt de Villers-Cotterets, certain carrefour qui serait de galante mémoire. Mais la tradition verbale dénature souvent les faits.

et une feuille de papier blanc devra recouvrir l'acte de mariage inscrit aux registres paroissiaux de l'église Saint-Eustache.

Dès lors, la duchesse de Chartres fut obligée de supporter sa belle-mère, dont la faveur avait fait reléguer bien loin Mlle Le Marquis. Suivant une habitude dont l'origine est assurément très ancienne, ceux-là mêmes qui avaient le plus crié contre le mariage furent les plus empressés à se rendre aux fêtes de Villers-Cotterets :

Le duc d'Orléans et Mme de Montesson, modeste d'ailleurs dans son triomphe, donnent, aussitôt après leur mariage, une série plus brillante que jamais de comédies, de bals et de chasses à courre. Tout ce qu'il y a de plus considérable dans le monde s'y rend. Quatre dames de qualité qui donnent alors le ton dans la société — Mmes de Luxembourg, de Boufflers, de Beauvau et de Gramont — sont les premières à accepter les invitations; et sur les routes de Paris à Villers on ne voit plus que carrosses aux blasons historiques, coureurs et laquais portant l'uniforme rouge à brandebourgs d'or « des voyages de Villers-Cotterets » qui leur donnent un air de « seigneurs étrangers [1] ». L'engouement est tel que le duc de Penthièvre lui-même quitte pendant quelques jours ses habitudes sévères pour prendre place au milieu des invités. Peut-être eût-il mieux valu pour lui s'abstenir, car en écrivant à la comtesse d'Hunolstein, la duchesse de Fitz-James, présente à ces fêtes, parle de

1. Duc des Cars : *Mémoires*, t. II, p. 125.

lui en termes peu flatteurs : « Quant à M. de Penthièvre, il est plus triste et plus ennuyeux que tout ce que l'on peut dire. Il n'ouvre pas la bouche. Hier, il passa la soirée à tortiller un éventail entre ses doigts. Cela tient de l'imbécillité[1]. »

Ne nous étonnons pas de cette attitude. Le duc de Penthièvre, mû par son extrême politesse, a accepté une invitation qui lui coûte et dont il subit fort mal la contrainte :

Il y a là Bathilde d'Orléans, maintenant duchesse de Bourbon, qui se montre assez tendre pour sa « marâtre », ce qui ne l'empêchera pas de dire de celle-ci « qu'elle se roule sur les fleurs de lis et le manteau d'hermine avec des mules éculées et des bas de coton » ; la comtesse de La Marche, nièce de feu Henriette de Conti, duchesse d'Orléans, qui accable de tendresse Mme de Montesson, « la remplaçante », et Mme de Boufflers, maîtresse du prince de Conti, qui joue cependant la pruderie et qui reçoit les caresses et les baisers de cette même comtesse de La Marche, fille de son amant ; il y a là enfin toute la nécessaire hypocrisie mondaine dont le fardeau pèse sur les épaules du duc de Penthièvre, qui, dans l'atmosphère de cette cour si différente de la sienne, se plonge, par esprit de réaction, dans ses méditations d'ascète.

Cependant les caquets vont leur train. Le duc et la duchesse de Chartres viendront-ils à Villers-Cotterets ? C'est la grande question dont la réponse à venir laisse Mme de Montesson dans l'angoisse,

1. Jean Harmand : *L'automne d'un Prince*. Paris, 1910, p. 73.

angoisse que révèle la lecture de sa correspondance[1].

Il vient enfin, le duc de Chartres, mais il est d'une froideur hautaine et dédaigneuse, il ne fait que passer et il n'apporte pas même les excuses de la duchesse demeurée au Palais-Royal, tandis qu'il était en Belgique. Celle-ci ne transige pas et, malgré l'exemple de son père, elle boude même la duchesse de Bourbon, dont elle condamne l'attitude. Il est à remarquer d'ailleurs que si l'intimité existe entre les deux princesses les avances entre elles deux viendront toujours de Bathilde d'Orléans. La duchesse de Chartres restera un peu sur la réserve avec cette belle-sœur, dont la singulière nature passionnée, sensuelle et mystique, semble parfois l'inquiéter.

Le 22 août, la duchesse de Bourbon lui écrit de Villers-Cotterets : « J'avais chargé mon frère, ma chère sœur, de vous faire quelques reproches sur votre silence, mais comme je vois que rien ne le rompt, je laisse ma fierté à part et vous prie de me dire si c'est que vous m'avez tout à fait oubliée. Je vous assure que comme presque toujours je vous ai écrit la première. J'étais très aise de mettre votre amitié un peu à l'épreuve. Je ne boude pas cependant comme vous voyés et je puis vous assurer même, avec vérité, que je vous reverrai avec grand plaisir... Adieu, chère petite sœur, je vous embrasse de tout mon cœur[2]. »

1. *Archives des Affaires étrangères*. France. *Mémoires et documents*, 319.
2. Jean Harmand : *Op. cit.*

Avec le temps, ces difficultés qui assombrissent la cour de Villers-Cotterets s'aplaniront un peu. Mme de Montesson, qui ne manque ni de tact ni d'esprit, comprendra qu'elle ne peut pas occuper la première place là où est la fille du duc de Penthièvre, et qu'elle a tout intérêt à tenir sa petite cour ailleurs. Elle choisira la charmante retraite de Sainte-Assise où le duc d'Orléans la suivra docilement pour y vivre souvent auprès d'elle de manière si peu princière qu'on l'accusera « de s'être fait Monsieur de Montesson ». Le duc et la duchesse de Chartres iront parfois dîner ou souper à Sainte-Assise, mais entre Mme de Montesson et eux, un sentiment d'animosité sourde persistera toujours. Des scènes presque burlesques en résulteront. Le duc d'Orléans, désolé de voir l'hostilité du duc de Chartres contre la Marquise, s'ingénie à l'adoucir. Il abdique même toute dignité et il charge de cette délicate négociation la nièce de Mme de Montesson, la comtesse de Genlis [1]. En effet, il n'ignore point que cette dernière — nous le verrons par la suite — a tout pouvoir sur le cœur de son fils. Mais voilà que Mme de Genlis se montre très piquée et répond avec hauteur au pauvre duc d'Orléans qu'elle ne se reconnaît « aucun droit sur M. le duc de Chartres ». Cependant, elle consent à le faire sermonner. Par qui? Par la femme légitime, la pauvre duchesse de Chartres, qui assume les tâches les plus ingrates et à laquelle on fait volontiers jouer le rôle de dupe.

1. Mme d'Oberkirch : *Op. cit.*, t. I, p. 60.

Sa bonne grâce, d'ailleurs, n'est récompensée que par un manque de procédés pour le moins étrange. Écoutons plutôt Mme d'Oberkirch qui rencontre un jour la princesse à Petitbourg, chez sa belle-sœur, Bathilde de Bourbon : « Elle nous conta avec beaucoup d'esprit, écrit-elle, que, le matin même, M. le duc d'Orléans était venu exprès de Sainte-Assise, à sept heures du matin, pour lui parler. Il s'agissait de Mme de Montesson, bien entendu. Elle désirait vivement le modèle d'un ornement de corsage en diamants, appartenant à Mme la duchesse de Chartres, et elle n'osait pas le lui demander ; le prince s'en était chargé. Il alla plus loin :

— Vous seriez la plus aimable fille du monde si vous vouliez me céder cette parure. Je vous en rendrai une semblable, mais plus belle et plus riche. La Marquise en a envie tout de suite, elle ne pourra pas attendre que cela soit fait, ce serait trop long.

— Et moi, Monsieur, je m'en passerai pendant ce temps-là ?

— Sans doute. Vous en mettrez une autre. Qu'est-ce que cela vous fait ? Vous n'êtes point vive et nerveuse comme la Marquise ; vous n'êtes pas, comme elle, accoutumée à suivre vos caprices. N'est-ce pas que vous n'allez pas me refuser ? Je la rendrai si heureuse !

Mme la duchesse de Chartres, à qui cela était bien égal en effet, céda la parure[1]. Elle plaignit vive-

1. Mme d'Oberkirch : *Op. cit.*, t. II, p. 68.

ment ce pauvre vieillard amoureux encore à son âge et dominé comme un petit garçon. Il faisait l'admiration de la Cour et de la ville. »

La duchesse de Chartres aimait son beau-père. Elle était humiliée pour lui de cet état de choses, et les années ne la désarmeront jamais complètement, même quand le duc d'Orléans sera mort. Aussi un étranger pourra-t-il, en 1789, écrire ces lignes à la suite d'une visite chez Mme de Chastellux : « La veuve du duc d'Orléans arrive... et après son départ elle embrasse la duchesse [actuelle], selon l'usage : je fais la remarque que les Parisiennes sont très portées à manifester publiquement leur tendresse mutuelle. Cela provoque de la part de Son Altesse Royale sur la personne qui vient de sortir des observations donnant lieu de croire qu'un baiser ne dénote pas toujours une grande affection [1]... »

Les griefs de la princesse contre sa belle-mère étaient d'ailleurs multiples. Pendant de longues années, en effet, Mme de Montesson, par esprit de vengeance, ne manqua jamais l'occasion de dénigrer le duc de Chartres, et elle ne fut pas étrangère à la mauvaise réputation dont il jouira quand il deviendra duc d'Orléans.

... Cependant, le grand événement qui s'annonçait pour elle au moment du mariage de Mme de Montesson, consolait assez la duchesse de Chartres des incidents actuels. Si son beau-père, par une mésalliance secrète, ternissait un peu le blason des

1. Governor Morris : *Mémorial*. Edition Gandais, t. I, p. 215.

d'Orléans, à elle était réservé l'honneur de donner à cette maison un nouveau lustre.

Au retour d'un second voyage à Forges, une grossesse s'était déclarée. Cette fois elle fut heureuse, et le 6 octobre 1773, elle accoucha d'un fils qui devait être un jour le roi Louis-Philippe.

Plus tard, un singulier bruit courra sur la foi d'une de ces invraisemblables légendes qui enveloppent souvent le berceau des princes ; on affirmera, dans certains milieux, que Louis-Philippe est un enfant substitué. Quelques détails ne sont donc pas inutiles ici pour rétablir les faits et démontrer l'absurdité du conte :

Dans la nuit du 5 au 6 octobre 1773[1], la princesse ressentit les premières douleurs. Immédiatement des pages sont envoyés aux princes et aux princesses pour les prévenir du « travail » auquel ils sont conviés d'assister. Le duc d'Orléans, la duchesse de Bourbon et le prince de Conti, qui sont à la campagne, arriveront trop tard, mais le duc de Chartres, le duc de Penthièvre et le prince de Condé, accompagnés de plusieurs personnes de leur suite, assistent à la naissance.

L'enfant est ondoyé de suite dans « le grand cabinet de l'appartement » de la princesse, par l'abbé Gaubert, aumônier du Palais-Royal. La cérémonie, très simple, a lieu devant le curé de la paroisse Saint-Eustache et seulement deux valets qui ont été témoins de l'accouchement[2].

1. *Archives nationales*. K. 545.

2. Douze ans plus tard, Louis XVI et Marie-Antoinette devaient tenir le prince sur les fonts baptismaux, distribuer de nombreux cadeaux et 12.000 livres à Mme de Genlis.

Dès le lendemain, le duc de Penthièvre donne à sa fille une magnifique parure en rubis et en diamants, et le duc d'Orléans lui remet un sac à parfiler enguirlandé de vingt bobines qui ont chacune pour noyau un rouleau de cinquante louis [1].

Cette naissance d'un prince dans la Maison d'Orléans fut très acclamée. Mlle Cosson de la Cressonnière, demoiselle de bonne maison et poète de petit talent, affirma, en des vers très applaudis alors, que :

Des princes que nous aimons
Il nous faut des rejetons [2].

La princesse employa en bonnes œuvres tous les présents qu'elle avait reçus, assigna la somme de 3.000 livres à la dotation de douze jeunes filles pauvres de la paroisse Saint-Eustache, et dans cette église même, le 16 octobre, en présence des princes, le curé fit célébrer un magnifique *Te Deum* « qui produisit un effet saisissant », grâce au concours réuni de la maîtrise, de la musique militaire et des tambours battant aux champs.

C'est ainsi que sous le règne de Louis XV le Bien-Aimé, fut saluée la naissance du futur roi Louis-Philippe.

Mais les réjouissances ne s'arrêtèrent pas là. Elles prirent un caractère populaire qui ne messied pas à « l'entrée dans le monde » du souverain de la monarchie de juillet : Sophie Arnould

1. *Archives nationales*. K. 545.

2. *Nouvelles à la main de la Maison de Penthièvre*. Manuscrit de la Chambre des Députés, fol. 208-209.

obtint du duc d'Orléans, aïeul du nouveau-né, l'autorisation de faire tirer, en son honneur, un feu d'artifice dans les jardins du Palais-Royal. Une foule immense s'y rendit. Tous les acteurs de l'Opéra étaient là et les courtisanes n'y manquèrent point. Un acteur chanta même ce couplet très à la mode [1], mais dont l'à-propos n'apparaît pas ici très clairement :

Est-il beauté plus accomplie ?
Hébé, Vénus, oui, la voilà :
Voyez sur sa gorge jolie
Ce bouton-ci, ce bouton-là,
Cette taille fine et légère,
Ce bouton-ci, ce bouton-là,
Cette taille fine et légère,
Et plus bas, plus bas...

Il n'est pas utile de poursuivre la citation.

Enfin, pendant les premières semaines qui suivirent la naissance, le duc et la duchesse de Chartres eurent l'heureuse idée de faire connaître et acclamer l'enfant. Dans les lignes qui suivent, empruntées à Bachaumont, il est curieux de constater la soif de popularité et aussi la tendance à se libérer des entraves de l'ancienne mode qui caractéririsent alors la maison d'Orléans, soucieuse de marcher avec son époque.

« Pendant les beaux jours qu'il a faits, écrit le chroniqueur [2], le duc de Valois a été promené par sa nourrice dans le petit jardin de Son Altesse

1. « Air tiré de *Julie* sur l'air de *Lison dormant.* »
2. BACHAUMONT, 4 novembre 1773.

Royale, séparé seulement de l'autre par une grille de fer, en sorte que l'on s'est empressé d'admirer le nouveau-né. Il est à la nouvelle mode, dans une corbeille, sans langes et sans entraves de la vieille éducation. En outre, M. le duc de Chartres et la Princesse, sensibles à la joie que le public a fait éclater de cet heureux événement, permettent à tout le monde de venir visiter le jeune prince dans son appartement. On demande au valet de chambre la grâce d'être introduit auprès de lui. Il écrit votre nom et on a la liberté de contempler à son aise cet illustre rejeton. On ne doute pas que l'affluence ne devienne grande à mesure que cette liberté se répandra. La vénération particulière qu'ont les Parisiens pour les princes du sang, et surtout pour ceux de cette branche, se manifestera en cette occasion non moins que leur allégresse. »

« Cette naissance, nous dit l'*Espion anglais*, resserra l'amour du duc et de la duchesse de Chartres. »

Tout au moins, le ménage vécut-il en bonne intelligence, sans que rien vînt troubler leur vie au Palais-Royal, jusqu'au moment où le roi Louis XV mourut, le 10 mai 1774.

La duchesse de Chartres aimait beaucoup le monarque, qui lui donnait souvent des « marques de bonté [1] ». Elle ressentit cette perte avec son impressionnabilité habituelle, et la princesse de Lamballe, cherchant à la distraire, l'engagea à voyager avec elle et à visiter les propriétés du duc de Penthiè-

1. DELILLE : *Op. cit.*, p. 20.

vre[1]. Ce fut pour elles deux l'occasion de charités nombreuses.

A son retour, une surprise attendait la duchesse de Chartres, surprise qui fut pour elle sans agrément. Son mari exigea qu'elle entrât dans la franc-maçonnerie.

Il est à croire, d'ailleurs, qu'elle fut rapidement rassurée sur l'acte qu'on lui demandait d'accomplir. Ses répugnances premières tenaient à l'éducation qu'elle avait reçue du duc de Penthièvre, car celui-ci pressentait avec son bon sens habituel les menées secrètes de la franc-maçonnerie. Mais, dans tout son entourage, la princesse entendait chanter ses louanges [2]. On ne parlait que de morale universelle, de bienfaisance, de fraternité... Bien mieux, dans l'association qui paraissait inoffensive, il y avait à côté de l'utopie humanitaire l'attrait des cérémonies mystérieuses et ce je ne sais quoi de « nouveau » qui tentait les grands seigneurs blasés ou les femmes attendries de la société du XVIIIe siècle en général, et du Palais-Royal en particulier.

1. Celui-ci présidait alors les Etats de Bretagne.

2. A Eu, le 20 juin 1779, la loge de la *Parfaite Union* est fondée par 6 gentilshommes et 2 chanoines. Elle progresse rapidement. En 1784, elle compte 35 membres, dont 10 chanoines et plusieurs nobles qui fréquentent chez le duc de Penthièvre : les Vaillant de Beauséjour, les Gaillard d'Auberville, les Gueroult du Valmet, etc. En 1785, la loge est réduite à 16 membres. Aucun membre du clergé n'en fait plus partie. Le haut clergé a fait des remontrances. Pour la franc-maçonnerie à Eu et le rôle de la duchesse de Chartres dans la loge *La Candeur*, Cf. LEGRIS : *Histoire de la ville d'Eu* et *Histoire générale de la Franc-Maçonnerie de Normandie*, de 1739 à 1875, par le F.·. de LOURCELLES, Dieppe. Imprimerie du F.·. E. Delevoye, Année 5.875.

Dans les entours mêmes du duc de Penthièvre, et malgré son hostilité, la franc-maçonnerie gagnait jusqu'au clergé. Enfin, raison suprême, le Grand-Maître de la franc-maçonnerie en France, depuis 1771, était le duc de Chartres; et la princesse l'aimait! Aussi bien Delille a-t-il pu écrire : « Quoique cette cérémonie ne fût point dans ses goûts, la princesse, toujours empressée d'obéir et de plaire à son époux, voulut bien y consentir. »

La Folie-Titon, située rue de Montreuil, où le duc de Chartres venait souvent « s'amuser » et rarement « battre maillet », et qui devait plus tard servir de magasin à l'infortuné Reveillon [1] servait parfois de local à diverses loges. C'est là qu'eut lieu, le 28 février 1773, l'initiation de la duchesse. La salle avait été magnifiquement aménagée par MM. de Seignelay, de Séguin et de Gardanne, sur les ordres du duc de Chartres, et l'initiation, rehaussée par des fêtes superbes auxquelles assistèrent les personnalités les plus en vue, eut unc aractère tout à fait mondain. Le 13 mars suivant, la nouvelle initié contribuait à la fondation de la loge d'adoption de *La Candeur* avec la princesse de Lamballe et la duchesse de Bourbon, qui s'exaltait pour la franc-maçonnerie.

Par une antithèse facile, on a souvent représenté la fille du vertueux duc de Penthièvre figurant

1. Répétant une erreur de Delille (*op. cit.*, p. 22), tous les historiens ont écrit que la duchesse de Chartres avait été initiée le 28 février 1776 à la loge de la Folie-Titon. Il y a là double erreur. L'initiation eut lieu le 28 février 1773, et il n'y eut jamais de loge de la Folie-Titon.

parmi les dignitaires de la Maçonnerie et encourageant, par cette inconscience même, son œuvre néfaste. Au vrai, le rôle maçonnique de la duchesse de Chartres est dérisoire. En consultant les registres de la Loge *La Candeur*, on ne relève mention de sa présence qu'au 5 février 1778, au 20 janvier 1780 et au 16 mars 1781 [1].

...L'année 1775 réservait à la princesse une vraie joie. Elle désirait vivement un second fils, et, le 3 juillet, elle mit au monde le duc de Montpensier [2]. Après cet événement, elle fut se reposer au château d'Anet, dont son père venait d'hériter ; mais sa santé exigeait alors un changement d'air plus radical, et Mme de Lamballe l'engagea de nouveau à voyager avec elle. Mme de Genlis, dame de la princesse, qui conservait bon souvenir d'un déplacement en Hollande, lui conseilla de visiter les Pays-Bas. Le duc et la duchesse de Chartres partirent avec Mme de Lamballe et celle-ci emmena sa dame d'honneur, la marquise de Broc.

A ce voyage, il faut peut-être chercher une autre cause que la santé de la duchesse de Chartres. Entre le dauphin devenu Louis XVI et le duc de Chartres ne régnait aucune sympathie. Si Louis XV avait témoigné quelque tolérance pour les légèretés de celui-ci, il n'en était pas de même de son petit-fils. Il n'y avait point de terrain commun sur lequel le souverain traditionaliste pût se rencontrer avec le partisan des idées nouvelles et des

1. Communications de M. Gustave Bord.
2. Antoine-Philippe d'Orléans.

libertés anglaises; et dans l'époux encore candide de Marie-Antoinette, le « libertin » du Palais-Royal devinait un juge.

Dès lors, le duc de Chartres, sentant, d'autant mieux qu'il est près du trône, le joug royal qui lui déplaît et le blâme sourd du roi et de la reine qui l'irrite, cherchera sans cesse à s'éloigner, emmenant avec lui sa jeune femme.

On n'a pas assez remarqué jusqu'ici ces absences fréquentes et ces voyages qui, depuis l'avènement de Louis XVI jusqu'à la Révolution, entraîneront le duc et la duchesse de Chartres jusqu'au-delà des frontières, en un temps où les princes quittent bien rarement la France. Ils sont caractéristiques et dénotent un malaise dont l'attitude de « Philippe-Égalité », à partir de 1790, marquera l'état aigu.

Certes, la duchesse de Chartres ne prévoit point cet avenir, quand elle parcourt joyeusement les Flandres et les Pays-Bas. Elle se plaît beaucoup à Bruxelles, où elle est bien reçue par le prince Alexandre de Lorraine, vice-roi des Pays-Bas, un protecteur éclairé des arts.

Le prince de Ligne, qui sera toujours l'ami fidèle du duc de Chartres, le duc de la Vauguyon, notre ambassadeur, et le prince et la princesse d'Orange, sont tour à tour les hôtes du ménage princier [1].

Au début de 1776, nouveau voyage et, cette fois, plus lointain.

Depuis plusieurs années, il faut en convenir, le

1. DELILLE : *Op. cit.*, p. 25.

duc de Chartres souffre de son inaction. Éloigné de la politique et des affaires, il aspire à employer sa jeunesse et ses forces autrement qu'au plaisir, mais l'hostilité défiante de la branche, aînée de sa Maison, qui voit en lui une « force » — il est si riche ! — arrête tous ses essors.

Une ambition le ronge. Il désire passionnément succéder un jour à son beau-père et obtenir la survivance de la charge de grand-amiral de France. Des froissements en résultent, car le duc de Penthièvre, un peu susceptible et ombrageux, s'imagine que son gendre veut, non point lui succéder, mais le supplanter. Il n'entend pas que son héritage soit dévolu de son vivant. Voilà donc la duchesse de Chartres dans une situation difficile. Elle s'efforce d'une part d'éclairer son père et de l'autre de ne point décourager son mari ; et celui-ci, pour obtenir quelque renom maritime, n'hésite pas à faire une campagne sur la Méditerranée en qualité de simple volontaire. Ce sera pour le ménage la première séparation sérieuse, et le chagrin de la femme aimante est bien grand.

Le prince doit s'embarquer à Toulon sur le *Saint-Esprit*. Pourquoi ne le suivrait-elle pas jusque-là, en faisant avec lui, par les provinces du midi, un grand détour qui lui permettra de conserver plus longtemps le contact avec celui dont elle croit posséder le cœur ? Bien mieux, pour se distraire, elle ira jusqu'au-delà des Alpes, visiter son grand-père, le duc de Modène, qu'elle ne connaît pas ; et c'est ainsi que, par suite d'une impulsion imprudente, se décide — sans l'assentiment de la Cour ! — ce voyage d'Italie, qui au fond est un premier acte de mutinerie irréfléchie, peut-être enfantine, à coup sûr contre l'autorité royale.

Rarement, voyage fut plus amusant pour des princes. Ils ont secoué l'étiquette, battu en brèche le protocole et, si l'on peut aussi familièrement parler, ils partent comme des enfants en rupture de classe qui vont se livrer aux plaisirs de l'école buissonnière.

La duchesse de Chartres n'emmena que deux dames[1], Mme de Genlis et Mme de Rully, née Chauvigny. Celle-ci est une toute jeune femme, une enfant presque par la figure, le caractère et la gaieté. Quelques semaines plus tôt, elle était encore fille, et sa tante, Mme de Blot, brûlait de la voir prendre part au voyage d'Italie. Aussi l'a-t-on mariée en hâte pour les besoins de la cause, afin qu'elle ait le titre de dame pour accompagner.

Jusqu'à Bordeaux, le voyage est un triomphe. Sur la route, les princes sont acclamés, car, dans toute la France, douze ans avant la Révolution, l'amour est encore grand, nous dit Mme de Genlis, pour les membres de la Maison royale. Mais à Bordeaux, les ovations prennent un caractère spécial et peut-être précurseur. Le duc de Chartres pose la première pierre de la salle de comédie, et tous les francs-maçons de la contrée l'entourent et lui font fête.

Enfin à Marseille, où le duc de Chartres revien-

1. La « suite » des princes comprit — outre ces deux dames — M. de Genlis, un écuyer, un valet de chambre et trois valets de pied.

dra dix-sept ans plus tard dans des conditions bien différentes, « l'enchantement, nous dit Mme de Genlis, est continuel ».

A Toulon, il faut se séparer. Pendant deux ou trois mois, la princesse va donc être privée de voir son mari? Il est certain qu'elle avait pour lui un amour peu commun, car cette perspective l'affole... Mariée depuis sept ans, elle est éprise au point qu'il faut lui cacher le moment où le prince s'embarque. Elle ne l'apprend que trois heures plus tard, et immédiatement elle ordonne le départ. Quand, deux jours plus tard, elle vit à Cannes la mer qu'elle n'avait pas aperçue depuis Toulon, elle fondit en larmes[1]. Grâce à Dieu, l'extrême sensibilité de la princesse était celle qui fait passer du rire aux pleurs, et réciproquement.

A Antibes, elle se décide, un peu tard, à écrire une lettre au Roi, en l'informant que le voyage n'a pas été prémédité. Puis elle exprime nettement ses intentions de voyager en simple particulière, sous le nom de comtesse de Joinville, et de s'amuser des moindres incidents de la route. On commence à Antibes même.

Mme de Genlis a écrit à un certain M. de Roffignac, qui habite cette ville, que la princesse et sa suite passeraient à sa porte le soir et lui demanderaient un simple bouillon. Comment donc M. de Roffignac se signalera-t-il vis-à-vis de la duchesse de Chartres et de sa suite? Son embarras est grand. Mais il a ouï dire que le bouillon d'ours était le

1. Delille : *Op. cit.*, p. 27.

plus excellent du monde, et précisément il possède un ours apprivoisé.

On sacrifie sur l'heure l'animal infortuné, et dans la nuit même, il est réduit en « bouillon d'ours », que la princesse apprécie infiniment.

Et, après dix jours de plaisirs variés, on entreprend — le 3 juin — le « périlleux voyage de la Corniche ».

Autres temps, autres mœurs ! La Côte d'Azur offre un aspect quelque peu différent de celui de nos jours. Interrogé sur les dangers du voyage, un muletier répond avec flegme : « Je ne suis pas inquiet pour vous, Mesdames, mais à dire la vérité, je crains un peu pour mes mulets, parce que, l'an passé, j'en perdis deux qui furent écrasés par des gros morceaux de rocher, car il s'en détache souvent de la montagne. » Aux environs de Bordhigera — que Mme de Genlis appelle Bourdeguierres — les voyageurs estiment que le pays est aride et affreux, et leur jugement prouve une fois de plus combien nous sommes distants des hommes du XVIIIe siècle dans nos appréciations sur la nature. Le confort, il faut le dire, n'est pas précisément celui de nos jours et n'incline point à l'indulgence. La duchesse de Chartres couche à Hospitalleta, entre ses deux dames, dans une chambre à blé sur un lit de feuillage. Le feuillage est sec, le blé s'éboule sur sa tête, les couvertures des muletiers remplacent insuffisamment les draps brodés du Palais-Royal. Tout cela en un mot manque un peu de charmes... Mais la princesse est jeune, elle voyage pour son plaisir, et peut-être, aux jours de la prison et de l'exil, quand elle endurera les privations les plus cruelles, jettera-t-elle en arrière un regard de regret en songeant à la « feuillée » de l'Hospitalleta.

Nous ne suivrons pas la duchesse de Chartres dans toutes ses pérégrinations. Mme de Genlis, en effet, a tenu fort exactement le journal de ce voyage en Italie, dont certains détails seuls doivent être repris et dont il suffit par ailleurs d'esquisser les grandes lignes.

Jusqu'à Gênes, les débuts assurément en sont pénibles, s'il faut en croire Delille qui nous dit : « On prépara des espèces de chaises à porteur pour Son Altesse et pour ses dames, et six hommes furent attachés au service de chaque chaise. Pendant cinq jours que dura le trajet de Nice à Gênes, la princesse et ses dames n'eurent pas d'autre logement et d'autre lit que ces chaises. » Enfin, on atteint, non sans peine, « Gênes la superbe », où tout de suite une princesse française donne le ton. Le premier jour, elle apparait en demi-grand bonnet, « ce qui fait triompher les maris, ennemis des coëffures hautes et des panaches, et désole les femmes, qui se piquent de se parer à la Parisienne ». Mais le lendemain « elle se met *in fiocchi* et arbore les plumes », si bien que les dames sont dans l'allégresse et commandent 50.000 livres de plumes en France [1].

En arrivant dans le duché de Modène, la princesse fit preuve de quelque naïveté. Lorsqu'en

1. BACHAUMONT, 5 juin 1776.

descendant dans les belles plaines de Lombardie, elle vit les guirlandes de pampre qui réunissaient les arbres de la contrée, elle s'émerveilla :

— En vérité, fit-elle, mon grand-père est trop aimable.

Et l'on connut par cette exclamation que, dans les vignes cultivées comme aux temps lointains où les chantait Virgile, la duchesse de Chartres avait cru voir les ornements d'une fête ordonnée par le duc de Modène.

Ce prince marqua beaucoup de satisfaction à recevoir sa petite-fille. C'était un étrange vieillard de quatre-vingts ans. Il était aveugle et il se faisait couvrir le visage de rouge et de blanc, ce qui attirait plus encore l'attention sur son nez, de proportions extrêmes, et sur ses sourcils, peints du plus beau noir d'ébène. Il vivait à Modène, au sein d'une petite cour un peu somnolente et fossile, avec son fils, le prince héréditaire, sa fille l'archiduchesse Marie et deux vieilles sœurs non mariées, modèles de toutes les vertus conservées dans un pieux célibat[1].

Après quelques jours de fêtes et de divertissements, la « comtesse de Joinville », ayant suffisamment joui de sa famille, partit pour Mantoue, puis elle s'arrêta à Venise, pour le mariage du Doge et de la mer. Mais c'est à Rome que l'attendaient le meilleur accueil et les plus heureuses surprises.

Le cardinal de Bernis, avec lequel M. de Penthiè-

1. François III, duc de Modène, mourut d'une fièvre maligne à Varese le 22 février 1780. On trouve de longs détails sur sa maladie aux *Affaires étrangères, Modène, Correspondance*.

vre est en grand commerce d'amitié, la reçoit magnifiquement dans le palais Sciarra, qu'il a fait meubler pour elle. Elle conserve le plus strict incognito. Si elle se déclarait princesse française, il lui faudrait en effet offrir de nombreux cadeaux, dont la dépense serait excessive, et, de plus, elle risquerait de compromettre la dignité des princes du sang, qui prétendent aux prérogatives des archiducs. Or, à Rome, on hait la France, et l'ignorance de notre dynastie est telle qu'on sait à peine qui est le duc de Chartres.

Une sympathie naît rapidement entre le cardinal et la princesse. Plus tard, quand tout sera perdu pour elle, jusqu'à l'honneur de son nom, elle se souviendra de ce vieillard qui a été son hôte, et dans une plainte éloquente elle lui dira ce qu'elle a souffert[1].

Et dès qu'ils se connaissent, le cardinal écrit, pour faire l'éloge de sa fille, au duc de Penthièvre qui lui répond d'Anet, le 8 juin 1776 : « Je suis infiniment sensible à ce que Votre Éminence veut bien me mander au sujet du voyage de ma fille à Rome. Il ne m'était pas possible de l'en instruire, n'étant pas non plus dans le secret. Elle m'en a parlé pour la première fois dans une lettre qu'elle m'a écrite l'avant-veille de son départ de Gênes. »

Et le mois suivant, le duc de Penthièvre écrit encore :

1. Frédéric Masson : *Le Cardinal de Bernis*. Plon, 1884, p. 376.

« Je rends un million de grâces à Votre Éminence de l'attention qu'elle a eue de me donner des nouvelles de ma fille. La bonne opinion qu'elle a pris de cette jeune personne me fait grand plaisir. C'est une enfant bien née, qui ne fera rien de mal de son propre mouvement. Malgré la mode, je voudrais que son voyage eût été arrangé d'une autre manière... [1] »

Passons sur les divertissements nombreux qui furent offerts à la duchesse de Chartres dans la ville de Rome, sur sa présentation au Vatican, sur la belle fête que lui donna le prince de Palestrina, chez lequel elle rencontre la duchesse de Cerifalco, sa fille, qui, pendant neuf ans, a été enfermée dans un souterrain par son mari, sur ses visites aux monuments de la Rome antique, qui doivent singulièrement augmenter son goût pour les arts et développer son esprit, et transportons-nous avec elle à Naples.

Là se place un événement dont les suites lointaines seront considérables, puisqu'elles feront monter un jour la reine Marie-Amélie sur le trône de France.

A Naples, la princesse et ses dames sont présentées à la Cour dans le plus déplorable des costumes. Des brigands leur ont volé les paniers contenant leurs « robes parées ». Ce larcin, d'ailleurs, sera bientôt réparé par la bonne grâce du roi, qui obtiendra la restitution, car sa police est dans les

1. Lettres inédites du Cardinal de Bernis. Communication de M. Frédéric Masson, de l'Académie française.

meilleurs termes avec les filous, qu'elle tolère ; mais, en attendant cette issue, la duchesse de Chartres doit faire ses révérences avec des vêtements d'emprunt : robes trop courtes et paniers trop grands. Ce désobligeant appareil n'indispose pas la reine Marie-Caroline. Tout de suite elle sent naître en elle pour la visiteuse une de ces sympathies passionnées qui lui sont assez habituelles. En peu de jours, la réciprocité s'établit et une affection mutuelle se crée, dont ni le temps ni la distance ne sauront plus tard avoir raison. Entre la douce princesse et la souveraine, si fameuse par sa nature ardente et virile, son tempérament insatiable, un tel sentiment étonne.

Mais il faut le dire, la sœur de Marie-Antoinette n'est pas encore — en apparence tout au moins — la reine un peu farouche connue par ses relations avec Acton et Lady Hamilton, et par les réactions sanglantes qui suivront la révolution napolitaine : « Cette princesse, nous dit Mme de Genlis, ressemblait beaucoup à la reine de France ; elle avait moins d'éclat et de noblesse ; mais sa physionomie était extrêmement douce ; ses manières étaient remplies de grâce, elle avait des talents, de l'esprit et de l'instruction [1]. » De telles apparences séduisirent la duchesse de Chartres. Elle goûta le charme de cet intérieur royal dans lequel la reine jouait sans cesse avec son fils, dont la nourrice était vêtue en simple paysanne de la Calabre, tandis que le Roi — un excellent

1. Mme de Genlis : *Op. cit.*, t. III, p. 60. Delille : *Op. cit.*, p. 31.

homme assez nul et d'instruction médiocre — lui chantait, par galanterie, de vieilles chansons françaises. L'incomparable beauté du ciel napolitain et l'attrait du nouveau, les honneurs qui lui furent rendus chaque jour firent le reste, et quand elle quitta Naples après un rapide séjour, la princesse était si charmée qu'elle promit à la reine de lui écrire tous les quinze jours. Elle tint sa promesse, affirme-t-on. Marie-Caroline elle-même se montra fidèle à un engagement plus grave :

— Mon souhait le plus cher, dit-elle à la duchesse au moment du départ, est que le ciel m'envoie une fille afin de pouvoir la donner un jour en mariage à M. le duc de Valois.

La duchesse d'Orléans ne devait jamais oublier ces paroles...

Après un nouvel arrêt de la princesse à Rome, il faut noter sa visite à Parme, où, là encore, elle fut reçue par une sœur de Marie-Antoinette, cette infante de Parme, si extraordinaire — et si distante de sa sœur, la reine de France — qui n'aimait que la chasse, les plaisirs masculins et les longues chevauchées à travers les bois solitaires. Son mari, le duc de Parme, on l'a vu, s'était mis jadis sur les rangs pour épouser celle qui était alors Mlle de Penthièvre, mais ce mariage consanguin eût été sans doute fâcheux, car la duchesse de Chartres elle-même fut frappée de voir qu'en raison de cette étonnante persistance du type Bourbon, il lui ressemblait autant qu'un frère [1].

Enfin, le retour en France fut marqué par une

1. Mme DE GENLIS : *Op. cit.*, t. III, p. 62.

dernière escale à Turin, où les voyageurs demeurèrent pendant une semaine à la Cour, heureux d'y retrouver Madame Clotilde, cette excellente sœur du roi Louis XVI, que les Français ironiques avaient plaisamment surnommée le « Gros Madame ».

Là aussi, la duchesse de Chartres se lia avec la princesse de Carignan, mère de sa belle-sœur, la princesse de Lamballe, qui lui fit grand accueil [1]. L'infortunée princesse se sentait très malade. Elle exposa longuement à la duchesse de Chartres son état de santé... ses forces déclinaient... la mort

1. C'est à ce voyage d'Italie que se rapporte l'absurde fable de Maria Stella qui n'a point sa place ici, puisque ce roman ne vit le jour qu'en 1824, après la mort de la princesse, bien entendu. On connaît les faits : Maria Stella, qui épousa lord Newborough, puis le baron Sternberg, était la fille d'un pauvre geôlier de Modigliana, aux environs de Modène. Elle prétendit avoir été échangée au moment de sa naissance contre un garçon, né le 17 avril 1773. Selon sa version, c'est cet enfant qui aurait été fils du geôlier, tandis qu'elle-même était fille du « Comte de Joinville », grand seigneur voyageant alors en Italie. De là à dire que le futur roi Louis-Philippe occupait sa place, il n'y avait qu'un pas à franchir. Elle le franchit et, comme certaines imaginations préfèrent le roman historique à l'histoire telle qu'elle est, elle eut ses défenseurs et ses chauds partisans. On rappela qu'un enfant avait déjà été substitué au premier-né de la duchesse d'Orléans, que le duc de Valois (Louis-Philippe) avait été ondoyé « dans une pièce obscure », preuve que c'était bien le fils du geôlier Chiappini, né six mois avant le *faux* duc de Valois et caché au Palais-Royal. Une nouvelle preuve encore : Le duc de Valois paraissait très gros pour son âge aux Parisiens qui le voyaient dans son berceau : Nécessairement, puisqu'il avait six mois de plus que l'enfant né au Palais-Royal... lequel n'était autre que l'infortunée Maria Stella ! Sans entrer dans la discussion de cette affaire qui passionna l'opinion publique, disons simplement que la duchesse de Chartres alla pour la première fois en Italie en 1776, et le duc de Chartres en 1782. Cf. pour plus de détail : *Les Mémoires* de Maria Stella, *La vie de Louis-Philippe*, par Alexandre Dumas, t. I, pp. 6-7, les *Mémoires* de M. Dupin, t. I, pp. 356 et ss., les travaux du vicomte de Reiset, etc.

allait venir. Ne pourrait-elle plus revoir sa fille à Turin? Vainement elle supplia. Malgré son bon cœur, Mme la duchesse de Chartres dut lui répondre que la Cour de France était inexorable dans son protocole et que Mme de Lamballe ne pouvait quitter la Reine[1].

En revenant en France, la princesse fut très émue. Quand, au Pont-de-Beauvoisin, elle vit la borne qui marquait la frontière, elle « fondit en larmes[2] ».

Heureuse de revoir son pays, elle y rapportait d'inoubliables souvenirs. Partout, elle avait été fêtée et choyée, mais — ce que nous n'avons pas dit — c'est que les étrangers seuls ne s'étaient pas mis en frais pour la recevoir. Si le temps nous l'avait permis, nous aurions insisté non seulement sur l'hospitalité du cardinal de Bernis, mais aussi sur celle de M. de Clermont, notre ambassadeur à Naples, sur celle de M. de Flavigny, notre ambassadeur à Parme, et sur bien d'autres. Une remarque nettement se dégage des faits quand on lit les récits de voyages de nos compatriotes au XVIIIe siècle, c'est le faste incomparable déployé par notre corps diplomatique, sa bonne grâce, son affabilité dans l'accueil, ce je ne sais quoi, enfin, qui nous permet de parodier une phrase célèbre et de dire que si, au XVIIIe siècle, « l'urbanité était reine en France », l'urbanité française était reine en Europe.

1. VOUZIERS : *Mme de Lamballe*, p. 59.

2. Mme DE GENLIS : *Les Hermites du Marais Pontain. Nouvelles historiques*, t. II, p. 311.

CHAPITRE V

Mme de Genlis. — Naïssances successives. — Amour de la princesse pour son mari. — Le duc de Chartres. — Bellechasse. — Voltaire au Palais-Royal. — Éducation des princes. — Mme des Roys. — M. de Bonnard. M. Myris. — Chagrins de la princesse. — Mort du duc d'Orléans.

... Cependant, ce retour de la princesse ne s'effectuait pas sans quelque appréhension. De toutes parts, elle avait reçu des lettres lui annonçant qu'elle serait exilée pour punir son coup de tête. Elle se présenta donc à Versailles, un peu tremblante, encore qu'elle eût l'espoir de se concilier la reine en lui donnant des nouvelles de ses deux sœurs.

Louis XVI et Marie-Antoinette la reçurent sèchement, mais ce fut la seule réprimande tacite qui lui fût adressée, et, très peu de temps après, on affecta à la Cour de ne plus penser à son escapade. Un accueil plus froid était réservé au duc de Chartres[1], au retour de sa campagne sur mer et, à vrai dire, l'époque du « voyage d'Italie » marque, dans

1. Plus tard, la duchesse d'Orléans affirmera qu'elle avait été en Italie parce que son mari devait être envoyé sur les côtes de ce royaume, et que la Cour avait changé cette destination pour vexer le prince. *Réponse à la Conjuration de Montjoie* (par Rouzet de Folmon).

la vie de la duchesse de Chartres, une sorte de point culme.

Elle a vécu jusqu'ici, heureuse ou, tout au moins, dans l'illusion du bonheur. Elle aime, elle a été aimée, puis elle s'est crue aimée. De la Cour et de la ville, elle n'a point essuyé de procédés mauvais. Et c'est, au total, un plein épanouissement. Mais voilà que l'horizon s'assombrit et que les heures mauvaises vont sonner. Si, comme femme et comme princesse, elle a été épargnée, elle va, comme princesse et comme femme, recevoir dans son amour-propre et dans son amour de multiples coups d'épingle qui seront bientôt des coups d'épée. Et pour elle, c'en est fini des joies de l'existence.

C'est le moment, en effet, où — à côté de multiples désagréments — elle va peu à peu démasquer une femme qui fut étonnante par le mélange de ses erreurs et de ses qualités, une femme dont on a tant parlé, qu'on hésiterait à en parler encore, si ce n'était son rôle majeur et néfaste dans la vie de la duchesse d'Orléans : la trop fameuse comtesse de Genlis.

Nous nous contenterons, d'ailleurs, d'évoquer ici ce qui est peu connu du public et d'éclairer certains détails concernant ses rapports avec la princesse, sans revenir sur la biographie du « gouverneur de princes » qui n'a point manqué d'historiographes [1]. Son nom est si intimement lié à

1. Le dernier en date, et de beaucoup le meilleur, est M. Jean Harmand qui, dans *Mme de Genlis* (1746-1830), Perrin, 1912, ouvrage couronné par l'Académie française, a donné une biographie excellente et très complète de Mme de Genlis, dont, cependant, il a peut-être un peu exagéré le rôle politique.

ceux du duc de Chartres et de ses enfants, que, jusqu'après sa mort, elle se survit à elle-même pour apparaître comme la souveraine occulte du Palais-Royal, et pour étouffer encore, sous sa personnalité débordante, la silhouette trop pâle de la duchesse de Chartres, ce dont elle ne s'est point privée de son vivant.

Quelques mois après son retour, la princesse a commencé une nouvelle grossesse. Depuis longtemps, il a été convenu que, si elle accouchait d'une fille, Mme de Genlis serait nommée sa gouvernante. Mais autoritaire, jalouse sans doute d'une importance qui la rendra indispensable, celle-ci a demandé que l'enfant lui soit confiée dès le berceau et éloignée du Palais-Royal. La duchesse de Chartres a accepté, le cœur un peu gros. — D'ailleurs, elle-même n'a-t-elle pas été élevée loin de l'hôtel de Toulouse et ne comprend-elle pas tout ce qu'il y a de tristesse et d'isolement dans l'éducation des princesses? Puis, Mme de Genlis, forte de l'autorité que donne une nature impérieuse sur un caractère qui manque par définition d'initiative, a été assez habile pour convaincre la princesse qu'il était de son devoir de faire taire l'instinct maternel. Mais, dès lors, la duchesse souffre par cette femme et elle commence à douter de celle qu'elle a aveuglément aimée.

Car c'est depuis 1770 que Mme de Genlis tient au Palais-Royal une place dont l'importance va croissant.

Félicité du Crest de Saint-Aubin, tirée de l'ohscurité et presque de la misère par le comte de Genlis, neveu de ce maréchal de Puisieux qui est si lié avec les Penthièvre et les d'Orléans, et qui l'a épousée au grand scandale de sa famille, est de celles dont le caractère complexe n'est point déchiffré en un jour par une ingénue comme la duchesse de Chartres. Hâtons-nous d'ajouter que ce caractère ne saurait être non plus analysé en quelques lignes. Il est insaisissable et fuyant. Mme de Genlis est une femme qui dès l'enfance apparaît « en attitudes » et à qui — si l'on peut ainsi parler — il est naturel de ne l'être pas. Il est difficile de démêler chez elle la part du bien et du mal, celle de l'artifice ou des qualités natives. Il y en a de très réelles. On les mettrait volontiers en lumière si Mme de Genlis nous avait laissé ce soin, mais il faut avouer que, si les Mémoires sont généralement des auto-apologies, Mme de Genlis a atteint le suprême du genre, et que, là comme dans toutes ses œuvres, elle a cherché la perfection. Reconnaissons que cette fois elle l'a trouvée. Elle s'est si bien vantée soi-même, qu'après elle on ne peut plus rien trouver à dire, sinon qu'elle a eu de puissantes qualités d'éducatrice et qu'elle a formé le roi Louis-Philippe.

Au chapitre du privé, c'est autre chose. Mme de Genlis a tellement vanté la vertu, elle l'a tellement prônée par toute l'Europe, elle en a tellement placé dans ses livres, dans ses comédies, dans ses proverbes, dans ses Mémoires, que, par suite peut-être d'un phénomène d'extériorisation excessive et regrettable, il ne lui en est plus resté tout à fait assez pour elle-même.

M. de Talleyrand affirme, avec la froide ironie qui lui était coutumière, « qu'elle cédait vite pour éviter le grand scandale de la coquetterie ». Au demeurant, ne la jugeons point sur cet article. Nous ne savons jamais ce qui se passe dans un cœur humain, avant qu'il cède à la passion, et si nous pénétrons ici dans son « jardin secret », c'est en ce qui concerne nécessairement ses rapports avec notre héroïne :

J'ai dit plus haut qu'en arrivant au Palais-Royal, la duchesse de Chartres n'avait trouvé aucun appui. Si fait. Elle s'était bientôt jetée à corps perdu dans les bras de Mme de Genlis, nommée sa dame d'honneur, alors que son mari recevait le titre de capitaine des gardes du duc de Chartres. Avec une candeur qui fera sourire peut-être, mais qui n'est pas exceptionnelle en pareille occasion, elle avait cru rencontrer un ange gardien dans celle qui allait devenir le mauvais génie de son mari.

Il n'y avait pas de services que, depuis lors, Mme de Genlis ne lui ait rendus. Très vite, celle-ci avait deviné chez la princesse une de ces natures faibles qui s'appuient nécessairement sur une inférieure indispensable. Il est probable d'ailleurs, qu'elle avait aimé la princesse avant de la faire souffrir. Elle a écrit elle-même « qu'elle la trouvait charmante de figure et de caractère, car on n'a jamais vu de jeune princesse plus naturellement obligeante et d'une bonté plus parfaite ».

Bref, six mois après son entrée au Palais-Royal, Mme la duchesse de Chartres avait pour sa dame d'honneur une affection presque despotique. C'est du moins ce que Mme de Genlis nous dit avec cette perfidie un peu doucereuse dont elle fait preuve dans ses Mémoires, quand elle parle de ses amies devenues ses ennemies.

Sans cesse la princesse l'appelle dans ses appartements quand elle est seule, ce qui est une faveur unique. « Ma conversation et ma gaîté lui plaisaient, dit-elle [1], et je trouvais très attachantes sa bonté, sa candeur et sa sensibilité. On lui dit beaucoup de mal de moi. Elle n'en crut rien. Elle vit tant d'animosité contre moi, qu'elle reconnut sans peine le langage maladroit et passionné de l'envie. Elle me redit tout, elle me trouva de la modération et, j'ose dire, de la générosité, car je ne récriminai point. Je ne lui ai jamais dit la moindre chose contre les femmes qu'elle me dénonçait comme mes ennemies les plus acharnées, et, par la suite, je n'ai pas laissé échapper une occasion de rendre des services auprès d'elle à ces mêmes personnes. Cette conduite fut appréciée par Mme la duchesse de Chartres. Elle s'attacha à moi avec une espèce de passion qui a duré dans toute sa force plus de quinze ans, et je puis dire avec une parfaite vérité que mon cœur y a répondu avec toute l'énergie et tout le dévouement dont il est capable quand il aime. Ce fut là le premier motif de l'ardente jalousie dont j'ai été l'objet pendant neuf ans au Palais-Royal [2]. »

1. Mme DE GENLIS : *Op. cit.*, t. II, p. 245.
2. Mme DE GENLIS : *Op. cit.*, t. II, p. 246.

L'auto-panégyrique, si l'on peut ainsi parler, est un peu long. On nous pardonnera de l'avoir transcrit en son entier. Chaque ligne, chaque mot, prennent en effet une valeur spéciale, quand on sait que, bien peu de temps après son entrée au Palais-Royal, la très prude Mme de Genlis, si dévouée à la princesse, dont elle vante à bon droit la candeur, était déjà, encore que cette liaison ne fût nullement affichée, la maîtresse du duc de Chartres.

Il ne faut point, certes — et la tendance n'existe que trop — réduire l'histoire à des historiettes d'alcôve, qui devraient souvent nous intéresser médiocrement, mais la duchesse de Chartres souffrit trop par la comtesse de Genlis pour qu'il n'importe pas de préciser ici certains détails et de rechercher l'époque à laquelle celle-ci commença son œuvre dissolvante.

Nous avons des textes précis. En 1772, alors que Mme de Genlis est à Forges, que M. le duc de Chartres vient de quitter, alors « qu'elle sèche à force de persévérance les larmes de la pauvre duchesse de Chartres », elle échange elle-même, sans se soucier assez du Cabinet noir, une volumineuse correspondance avec le duc de Chartres. Ces lettres seraient trop longues à transcrire : une ou deux citations sont suffisamment édifiantes :

« Comment se peut-il faire, écrit-elle au prince le lendemain de son départ[1], que je perde la tête et la raison pour un mois? Mais vous-même, mon

1. 19 juillet 1772.

amour, dans quel état vous étiez hier ; en vérité j'en ai été effrayée. Eh bien, moi, j'avais alors plus de force qu'aujourd'hui ; je vous voyais, vous étiez là, vous n'y reviendrez plus. Je n'y serai plus à côté de vous, dans vos bras, mon cher ami. Cette idée est bien cruelle. A quel point nous sommes nécessaires l'une à l'autre. Non ! je ne vis pas éloignée de vous. Oh ! mon enfant ! mon cœur, pour s'aimer avec un tel excès, pour s'y livrer si entièrement, il faudrait être sûr de ne se jamais quitter plus de deux jours !

« Je vais me coucher, j'ai grand besoin de repos. J'ai un mal de tête affreux. Mme de Chartres se lave la bouche avec de l'éther, le salon est empoisonné, j'y meurs. »

Le lendemain, elle écrit à Mme de Montesson : « Mme de Chartres a mal aux dents, et je soupçonne qu'elle s'ennuie encore plus qu'elle ne souffre. Elle se plaint, boude, gronde, boit de l'éther et perd des bobines au trou-madame. Nous lisons Racine et Mme de Sévigné que vous n'aimez pas, ce qui me fâche, car nous en sommes tous charmés. Cependant, je vous assure que je verrai arriver sans chagrin le mois d'août. »

Puis elle écrit encore des lettres brûlantes au prince qu'elle appelle « mon petit cœur, mon cher et charmant en tout ». Et alors le prince, qui, vis-à-vis de sa femme, conserve généralement les formes aimables du galant homme, perd cette fois la tête. Sous le coup de la passion, il devient brutal et il écrit à Mme de Genlis, au sujet du mal de dents de la princesse : « Je voudrais bien que le chevalier [de Durfort] m'apprît demain qu'on lui a arraché toute la mâchoire, je ne serais même pas fâché que la langue fût partie avec. »

Mais bien vite, Mme de Genlis, qui est une femme de goût, met un frein à cette intempérance de langage. Elle fait l'éloge de sa victime et, dans une certaine mesure, elle s'empresse de réparer, en prenant la plume de la main droite, le tort que commet la main gauche.

Au moment de la naissance du duc d'Enghien, elle écrit le 2 août 1772 au duc de Chartres, au sujet de sa femme si triste d'avoir perdu son premier-né :

« Mme la comtesse de Chartres a une très belle âme ! qu'elle est pure, honnête et sensible ! Écoutez là-dessus un détail qui m'a frappée et qui vous touchera ! C'est au sujet de Mme la duchesse de Bourbon ; d'abord, en apprenant qu'elle était heureusement accouchée d'un garçon, elle s'est livrée à une joie aussi vive que franche, et rien ne l'a ramenée à une comparaison affligeante ; ensuite, en lisant votre lettre où vous paraissez inquiet de la santé de l'enfant, elle a fait alors un retour sur elle-même et s'est mise à pleurer, en se rappelant combien il est cruel de perdre son enfant. Ce trait dit tout. Il peint un cœur aussi noble, aussi généreux que tendre. Je vous prie d'y réfléchir. »

De pareilles lettres laissent rêveur. Les détracteurs de Mme de Genlis croient simplement que c'était une hypocrite. J'ai bien peur qu'ils ne se trompent pas tout à fait... et cependant ! J'estime surtout qu'elle était « multiple » et « successive », que cette femme écrivain faisait du « roman moral » quand elle vantait Mme de Chartres, tout aussi bien qu'elle faisait du « roman passionnel » en écrivant à M. de Chartres, et qu'elle jouait assez bien chaque fois son personnage pour consentir à oublier le précédent. Ah! ces tempéraments littéraires qui échappent aux lois communes, comme ils sont toujours déroutants !

Mme de Genlis était persuadée que ses bontés pour le duc de Chartres étaient un secret pour l'entourage des princes. En quoi elle se trompait[1]. Là encore, nous avons des textes. Dès le 24 juin 1772, la duchesse de Bourbon écrivait à Mme de Barbantane, alors que le duc et la duchesse de Chartres étaient en séjour chez elle à Chantilly : « ... M. de Clermont-Gallerande dit un soir à souper en parlant de ce que mon frère n'avait pas empêché Madame votre fille (la comtesse d'Hunolstein) de mener la calèche où il était, qu'il lui avait donné pour raison qu'il ne pouvait résister *à la femme qui savait le mener*. Tous les yeux se tournèrent sur Mme de Genlis et sur lui. Pour moi, je baissais les miens, jugeant bien qu'ils devaient être embarrassés et craignant que Mme la duchesse de Chartres ne remarquât quelque chose[2]... »

Non, elle n'a rien remarqué, la pauvre petite duchesse, puisqu'aussitôt après le retour de Forges, elle écrivait de Chantilly, où elle allait encore

1. Cf. pour tout ce qui précède « *L'Idylle d'un Gouverneur* » par Gaston MAUGRAS. Mme de Genlis a peur que son *secret* soit surpris par M. de Durfort.

2. Cf. DUCOS : *Op. cit.*, p. 107.

en visite, à son amie Mme de Genlis [1] : « Vous voyez, Madame, combien je suis exacte à tenir mes paroles, mais dans cette occasion-ci, je trouve trop de plaisir pour y avoir du mérite... » Et la lettre se continuait affectueuse et presque tendre...

Telle est donc cette Mme de Genlis à laquelle la duchesse a promis de confier sa fille dès sa naissance. Très ingénue, aveuglée par l'amour, elle ne se doute pas plus alors qu'en 1773 du rôle que celle-ci joue dans l'existence de son mari, mais — avant même que de souffrir dans son cœur de femme — elle souffre tout au moins dans son cœur de mère. Pendant sa grossesse, Mme de Genlis lui représente chaque jour la nécessité d'éloigner sa fille, si elle en a une, et elle lui vante le couvent de Bellechasse, dans l'enceinte duquel on construira un pavillon pour la gouvernante et l'élève. La princesse écoute, soupire et se résigne.

La résignation, telle sera maintenant et de plus en plus la qualité nécessaire à son existence et dominante de son caractère.

« Tous ces projets, écrit Mme de Genlis, furent tenus secrets entre Mme la duchesse de Chartres et moi. Notre séparation lui faisait beaucoup de peine, mais elle en sentait tout l'avantage. Elle se promettait bien de venir passer avec moi une partie de ses journées. Elle désirait avec passion une fille ; elle me confia qu'elle l'avait demandée à Dieu dans toutes les églises d'Italie. »

La princesse fut exaucée avec une appréciable

1. 19 août 1772.

largesse, car c'est deux filles jumelles qu'elle mit au monde, le 25 août 1777. On les nomma Mademoiselle d'Orléans et Mademoiselle de Chartres.

Plus tard, quand elles furent baptisées, leur mère n'oublia pas la promesse faite au couvent à Mlle de Montigny, qui était devenue depuis lors la baronne de Talleyrand.

— Sire, demanda-t-elle au roi Louis XVI, Votre Majesté m'autoriserait-elle à donner à l'une de mes filles le nom d'Eugène?

Eugène? Ce nom était totalement inusité dans la Maison de France. Le roi s'étonne, interroge, autorise, à condition toutefois qu'on lui donne la raison de ce caprice.

Alors, la princesse un peu troublée, craignant qu'on la plaisante sur sa fantaisie en cette cour de Versailles où l'ironie coule de source, raconte l'anecdote de Montmartre.

Le roi fait entendre son gros rire et, le lendemain, il interpelle Mme de Talleyrand, qui jusque-là n'a pas eu d'enfant du sexe féminin.

— Eh bien, petite baronne, lui dit-il — car il l'appelait toujours ainsi — vous n'êtes pas de parole!

— Puis-je savoir, Sire, comment j'ai pu mériter ce reproche de Votre Majesté?

— Eh! Eh! Mme la duchesse de Chartres a une fille, et elle l'appelle Eugène!

— Hélas! sire, Dieu seul n'a pas voulu que je tienne parole à la personne que je chérissais le plus[1].

1. Dialogue cité par Delille : *Op. cit.*, p. 38.

Sans doute, le pauvre roi se désolait-il lui-même — encore que la cause lui en fût très particulièrement connue — de ce que la reine demeurât stérile. Dans l'âme du peuple un peu simpliste cette stérilité, considérée comme honteuse, fut immédiatement opposée à l'heureuse fécondité de la duchesse de Chartres. Encore une fois, c'était l'antagonisme, involontaire, entre la Cour et le Palais-Royal; et la popularité de la duchesse de Chartres croissait dans Paris en raison inverse de celle de Marie-Antoinette.

La naissance des deux princesses, fut donc acclamée plus que de raison. Toute la ville se réjouit. M. Poinsinet de Sivry, poète alors en vogue, les célébra en cette pièce de vers, dont l'intention louable dépassait peut-être la perfection de la forme :

> Restez aux cieux, brillants Gémeaux,
> Restez au séjour du tonnerre,
> Cédez ici la place à deux êtres nouveaux,
> Nés pour le bonheur de la Terre.
> Les crimes vont cesser, tous les maux vont finir,
> Les vertus peupleront le monde :
> Astrée est doublement féconde
> Et l'âge d'or va revenir [1].

En même temps, les Francs-Maçons se réjouissaient et publiaient une gravure représentant l'hymen tenant entre ses bras deux couronnes, symbole de la naissance des princes, et posant sur

1. *Mercure de France*, septembre 1777.

l'écusson de Son Altesse Royale deux autres couronnes de roses, figurant les jumelles nouvellement nées [1].

Elles étaient très chétives, ces petites jumelles, venues au monde à sept mois et demi. Non sans quelque réalisme, Mme de Genlis écrit à leur sujet : « Elles étaient d'une faiblesse extrême. Il y avait une particularité très extraordinaire dans leur état. Elles vinrent au monde toutes les deux avec les pieds noirâtres, comme meurtris, et sentant excessivement mauvais, ce qui dura plusieurs jours. Mais, peu à peu, cette espèce de putréfaction partielle se dissipa. »

On les confia à Mme de Rochambeau pendant qu'on bâtissait Bellechasse. Puis, quand l'heure de la séparation fut venue, la duchesse de Chartres, le cœur déchiré, donna au Palais-Royal un grand diner d'apparat en l'honneur de la nouvelle gouvernante. Et certes, ce soir-là, devant l'innocence de la pauvre mère qui fêtait la maîtresse de son mari, et lui abandonnait ses filles au berceau, plus d'un sourire imperceptible et gouailleur dut se dessiner sur les lèvres des courtisans au cœur sec.

Dès que Mme de Genlis, non sans ambition, mais non sans courage il faut le dire, se fut enfermee à Bellechasse, après avoir renoncé au monde, la duchesse de Chartres ne manqua pas chaque jour, au grand trot de ses chevaux de carrosse [1],

1. *Gravure de la collection Hennin* B. N., citée par R. Arnaud : *Mme Adélaïde*, p. 17.

2. Ses chevaux étaient « très vite ». Cf. Delille : *Op. cit.*, p. 21.

de traverser la Seine et d'aller embrasser ses filles. Son mari alla souvent — très souvent même — visiter les enfants et leur gouvernante, sans choisir, semble-t-il, les mêmes heures que la princesse, et le duc de Penthièvre, cinq ou six fois par an, dépassa le seuil du couvent, chargé de jouets et de friandises, tandis que le duc d'Orléans, subjugué par Mme de Montesson, n'eut jamais la curiosité ni la tendresse d'aller voir ses petites-filles [1].

Malgré les visites maternelles, la séparation était bien définitive. C'était le premier acte d'un drame intime très douloureux et très long. La princesse avait cédé, et elle devait un jour cruellement s'en repentir. Aujourd'hui, on lui enlève ses filles. Demain, on lui enlèvera ses fils, et jusqu'à la mort elle mènera maintenant la vie anormale d'une femme en quelque sorte déchue — et pourquoi ? — de la puissance maternelle. Une autre a pris sa place, a mis la main sur ses enfants et s'emparera de leur cœur. Entre Mademoiselle d'Orléans, la seule qui survivra des jumelles, le fossé est nettement creusé.

Dans l'avenir, la duchesse d'Orléans et Madame Adélaïde — personne intelligente, sèche, de peu d'imagination — se retrouveront assurément ; elles chemineront parfois côte à côte, elles seront en quelque sorte « parallèles », mais elles ne se rencontreront jamais dans cette union et cette conformité de sentiments qui devraient exister entre mère et fille.

1. VATOUT. *Le Palais-Royal*, p. 175.

Dans la vie de la duchesse de Chartres, un nuage s'est donc élevé. Mais en voici un autre. Le duc de Chartres a enfin obtenu, non sans peine, la charge de lieutenant-général des armées navales. De l'aveu formel de Louis XVI, de celui d'un marin, M. des Cars, et d'autres, qui le soutiendront par la suite, il se conduit bien au combat d'Ouessant, le 27 juillet 1778. Mais, voilà... au retour, il a la joie bruyante. Il se laisse trop fêter. On l'applaudit trop à l'Opéra, où il se montre avec la duchesse, « à laquelle il a tenu à donner ses premiers moments d'effusion », on illumine trop au Palais-Royal, et ce sont de « vraies folies extraordinaires » pendant trois jours. On trouve même que la duchesse de Chartres perd la mesure dans son allégresse conjugale, car elle permet que, sous ses yeux, on jette dans un bassin du Palais-Royal un mannequin à l'effigie de l'amiral Keppel [1]... Tout cela prend une allure de manifestation déplaisante pour la Cour, à laquelle ce succès du « prince ennemi » porte ombrage. Bien mieux, MM. du Chaffault et d'Orvilliers, qui ont eu part au beau combat, estiment qu'on les tient un peu dans l'ombre et que la gloire du duc de Chartres est vraiment absorbante [2].

De là à la calomnie il n'y a qu'un pas. On le franchit. Non pas le Roi, mais son entourage. On dessert le prince auprès du duc de Penthièvre en disant à celui-ci qu'il veut prendre sa place et —

1. BACHAUMONT, 7 août 1778.

2. Cf. *Correspondance secrète* de MÉTRA. t. V, 289-292. *Mémoires* du duc des CARS, t. I, p. 184.

ceci est la plus sanglante injure — on l'accuse calomnieusement d'avoir été lâche à Ouessant. Alors, le duc de Chartres écrit au roi, et il commet une lourde erreur. C'est la première et non la dernière de ses maladresses : Il demande *sur terre* un commandement qui ne lui est même pas accordé de suite... Jamais il ne le pardonnera à la Reine, dont il croit voir là l'hostilité secrète.

La calomnie gagne. Elle se répand dans les classes les plus humbles, auprès desquelles la popularité du duc de Chartres, qui subit des fluctuations sans nombre, baisse alors singulièrement.

Et au fait, quel est-il donc ce duc de Chartres, si âprement discuté, vers cette époque de sa vie conjugale ?

Certes, il est très loin de n'avoir que des défauts. De ses qualités on ose à peine parler maintenant, parce que la figure du duc de Chartres nous apparaît si déformée par le vote régicide de Philippe-Égalité, qu'il est difficile de porter sur lui un jugement équitable, mais si l'on recueillait les opinions de ses contemporains — de ceux que n'influençaient point le parti de la cour, ou celui de Mme de Montesson — on lui trouverait des défenseurs avant de le proclamer « un monstre ».

M. des Cars déclare qu'il était alors un aimable libertin. Le prince de Ligne va plus loin. Même après 1793 il ose écrire : « Sa société jusqu'à la Révolution était tout ce qu'il y a de mieux en hommes. Nous l'avons vu exposer sa vie pour sauver celle d'un de ses gens [1]. Nous l'avons vu renoncer à tirer et pleurer parce que l'un de ses coureurs, par étourderie se levant d'un fossé, reçut de lui quelques grains de plomb dans le cou. Je l'ai vu proposer de se battre en bon gentilhomme, très difficile en délicatesse sur le compte de bien des gens, hasardeux et de sang-froid dans un ballon, et de bon exemple à Ouessant, quoi qu'on dise ; par amour-propre trop circonspect et peut-être avide de paris, avare en petites choses, mais généreux dans les grandes. ... Ses orgies étaient des fables. Il était de bonne compagnie, même au milieu de la mauvaise. Poli avec un peu de hauteur pourtant avec les hommes, attentif, presque respectueux avec les femmes ; gai pour lui-même. De bon goût dans les plaisanteries, il avait plus de trait que de conversation. Dans d'autres circonstances il aurait tenu du Régent. Il avait de son genre d'esprit... Quand on a été son ami — mot dont il connaissait la valeur — il faut le pleurer avant de le détester [2]. »

Voilà un chaleureux défenseur... un peu trop chaleureux peut-être. Le portrait est flatté, mais il n'est pas inexact et il explique l'amour durable de la princesse pour son mari. Il a des égards pour elle, et l'on pourrait dire de cet anglophile qu'il est avec elle très « gentleman ». Aussitôt après ses

1. A Villers-Cotterets, il sauva son jockey de l'eau en se jetant à la nage. Il était alors en disgrâce. « Je savais bien qu'on verrait ce prince revenir sur l'eau », s'écria alors le Mis de Bièvre.

2. Cf. dans la *Revue politique* (année 1882), pp. 29 et 31, un article de M. de Lescure sur Philippe-Egalité.

essais si fameux d'aérostation et sa chute à Meudon, il court vers sa femme pour la rassurer ; au retour d'Ouessant, ses premières paroles sont pour elle ; cherchant à la distraire, il se déguise un jour en ours — la farce manque peut-être de délicatesse — pour la surprendre chez Mme de Bourbon ; enfin, le duc de Penthièvre, pendant de longues années, se loue de lui comme gendre [1].

Au reste, après la faillite de son bonheur, la princesse ne dira-t-elle pas à M. de Moriolles que son mari lui a paru très longtemps « le plus délicat et le plus tendre des époux » ? [2] Non, décidément cela n'est pas si étonnant qu'on le pourrait croire. M. de Paroy, ami particulier de la princesse, déclare le duc de Chartres « ami des arts, aimable, gai », de société agréable [3]. Tilly parle de même. « Dans sa maison régnait entre tous... écrit encore le prince de Ligne, un ton charmant d'affection et de simplicité familière très loin des mœurs d'ancien régime, tout près de notre famille moderne. Dans son intérieur adouci par sa bonté, égayé par son esprit, il charmait. »

On conçoit qu'une femme telle que la duchesse de Chartres ait été longue à la percer à jour et à découvrir ses défauts. N'a-t-il pas toutes les apparences du mari fidèle? Jusqu'à Mme de Buffon, nous ne lui connaissons pas de maîtresse... offi-

1. BACHAUMONT ; Mme d'OBERKIRCH ; *Journal* de COLLÉ ; *Mélanges* du Prince de LIGNE ; *Lettres inédites* du duc de PENTHIÈVRE, etc.

2. MORIOLLES : *Op. cit.*, p. 33.

3. *Mémoires* du comte de Paroy, pp. 272-274.

cielle, et cela est considérable en son temps. Et quant aux aventures libertines, à la débauche honteuse, la duchesse de Chartres évidemment les ignore, ou elle les veut ignorer.

Mais ce qu'elle ignore aussi peut-être, c'est cette indolence et cette faiblesse qui mèneront son mari sur la pente fatale. Qu'on regarde un portrait du duc de Chartres à la pleine maturité de son âge, et, dans le nez, opulent et sensuel, dans l'arc relâché du menton qui se perd dans les plis d'un cou d'épicurien apoplectique, dans l'œil tombant et ce je ne sais quoi de las qui caractérise le visage, il semble qu'on lise les incertitudes de la pensée, les intermittences et les défaillances de l'énergie.

Et vraiment on devine bien là l'enfant gâté, languissant dans l'inaction, annihilé comme tous les princes de la branche cadette, embourgeoisé et mécontent de l'être, et aussi la résultante — avec toutes ses contradictions — d'un mariage entre la lascive Henriette de Bourbon Conti, aux instincts bas, et le « gros Philippe », aux goûts artistiques, petit-fils du Régent.

Il est temps, en vérité, que la duchesse de Chartres vienne moralement donner un nouvel essor à la race des d'Orléans en lui infusant le sang des Penthièvre [1].

En attendant cet avenir qu'elle ne prévoit point,

1. Sans diminuer leurs mérites propres et ceux de leur éducation, on ne peut s'empêcher cependant de constater chez les enfants du roi Louis-Philippe de grandes qualités qu'on peut attribuer pour une part à l'hérédité Penthièvre. Il y a notamment entre le duc de Nemours et son bisaïeul le duc de Penthièvre des analogies frappantes.

la princesse s'ingénie à adoucir les amertumes du prince qui s'aigrit. Elle l'engage à se rendre de nouveau populaire, en faisant travailler le peuple. On assure que, plus tard, elle ne sera pas hostile à ces travaux du Palais-Royal — entreprise financière, qui, au point de vue artistique, est à la honte du duc de Chartres, mais qui eut une répercussion heureuse à d'autres points de vue. Il y a certaines mesures qu'il faut envisager — déjà — sous l'angle démocratique. Les boutiques du Palais-Royal scandaliseront les artistes et les propriétaires, mais elles concilieront au prince l'affection des manieurs de truelle.

La duchesse de Chartres ne néglige rien pour plaire à son mari. Il est « un Dieu pour elle, quand il est absent, son âme, livrée à une douleur mélancolique, est fermée au sentiment de la joie et du plaisir. Elle le soigne, le médicamente, couche près de lui quand il est malade, ne se fiant à aucun médecin[1]. » Elle ne craint ni les courses de traîneaux qui la fatiguent, ni les courses de chevaux qui l'ennuient[2]. Elle reçoit avec lui toutes les notabilités à la mode, pour lesquelles le Palais-Royal est toujours si accueillant. En 1778, elle y donne audience à Franklin, puis à Voltaire. Et certes, l'amour-propre de celui-ci reçoit à son gré les hommages dont il est si avide : « Il voulait se

1. *Vie secrète de la duchesse d'Orléans.* Ce pamphlet, comme on l'a déjà dit, est à consulter avec la plus grande précaution, mais l'auteur paraît bien initié aux détails de la vie de la princesse.

2. *Réfutation... de la conjuration de Montjoie* (par Rouzet de Folmon).

tenir debout, nous dit Bachaumont[1], mais Son Altesse [le duc de Chartres] l'a forcé de s'asseoir, sous prétexte qu'il voulait jouir longtemps de sa conversation. Mme la duchesse de Chartres, qui était encore au lit, instruite de la présence du vieillard, s'est fait habiller promptement et est passée chez Monseigneur. Nouvelle confusion du philosophe, qui voulait se jeter aux genoux de la princesse et y rester. On l'a fait rasseoir une deuxième fois pour l'entendre. Il s'est répandu en compliments sur les enfants de Leurs Altesses, et principalement sur le duc de Valois. Il a prétendu qu'il ressemblait au Régent. »

La duchesse de Chartres qui avait toujours souhaité une postérité nombreuse — encore qu'on lui enlevât ses enfants un à un — mit au monde, le 7 octobre 1779, un fils qui reçut le nom de comte de Beaujolais. C'est l'occasion d'un bon mot du duc de Chartres : « Eh quoi ! lui dit-il au moment de la naissance, après avoir soupesé l'enfant : vous ne me donnez qu'un fils à moi qui ai travaillé pour quatre[2] ? »

Puis, pendant deux ou trois ans, c'est pour elle la vie tout à la fois agitée et monotone des cours, dans laquelle tout est réglé, prévu, et que rien ne signale, si ce n'est, çà et là, quelque solennité familiale ou quelque visite de prince étranger et les immenses travaux du Palais-Royal.

1. Bachaumont : *Mémoires secrets*. Année 1778, p. 461. Voltaire, qui venait de faire représenter *Irène*, était le dieu du jour.

2. Bachaumont, 13 octobre 1779.

Mais en 1782, la princesse éprouve un chagrin qu'elle ressent plus violemment que toute autre femme de son temps[1].

Mlle d'Orléans tomba malade à Bellechasse. Écoutons Mme de Genlis et remarquons combien elle est maîtresse du sort des petites jumelles : « Ma tranquillité, écrit-elle[2], fut troublée par un triste événement qui me causa une vive affliction. Mlle d'Orléans prit la rougeole ; comme il fallait la séparer de sa sœur, j'offris à Mme la duchesse de Chartres de l'emmener à Saint-Cloud ou de rester à Bellechasse avec la malade. Mme la duchesse de Chartres, quoiqu'elle n'eût point eu la rougeole, voulut soigner la malade. Toutes mes représentations ne purent l'en empêcher. Alors j'allai à Saint-Cloud avec l'autre princesse qui n'avait pas cette maladie. » Oui, la mère reprend ses droits quand il s'agit de tenir tête au danger, et elle ne quitte pas l'enfant. Bientôt celle-ci va mieux, et le docteur Barthès, médecin de la famille d'Orléans, qui a succédé au célèbre Tronchin, affirme qu'on peut la transférer au Palais-Royal. Le résultat de ce changement de milieu par un froid assez vif ne se fait pas attendre, et l'enfant meurt après six jours de souffrances.

Mais voilà qu'une rumeur maligne se répand dans le public. Mme de Genlis, décidément, n'attire point les sympathies, et on l'accuse d'avoir mal soigné l'enfant, on va même jusqu'à murmurer que, par

1. *Mémoires* de la baronne d'Oberkirch, t. I, p. 199.
2. Mme de Genlis : *Op. cit.*, t. III, p. 137.

négligence, elle l'a laissée tomber cinq mois auparavant et que cette chute est la vraie cause de la mort. Naturellement, le duc de Chartres s'inquiète. Il veut dissiper les calomnies absurdes qui atteignent une femme dont la réputation lui est si chère et qui, au vrai, a très bien soigné ses filles. Il ordonne l'autopsie. Les docteurs Petit, Lorry et Vicq d'Azyr ouvrent le corps et ils affirment que la chute de la petite princesse n'a amené aucun accident. Elle est morte d'une « infiltration de cérosités [1] ».

L'abbé Le Chanteux, aumônier du duc de Chartres, fait un discours et la présentation du cœur et du corps au Val-de-Grâce, le 8 février 1782, et le Palais-Royal, ainsi que Bellechasse, rentre dans le calme.

Dans ses *Mémoires*, Mme de Genlis ne fait point un excessif étalage de sentiments au sujet de cette mort et elle note comme une preuve de sensibilité presque anormale le chagrin qu'éprouva la survivante des jumelles. Cette fois, ne luitenons pas rigueur. Au XVIIIe siècle on était quelque peu spartiate à l'égard des enfants, chez lesquels la mortalité était grande, et — après s'être attendri sans excès — on réservait ses pleurs pour d'autres objets souvent plus futiles. Le bon Delille, dans la biographie de la princesse, ne mentionne même pas cette mort, et personne sans doute ne comprit combien le coup était cruel pour une nature aussi impressionnable que celle de la du-

1. *Archives nationales*. K. 577.

chesse. Débilitée par le chagrin et par la fatigue, elle tomba malade de la rougeole. Mme de Genlis nous assure que la maladie fut bénigne, et Delille qu'elle fut très grave.

... Parmi les visites que recevait alors le Palais-Royal, il en est une qu'on ne peut passer sous silence, tant elle fit alors de bruit à Versailles, à Paris et dans la France entière : En 1782, le tsaréwitch, qui devint Paul Ier, et sa femme, née Montbéliard, vinrent chez nous incognito, sous le nom de comte et comtesse du Nord. Le Roi, le prince de Condé, le duc de Penthièvre surtout, leur donnèrent des fêtes splendides, auxquelles la duchesse de Chartres prit part, et très vite, elle se lia avec la comtesse du Nord. Cette dernière a été élevée dans une cour minuscule — celle de Montbéliard — où se sont conservées par miracle les vertus de l'âge d'or et les mœurs les plus patriarcales. Elle possède une qualité qui apparaît étrange, au moment où les hautes classes du XVIIIe siècle s'étiolent et succombent dans une décadence luxueuse et raffinée : le naturel. Elle est donc bien faite pour comprendre le caractère de la duchesse de Chartres. Dans les réunions, elles se recherchent et elles se retrouvent, elles deviennent inséparables. Dès la première entrevue d'ailleurs, la comtesse du Nord, qui avait entendu vanter les qualités de la princesse, s'est écriée en la voyant : « Ah ! de ce moment je crois à l'amitié ! »

Puis, bientôt le duc de Penthièvre a donné une fête en ses jardins de Sceaux. C'est au cours d'une soirée du mois de mai. Un grand nombre de « dames parées avec élégance et richesse forment le plus bel ornement » du parc, dans lequel elles passent et repassent dans l'étincellement des lumières, au murmure des grandes eaux. Des magnifiques parterres, montent des effluves embaumés. Il y a dans l'air pur une grande douceur[1], et dans cet alanguissement délicieux d'un beau soir, la duchesse de Chartres se promène en calèche aux côtés de la comtesse du Nord.

Nous sommes — on l'a dit — à cette époque de sensibilité un peu morbide au cours de laquelle les âmes qui ne trouvent point d'apaisement dans l'étourdissement d'une vie frivole, cherchent des émotions nouvelles, des affections passionnées, des expansions sans fin. La duchesse de Chartres qui, en ces temps où on lui élève des temples, a plus que tout autre le culte de l'amitié, jure à la comtesse du Nord, comme naguère à la reine de Naples, une affection sans bornes. Cette fois encore elle sera fidèle à son serment.

D'ailleurs, au moment de la Révolution, la comtesse du Nord, devenue impératrice de Russie, ne sera pas plus ingrate; elle offrira des secours à son amie. Et dans son testament, la duchesse de Chartres, devenue duchesse douairière d'Orléans, aimera se retourner vers le passé et se rappeler la phrase de la comtesse du Nord sur l'amitié[2].

1. « C'était à la fin de mai. Un ciel pur favorisa cette fête magnifique. » DELILLE : *Op. cit.*, p. 42. Cf. cet auteur pour la description de cette fête et aussi les *Mémoires* de la baronne d'OBERKIRCH.

2. Archives particulières.

Aux côtés de la comtesse du Nord, il y a aussi une autre femme : sa dame d'honneur, la baronne d'Oberkirch, née Waldner, une provinciale — et elle a le bon goût de n'en point rougir — qui ne comprend rien aux compromissions et aux complications de la haute vie parisienne et qui les note avec une très grande netteté dans l'observation. C'est une des rares mémorialistes du temps qui, en raison, sans doute, d'une parité de nature et d'une même limpidité d'âme, a le mieux compris la duchesse de Chartres et qui l'appelle « la plus estimable et la plus estimée des princesses... à laquelle M. le duc de Penthièvre a donné l'exemple et le précepte de toute une vie[1] ».

Le duc de Chartres, il faut le dire, n'inspire pas tout à fait la même sympathie au comte et à la comtesse du Nord et à Mme d'Oberkirch. Il commence à marquer publiquement son goût excessif pour les biens de fortune. Récemment, il s'est fait donner par son père le Palais-Royal, en avancement d'hoirie. Le vieux duc d'Orléans s'est décidé à aller habiter un hôtel de la rue de Provence[2], situé tout à côté de celui de Mme de Montesson, vis-à-vis de laquelle le duc de Chartres montrait une froideur croissante, et on affirme que le don du

1. Mme d'Oberkirch : *Op. cit.*, p. 55.

2. Le duc d'Orléans résida définitivement dans cet hôtel et à Sainte-Assise. La duchesse de Chartres conserva avec Mme de Montesson des rapports plus corrects qu'intimes. Le duc d'Orléans ne parvint jamais à concilier à celle-ci la bienveillance de la Cour. Invitée à Sainte-Assise, en octobre 1784, alors qu'elle se rendait à Fontainebleau, la reine refusa l'invitation du duc d'Orléans. Deroy : *Chronique du château de Fontainebleau*, p. 236.

Palais-Royal n'est que le prix d'une réconciliation entre la « belle-mère » et le beau-fils. D'autre part, le duc de Chartres blâme ouvertement son père qui s'apprête à vendre Saint-Cloud à Marie-Antoinette, dans l'unique but de plaire à sa souveraine. Il fronde. Il ne ménage pas ses paroles contre la reine.

— Le roi de France est bien patient, s'écrie le comte du Nord, chez lequel on devine déjà le futur autocrate Paul Ier. Si ma mère avait un pareil cousin, il ne resterait pas longtemps en Russie. Les conséquences de ces rébellions sourdes dans la famille royale sont toujours plus graves qu'on ne croit.

Le duc de Chartres négligeait de semblables critiques. Peu de temps avant la visite du comte et de la comtesse du Nord, il avait imaginé quelque chose de tout à fait nouveau. Il avait nommé sa maîtresse, Mme de Genlis, gouverneur de ses fils. On reconnaît bien là l'homme qui pousse jusqu'à la névrose le besoin d'attirer l'attention sur lui, cette attention fût-elle malveillante. Bien mieux, il aime jusqu'au blâme et il y a une sorte de « pose » dans ses attitudes. Pourvu qu'il étonne ce public dont il prétend se soucier si peu, il est satisfait. Et certes, les chansons qui coururent cette fois dans Paris, sur son étrange décision, sont bien pour distraire son esprit blasé.

« Comme à l'ordinaire, certain soir entre huit et neuf heures », le duc de Chartres est donc venu à Bellechasse. Il a critiqué les professeurs de ses fils; Mme de Genlis a proposé divers gouverneurs, mais sans succès, jusqu'au moment où elle s'est proposée elle-même. La tâche est bien un peu lourde, mais pourquoi là où Bossuet et Fénelon ont à peu près réussi, elle, Mme de Genlis, échouerait-elle? Tel est son avis, que le prince partage incontinent. La duchesse de Chartres, bien entendu, n'est même pas consultée, et le « gouverneur » entre en fonctions. Chaque matin, MM. de Valois, de Montpensier et de Beaujolais seront conduits du Palais-Royal à Bellechasse, pour ne rentrer que le soir, et, en été, ils iront à Saint-Luc, sous la seule garde de Mme de Genlis. Ces faits sont amplement connus, et il est inutile d'y revenir. Il suffit ici d'éclaircir certains points qui méritent de l'être et de parler des premiers éducateurs des princes : Mme des Roys et le chevalier de Bonnard. Tous deux étaient honorés de la faveur spéciale de la duchesse de Chartres, et l'attitude de Mme de Genlis à leur égard fut pour le moins singulière.

Le « gouverneur de princes » a attiré l'attention de la postérité au point que ses prédécesseurs sont demeurés quelque peu obscurs. Leur personnalité, cependant, n'est pas négligeable, car ils veillèrent sur le futur roi Louis-Philippe à l'âge où, dans le cœur de l'enfant, se forment les impressions premières dont il demeurera marqué pour la vie.

Dès sa naissance, le duc de Valois avait eu pour gouvernante la marquise de Rochambeau, dont on a plus haut vanté les vertus. Mais son rôle était quelque peu honorifique. Il n'en allait pas de même de la sous-gouvernante. Aussi ce poste avait-il été déjà envié par Mme de Genlis. Cette fois, malgré l'affection qu'elle portait à sa dame d'honneur, Mme la duchesse de Chartres avait manifesté une volonté. A son mari, qui était très disposé à céder aux désirs de Mme de Genlis, elle avait opposé une autre candidate. Elle avait remarqué, dans la maison de son beau-père, une jeune femme qui lui paraissait mieux indiquée pour s'occuper de son fils : c'était Mme des Roys. Le duc de Chartres s'était incliné ; et la sous-gouvernante avait été nommée et maintenue en charge, quand naquirent le duc de Montpensier et le comte de Beaujolais.

Mme des Roys — aïeule de celui qui devait être un jour le poète Lamartine — appartenait, par son père, à une de ces familles de la classe moyenne dans laquelle se recrutait peut-être ce que le XVIIIe siècle compta de plus solide et de plus sain.

Née Marie-Marguerite Gavault, elle était fille d'un lieutenant civil et criminel de l'élection de Lyon. Par sa grand' mère, il est vrai, elle appartenait à ces étonnants Grimod, gens de finance, qui nous ont donné le gastronome Grimod de la Reynière, et qui sont tombés en quenouille dans les Malesherbes, les Chateaubriand, les Gramont, les Montmorency, voire même dans les Bonaparte par les Bleschamp. Cette parenté Grimod avait amené en 1772, à Paris, M. des Roys, le nouvel époux de Mlle Gavault, en qualité d'intendant des finances du duc d'Orléans.

Devenue sous-gouvernante, Mme des Roys s'était fait considérer par ses vertus bourgeoises, par sa simplicité, sa fidélité sans affectation aux principes les plus stricts de la morale, son dévouement absolu à ses maîtres. De plus, elle avait des lettres. Grimod de la Reynière lui avait formé un salon et — tout enfant — le petit duc de Valois put voir chez elle d'Alembert, Laclos, Florian, Buffon, Grimm et Morellet.

Quand Voltaire vint chez les princes, Mme des Roys assista à la visite avec sa fille, âgée de huit ans. Et c'est au Palais-Royal, sous les auspices de la duchesse de Chartres, qu'eut lieu cette rencontre piquante entre le Philosophe de Ferney et la mère de Lamartine.

Il faut donc le reconnaître : On a reproché à Mme de Genlis d'avoir mis ses élèves en relation avec les Encyclopédistes. Le contact remonte plus haut, et Mme des Roys en fut innocemment l'auteur. Ce n'est point, cependant, qu'il y eût sympathie entre les deux femmes et qu'elles se concertassent sur l'éducation de leurs élèves quand l'une passa la main à l'autre. Mécontente d'avoir été écartée en faveur de Mme des Roys, au moment de la naissance du duc de Valois, Mme de Genlis s'était livrée contre elle à une campagne assez perfide et l'avait précisément accusée d'avoir élevé les princes « dans des idées philosophiques ». On trouve maintes fois trace de cette inimitié dans ses *Mémoires,* au cours desquels elle affirme que Mme des Roys « s'est brouillée avec elle sans motifs, malgré les très grands services qu'elle lui a rendus auprès du duc de Chartres ».

Mais, soutenue par la duchesse de Chartres,

Mme des Roys conserva son poste le plus longtemps qu'elle put, malgré l'attitude de Grimod de La Reynière, qui l'abandonna pour se ranger du côté de sa rivale[1].

Lassée, cependant, de cette « petite guerre » et l'heure arrivant où une autorité masculine devenait nécessaire aux princes, Mme des Roys avait démissionné en 1778.

De concert avec la duchesse de Chartres, elle avait alors fait nommer au poste de précepteur des princes le chevalier de Bonnard, un ami personnel qu'elle avait connu chez M. de Buffon.

Mme de Genlis nous a laissé du chevalier un portrait qui n'est point enchanteur : Elle nous le représente comme un homme de mauvais ton et très provincial. Il y a là exagération, et à lire les vers de M. de Bonnard[2] et surtout son journal inédit, on découvre un caractère élevé, des sentiments fins, un sens aigu de l'observation. Quand Mme de Genlis fut en charge, M. de Bonnard démissionna. Elle assure qu'il lui marqua beaucoup d'ingratitude et qu'il devint son « ardent ennemi ». La publication du journal de M. de Bonnard nous édifiera quelque jour sur ce point[3]. S'il faut en croire une tradition conservée dans la famille de M. de

1. *Les origines et la jeunesse de Lamartine*, 1790-1812, par Pierre DE LACRETELLE. Paris, *Hachette*, pp. 50 et ss.

2. Cf. *Poésies du Chevalier de Bonnard* éditées dans la collection des petits poètes du XVIIIe siècle. Quantin, 1884, avec une excellente notice de M. Martin Dairvault.

3. Ce journal appartient à la famille de Pitteurs Hegaërts, qui descend du chevalier et qui a bien voulu m'en communiquer des extraits. On doit en espérer la prochaine publication.

Bonnard, et que nous citons sous toutes réserves, Mme de Genlis, avant de se plaindre de l'inimitié du chevalier, aurait désiré lui témoigner une sympathie dont l'excès l'aurait un peu effarouché.

Une fois qu'elle l'eut mis en fuite, Mme de Genlis tira parti de ce qu'elle trouva de mieux dans son système d'éducation. C'est à lui — on l'ignore généralement — que revient l'idée d'avoir mis en honneur un mode d'enseignement que Mme de Genlis perfectionna et qui est très en vogue de nos jours : l'instruction par la gravure et par les projections lumineuses[1].

Évincé, M. de Bonnard, d'ailleurs, ne se fit point faute de lancer quelques épigrammes contre son ennemie dans son journal. La vengeance était innocente, car il n'écrivait point pour la postérité.

Nous avons par lui quelques détails inédits sur l'attitude de Mme de Genlis pendant la visite du comte et de la comtesse du Nord :

« Les princes — écrit-il en 1782 — revinrent deux ou trois jours à Paris, pour voir M. le comte et Mme la comtesse du Nord, à qui le duc de Chartres devait donner une fête à Monceaux. Cette fête n'eut pas lieu et se réduisit à un souper, le jeudi,

1. Le comte DE PAROY nous dit dans ses *Mémoires* (pp. 275-276) qu'il donna à M. de Bonnard l'habitude de faire passer dans des cadres, sous les yeux de ses élèves, des estampes représentant des sujets d'histoire. Mme de Genlis modifia un peu le procédé et elle y ajouta la lanterne magique. Ce même procédé et celui de la lanterne magique furent proposés en 1790, par le comte de Paroy, pour l'éducation du Dauphin. On trouve dans le fd d'archives de l'Institut que je citerai plus loin une description charmantes des scènes de la lanterne magique au Palais-Royal.

parce que la Reine invita ces illustres étrangers à souper dans les petits appartements, le samedi, qui était le jour pris par M. le duc de Chartres, pour leur donner une fête à Monceaux, à leur retour de Marly, où ils devaient déjeuner avec la Cour. La comtesse du Nord avait pris la plus tendre amitié pour Mme la duchesse de Chartres, et la voyait tous les jours. Elle voulut voir tous les enfants. L'on fit revenir les princes et Mlle de Chartres de Saint-Leu et M. de Beaujolais de Saint-Cloud. Mme de Genlis, qui avait ordonné la fête qui devait avoir lieu à Monceaux, n'alla point au souper, ce qui surprit fort tout le monde... soit qu'elle n'eût pas été assez contente de la manière dont la comtesse du Nord l'avait traitée le matin quand elle vit Mlle de Chartres, soit qu'elle craignit de se montrer avec les princes, dans une fête de soixante personnes, parmi lesquelles il y en avait plusieurs qui n'étaient pas de ses amies.

« Quel que fut son motif, elle n'y alla pas, et je ne suis pas embarrassé qu'elle ait su s'en faire un mérite auprès du prince. Le lendemain, elle avait une humeur de dogue, à ce que me dit Mme de Blot, qui, allant voir Mlle de Chartres, fut fort surprise de trouver Mme de Genlis et sa famille établies dans le grand appartement de M. le duc d'Orléans, et fut fort mal reçue de la dame. »

Et plus loin, M. de Bonnard nous parle en traits piquants, dans son journal, de l'attitude de ses élèves, quand Mme de Genlis les a éloignés de lui.

Il écrit le 29 décembre 1782, alors que la duchesse de Chartres revient de chez son père :

« J'apprends que la Princesse est de retour, de la veille à minuit, qu'elle a eu sa voiture cassée dans la forêt de Saint-Germain, qu'elle s'est brûlé les doigts avec une bougie phosphorique, qu'elle est tombée et a roulé du haut d'un escalier, à Vernon.

« Je me hâte d'aller la voir avec la marquise de Polignac. Celle-ci entre et dit à la Princesse que je suis là. Et la Princesse me fait entrer ; elle me traite avec bonté. Il n'y avait pas deux minutes que j'étais chez elle, quand y arrivent ses enfants, qui ne l'avaient pas vue encore. Ils courent à elle, l'embrassent et la caressent, puis, tout à coup, ils m'aperçoivent, ouvrent des grands yeux, hésitent, ils sont embarrassés. Je ne l'étais pas moins qu'eux, et j'avais, de plus, l'embarras de cacher mon embarras, à moi d'abord, puis à tous les yeux observateurs.

« Ce bon duc de Valois me regardait, voulait venir à moi, se retenait et me disait tout bas : « Bonjour, Monsieur, bonjour, Monsieur. » Son excellente maman nous tira tous d'affaire, en lui disant : « Quoi ! mon fils, tu ne dis rien à M. de Bonnard ?... » Aussitôt, ce cher Valois s'élance dans mes bras, l'ami l'y suit... Je cause un instant avec M. Le Brun, et dès que je vois les enfants revenus à leur maman, qui était à sa toilette et qui ne pouvait plus m'apercevoir, je m'échappe, fort ému..., fort content..., fort étonné... Il fallait que le hasard fît les frais de cette entrevue, car j'étais décidé à ne pas la rechercher, à l'éviter même... au lieu qu'actuellement je ne regretterai plus de rencontrer ces chers enfants... Quand je fus parti, la Princesse demanda : « Où est donc M. de Bonnard ? » Il est déjà parti... (C'était bonté de sa part... Je fis bien, moi, de ne pas rester plus longtemps.) Quand les Princes furent rentrés chez eux, l'abbé Guiot et MM. Le Brun et Prieur[1] leur firent de grands reproches sur la manière froide et embarrassée dont ils m'avaient accueilli. Ils répondirent que je les avais intimidés par mon air sérieux. « Quoi, Monseigneur ? dit l'abbé au duc de Valois, vouliez-vous qu'en présence de Mme la duchesse de Chartres, il allât rire et folâtrer ? Était-ce du reste à lui de vous prévenir ? » Il prit là l'occasion de fixer leur opinion sur mon compte, en leur disant que des arrangements qui m'étaient absolument personnels ne m'avaient pas permis de rester auprès d'eux, que j'avais été regretté de leur papa et maman, comblé de marques de satisfaction, et qu'eux me devaient à jamais attachement et reconnaissance.

« L'abbé fit écrire sur le journal des fautes de chaque jour, fait par M. Le Brun[2] et que l'on présente tous les deux jours à Mme de Genlis, le récit de cette entrevue et marquer comme une faute grave la mine froide que l'on m'avait faite... La vérité est que ces pauvres enfants avaient été bien, très bien avec moi. Mais la conduite de l'abbé Guiot, dans ce moment, n'en est pas moins louable. Il a fait et dit ce qui convenait. Il en parla sur ce ton à la baronne d'Andlau[3], qui convint qu'il

1. Professeurs des princes.
2. Ce journal est conservé au Musée Condé, à Chantilly.
3. Mme du Crest, mère de Mme de Genlis, s'était remariée au baron d'Andlau.

avait raison. J'ignore si la comtesse [de Genlis] en a parlé aux princes. Elle n'en a pas ouvert la bouche à tout ce qui les entoure. La Baronne dit en confidence à ses amis, en parlant de sa fille « gouverneur » : « C'est un grand malheur et, qui pis est, c'est un mal sans remède ! » Je crois qu'elle a raison... »

Après avoir écarté M. de Bonnard, Mme de Genlis conserve quelques professeurs auprès des princes, auxquels on forme une « maison », peu nombreuse, par ce souci de simplicité que désormais la famille d'Orléans aura toujours ; mais cette maison anime cependant d'une certaine gaîté le Palais-Royal [1].

Ces professeurs, on les connaît par les mémoires de Mme de Genlis. Il en est deux cependant, personnages assez pittoresques, protégés par la duchesse de Chartres et dont le « gouverneur » ne nous a pas suffisamment parlé : l'abbé Mariottini et le peintre Myris, dont la duchesse de Chartres s'est fait d'humbles amis.

Il est alors question, au Palais-Royal, de faire entrer le comte de Beaujolais dans les Ordres. L'influence — quelque minime qu'elle soit ! — du duc de Penthièvre et celle de la duchesse ne sont

1. *Education des ducs de Valois et de Montpensier* (*Almanach du Palais-Royal* 1787). Gouvernante : Mme de Genlis à Bellechasse. Education : MM. Le Brun, l'abbé Guiot. Secrétaire : M. Méris. Chapelain : M. l'abbé Famain. Valets de chambre : MM. Plie, Delille et Laurent. Education du comte de Beaujolais : Abbé Mariottini au Palais-Royal. Valets de chambre : MM. Barrois et Stéphane. Education de Mademoiselle (à Bellechasse). Gouvernante : Comtesse de Genlis. Une femme de chambre : Mlle Nonnon.

pas étrangères à ce projet, qui, d'ailleurs, met le jeune prince hors de lui[1]. Pour le mieux diriger dans cette voie, on a placé auprès de sa personne le jeune abbé Mariottini, protégé par son parent le nonce du pape Doria. L'abbé est fin, spirituel. Il a des lettres, il ne comprend rien pourtant aux complications mondaines des cours et aux « manières » de Mme de Genlis, et il est entièrement dévoué à la duchesse de Chartres. Plus tard, nous le retrouverons à Rome, en 1818, écrivant des satires et des pasquinades contre le gouvernement et contre le cardinal Consalvi et se vantant de la protection du duc d'Orléans[2].

Quant au peintre Myris, c'est une aimable figure. Fils d'un peintre de talent et venu de Pologne en 1767, il est devenu secrétaire des commandements des jeunes princes, sous le nom de M. de Méris, après avoir été le professeur de peinture de leur mère, qui a su apprécier son caractère, affable et doux. Il a formé au Palais-Royal un excellent élève dans la personne de M. Antoine Giroust, son inséparable, qui aura bientôt la singulière idée de peindre Mme de Genlis en sainte Félicité exhortant au martyre le dernier de ses fils, figuré par le comte de Beaujolais. Tous deux habi-

1. « Je vais voir ce cher abbé Guiot (8 mai 1783). L'on donne pour aumônier à M. de Beaujolais un abbé italien, parent d'un cardinal, ne sachant pas le français. On veut former à ce prince une éducation particulière, sous prétexte qu'il peut être cardinal et prêtre... Doléances et vive douleur... Conduite soutenue de la princesse, qui indique un vrai caractère. » *Journal manuscrit* du chevalier de Bonnard.

2. *Aff. étrang.* Rome 950, f° 61.

tent en été dans le même coin bucolique, Myris aux Aulnes et Giroust à la ferme du Vivier. Leurs « demeures » sont cachées aux environs du Raincy, dans un de ces bocages enchanteurs, comme aimait à les chanter Florian. Et à l'heure où les bergers, les chaumières, les jattes de crème et le pain bis prennent dans la vie des Grands une exceptionnelle importance, la princesse, quand elle « retraite » de la chasse à courre, aime à trouver chez eux un accueil plus réellement champêtre qu'aux goûters du petit Trianon[1].

Le 18 novembre 1785, un événement changea quelque peu la vie de Mme de Chartres, ce fut la mort du duc d'Orléans.

Le pauvre prince vivait de plus en plus dans sa maison de campagne de Sainte-Assise avec Mme de Montesson. Les rapports entre le fils et le père étaient plus corrects qu'affectueux, mais la princesse aimait son beau-père. Elle avait confiance dans son jugement et dans la bonté de son cœur. Volontiers elle lui demandait des conseils, ou lui confiait ses chagrins, quand elle voulait ménager l'extrême sensibilité du duc de Penthièvre[2].

Aussi, quand elle avait su son beau-père très malade, s'était-elle transportée à Sainte-Assise pour le soigner, jusqu'au dernier moment, avec Mme de Montesson et la duchesse de Bourbon. Les deux

1. *Antoine Giroust, peintre d'histoire (1753-1817)*, par E.-S. Pontoise, 1888. *Mémoires de David.* Revue de l'art français, 1886. *Histoire de l'art pendant la Révolution*, par Renouvier, etc.

2. Delille : *Op. cit.*, p. 48.

princesses lui fermèrent les yeux [1] et elles conduisirent Mme de Montesson à Paris, pour l'arracher à la solitude et lui faciliter son entrée au couvent de l'Assomption [2].

Le chagrin du duc de Chartres fut plus mesuré. Il pardonnait difficilement à son père l'antipathie qu'avait celui-ci pour Mme de Genlis [3], et il essuya, au moment de la mort du duc d'Orléans, une humiliation qu'il eut quelque peine à oublier. Les oraisons funèbres du prince furent prononcées par deux prêtres. L'un d'eux parla maladroitement du défunt [4], mais fit un grand éloge de la duchesse de Chartres et de ses enfants. Du duc de Chartres pas un mot. C'était un affront public. L'autre prêtre, bien au contraire, vanta les vertus du « fils affligé ». Furieux contre le premier, le duc de Chartres

1. Le cœur du duc d'Orléans fut transporté dans l'église de Seine-Port (Seine-et-Oise), bâtie à ses frais. Le comte de Paroy, auquel on doit laisser toute responsabilité, affirme qu'il fut profané pendant la Révolution, découpé, que cinq forcenés voulurent le manger, et que le sublimé les empoisonna (*Mémoires cités*, pp. 372-3).

2. Comte Ducos : *La mère du duc d'Enghien,* p. 236.

3. On trouve de curieux détails au Ministère des Affaires étrangères (France. *Documents et Mémoires 319*) sur l'inimitié du duc d'Orléans et de Mme de Montesson contre Mme de Genlis. Mme de Montesson réjouit fort le duc d'Orléans en lui écrivant de Bruxelles, le 22 mai 1773, que Mme de Genlis « s'y est fait détester ».

4. « Je n'ai à vous présenter aucun de ces caractères, aucune de ces actions éclatantes qui semblent prêter le plus au pouvoir de l'éloquence », s'écria l'abbé Maury en parlant du feu Prince (Grimm. *Correspondance littéraire,* t. XIII, p. 53). A Bellechasse, l'abbé Bourlet de Vauxcelles, lecteur du Comte d'Artois, prononça un autre discours (conservé à la Bibliothèque Nationale. Imprimés) dans lequel il ne parle pas non plus du duc de Chartres.

interdit la publication et l'impression du discours et, avec force compliments, il invita le second à sa table.

Le piquant de l'histoire est que si le premier de ces prêtres était l'abbé Maury, qui devait un jour devenir si célèbre, le second n'était autre que Claude Fauchet, le futur évêque constitutionnel du Calvados, qui, après avoir été son ami intime, devait se ranger un jour parmi les ennemis implacables de Philippe-Égalité, et lui écrire cette lettre injurieuse et peu digne :

« Philippe, tu as voté le supplice de Louis Capet : il est mort sur l'échafaud ; tu jouis. Je veux troubler ta joie par le seul moyen qui puisse toucher ton cœur. Tu me dois douze cents livres, depuis l'oraison funèbre que j'ai faite de ton père : je te les demande. D'après le désir que tu manifestas, je distribuai dans ta maison six cents exemplaires de cet ouvrage sur papier de Hollande. Les exemplaires en papier commun se vendaient trente sous, ceux-ci valaient dix sous de plus. Tu ne m'as pas offert une épingle. Paie-moi les cinquante louis dont tu m'es débiteur, si tu ne le fais pas, j'imprimerai cette lettre et j'annoterai ton silence[1]. »

La lettre est assez curieuse pour nous avoir engagé à anticiper un moment sur les faits. Revenons en arrière, et nous retrouverons le duc et la duchesse de Chartres titrés maintenant duc et duchesse d'Orléans, en possession d'une grande fortune.

1. Lettre en date du 22 janvier 1793. L. Dard : *Choderlos de Laclos*, p. 380.

Propriétaire du Palais-Royal « Louis-Philippe-Joseph » vient d'hériter de Bagnolet, du Raincy et de Villers-Cotterets, et les rentes du ménage princier, qui dépassent deux millions, vont rapidement s'accroître. Cette grande puissance que donne l'argent ne sera pas étrangère à la popularité que le duc regagnera peu à peu et qui ne cessera de croître à partir de son exil à Villers-Cotterets.

Il est temps pour lui de la reconquérir, car il a singulièrement baissé dans l'estime des Parisiens. On l'a jugé sévèrement dans la haute société et même dans le peuple, quand il a affecté de demeurer au mieux avec le comte d'Artois, qui s'est assez mal conduit vis-à-vis de sa sœur la duchesse de Bourbon, et on trouve fort peu galantes les plaisanteries cruelles de blasé auxquelles il se livre à Monceaux. Des chansons ont couru Paris sur certain pont tournant dont un mécanisme ingénieux jetterait à l'eau les honnêtes passants, et sur un pauvre abbé convoqué à un dîner presque lubrique [1]..... Mais tout cela s'atténuera peu à peu dans la brume du passé, et vraiment, si ce n'était la douleur intime qui lentement consume la duchesse d'Orléans, on pourrait dire que, de 1785 à 1789, elle va mener une vie dont les trompeuses apparences pourraient sembler enviables.

1. Cf. *Le Marquis de Bièvre*, par le comte Mareschal de Bièvre. Paris, 1910, p. 162. Correspondance de Mme du Deffand, 1866, t. II, p. 325, *Mémoires* de l'abbé Morellet, 1822, t. I, p. 272.

CHAPITRE VI

Le Palais-Royal. — Entourage de la princesse. — Sa vie de chaque jour. — Le théâtre, les soupers, les œuvres de miséricorde. — Goût de la princesse pour l'étude. — L'anecdote du Saint-Esprit. — Présentation du duc de Valois. — Voyage à Spa. — Mme de Chastellux. — Mademoiselle. — Mme de Buffon. — Exil à Villers-Cotterets et au Raincy.

Quels sont alors les familiers de la duchesse d'Orléans ? Comment vit-elle dans ce cadre de luxe et d'élégance, dans ce foyer intense du Palais-Royal, où « bat le cœur de Paris » à la veille de la Révolution ?

Pendant cette période brillante, nous rencontrons dans ses entours une société très choisie. Tout d'abord, ce sont les personnes de sa Maison. Celle-ci est très simple : une dame d'honneur, trois dames de compagnie, un aumônier, un secrétaire. Même sobriété dans le service : une première femme de chambre, trois femmes de chambre, une femme de garde-robe, deux valets de chambre. Nous sommes loin des « parasites » de Versailles dont Taine nous a laissé le curieux dénombrement.

La dame d'honneur est Mme de Rully, la petite « Reuillette », que nous avons déjà rencontrée au moment du voyage d'Italie. On pourrait souhaiter peut-être une femme de plus de poids dans une charge aussi importante. C'est toujours une enfant. Elle est gaie, naïve, enjouée. Son mari, colonel au régiment du Maine, est souvent retenu en Corse, où il sera assassiné par la population révoltée, le 19 août 1790, et ces longues absences nécessitent un consolateur. Tel est du moins l'avis de Mme de Rully, qui, dit-on, n'a pas le courage de tenir rigueur à M. de Piennes, qu'elle épousera plus tard dans la tristesse de l'exil [1].

Les dames de compagnie sont Mme de La Woestine, fille de Mme de Genlis, beaucoup plus sympathique que sa mère et très aimée de la princesse, Mme de Saint-Simon et Mme de La Charce.

Mme de La Charce [2], qui est entrée au Palais-Royal par la protection de sa cousine, Mme de Blot, pousse jusqu'à la suprême puissance vis-à-vis de sa maîtresse ce véritable « culte » que l'on rencontre souvent dans l'entourage des princes. Elle lui est fidèle dans la prospérité, elle lui demeurera fidèle dans l'adversité, et pendant l'exil, on la pourra ranger au nombre des courtisans du malheur. Sa bonté, sa douceur, sa vertu, sont d'heu-

1. Françoise-Pauline-Fortunée de Chauvigny de Blot du Vivier, veuve d'Antoine-Charles-Gabriel de Montessus, comte de Rully, épousa Louis-Marie-Céleste, duc de Piennes, puis duc d'Aumont, favori de Louis XVIII en exil puis en France, mort en 1831. Elle vécut en émigration dans l'entourage des princes à Mitau, Waldeck, auprès de la comtesse de Provence, Londres et Hartwell (Communication de la famille de Montessus de Rully).

2. Nous retrouverons souvent Mme de La Charce. Adélaïde-Marguerite Pajot de Juvisy, fille d'un receveur général des finances, avait épousé, le 28 mars 1775, J.-F. de La Tour du Pin, vicomte de La Charce, brigadier des Armées, gentilhomme du Comte d'Artois.

reuses qualités pour la compagne de choix d'une princesse, mais elle est incapable d'exercer une influence heureuse sur celle-ci, car elle est elle-même un peu trop... incolore [1].

Puis, à côté des dames attachées à la duchesse d'Orléans, il faut citer toutes celles qui ont leur logement et leurs droits d'entrée et de souper au Palais-Royal, les anciennes dames d'Henriette de Conti, duchesse d'Orléans, que nous connaissons déjà, leurs parents plus ou moins attachés aux d'Orléans, leurs protégés, leurs « clients », leur suite [2]. Tous les membres de cette société sont unis étroitement entre eux par des alliances, des parentés, des affinages. Des générations se succèdent au Palais-Royal. Tel courtisan, jouissant d'une charge importante, s'évertue à placer auprès des princes ses cousins pauvres et ses arrière-cousins de province. Et à étudier de près les parentés qui rapprochent les unes des autres les femmes de la société du Palais-Royal, on pourrait une fois de plus tirer des conclusions sur la force extraordinaire que l'esprit de famille a développée dans notre Ancien Régime.

Parmi les compagnes les plus chères de la du-

1. Cf. *Souvenirs d'émigration* de la marquise de LAGE de VOLUDE. *Passim.*

2. La maison de la Princesse était montée sur un train modeste : une dame d'honneur, trois dames de compagnie, un aumônier, un secrétaire, une première femme, trois femmes ordinaires, une femme de garde-robe et deux valets de chambre (*Almanach* du Palais-Royal). Les hommes logés au Palais-Royal vers 1780 étaient le Chevalier de Durfort, le Comte d'Osmont, M. de Monsigny, le Chevalier de Mornay, le Marquis de Barbantane, le Duc de Lauzuin, etc.

chesse d'Orléans, qui posséda véritablement le culte de « l'amitié innombrable », il y a Mme de Pons [1], la vieille Mme de Montboissier [2], la délicieuse Mme de Séran [3], qui fut l'amie platonique de Louis XV, et sa fille, qui deviendra Mme de Juigné, Mme de Ginestous [4] et ses parentes, Mmes de Guébriant et de Lage, amies de Mme de Lamballe, Mme de Boufflers [5] et sa cousine, Mme de Castéras, mère de Mme de Buffon, Mme de Clermont-Gallerande, rieuse, espiègle et bavarde, et Mme d'Hunolstein, la jolie fille de Mme de Barbantane [6], qui expiera chèrement dans un cloître une jeunesse un peu dissipée.

Et derrière cette cohorte brillante il convient de ne pas oublier un personnage d'importance qui jouit d'une situation privilégiée au Palais-Royal. La princesse l'honore d'une affection particulière, et

1. Emmanuelle de Cossé-Brissac, mariée au marquis de Pons Saint-Maurice, lieutenant-général, ambassadeur en Suède, etc.

2. Marie-Élisabeth Boutin (fille d'un receveur général des finances), mariée à Philippe de Montboissier-Beauffort-Canillac, gentilhomme du duc d'Orléans.

3. Julie de Bullioud, comtesse de Séran, joua un rôle important auprès du roi Louis XV. Elle était la commensale du Palais-Royal. Qu'on me permette de renvoyer le lecteur à mon volume : Mme *de Sonza et sa famille.*

4. Le comte de Ginestous, lieutenant des Gardes du Corps, épousa en 1771, Marie Geronima Celesia, noble Génoise. La marquise de Guébriant, née Kergariou (1734-1791) et la marquise de Lage de Volude, née Kergariou (1764-1842), étaient de la grande intimité de Mme de Lamballe.

5. La marquise de Boufflers, née Beauvau (1712-1786). Il sera plus tard question des autres « dames ».

6. La marquise du Puget de Barbantane, née Vierville, mère du général de Barbantane, de la comtesse d'Hunolstein et de la comtesse de Vauban.

c'est à qui le gâtera davantage. C'est un nègre. Il est tout petit et il répond au nom glorieux de Scipion.

Moins ingrat que Zamor vis-à-vis de Mme du Barry, Scipion est très attaché à sa maitresse, qui, d'ailleurs, a toujours eu un nègre auprès d'elle, et dont le caractère assez enfantin s'amuse de ce vestige un peu barbare des cours lointaines du moyen âge. Scipion est un nègre très authentique, qu'un éminent personnage, M. Chardon, intendant de l'ile Sainte-Lucie, a fait spécialement revenir pour elle des colonies[1]. Tout lui est permis. C'est lui qui dit à la princesse de Conti, très solennelle personne : « Madame, pourquoi avez-vous un si grand nez? » Et quand on veut l'emporter, il s'obstine à répéter : « Je veux savoir çà », puis il se débat jusqu'à ce qu'on l'ait « tiré de la pièce » en s'écriant : « C'est que je n'ai jamais vu un nez si long[2] ! »

... L'énumération des amies de la duchesse d'Orléans était nécessaire pour établir un point important. C'est que, dans l'ensemble, sa « coterie » n'est pas hostile à celle de la Reine. Dans l'une et dans l'autre, on retrouve beaucoup des mêmes noms. De plus, deux traits d'union existent entre Marie-Antoinette et celle que le peuple lui oppose souvent — et cela malgré elle — comme une rivale, très populaire : Mme de Polignac, dont on a

1. Le duc de Penthièvre donnait 24 livres par an de gratification à « la femme qui soignait Scipion ». Archives particulières.

2. Mme de Genlis : *Op. cit.*, t. IV, p. 227.

parlé plus haut, et Mme de Lamballe. L'astre de celle-ci est, il est vrai, au déclin, mais elle aime tendrement la reine et elle amène souvent à sa belle-sœur, ses amies ... innombrables elles aussi ... les Luynes, les Guiche, les Balleroy, les Langeron, les Brunoy, qui appartiennent à l'immédiat entourage de Marie-Antoinette.

A peine peut-on citer dans la société de la duchesse de Chartres, deux ennemies de « l'Autrichienne », Mme de Coigny et Mme de Buffon, mais encore celles-ci sont-elles de l'intimité de son mari et non de la sienne.

Il ne faut pas croire, d'après ce qui précède, que la duchesse d'Orléans s'entourât seulement de femmes. Elle ne dédaignait point la société masculine, et le discernement avec lequel elle choisit, dans des sphères différentes, quatre hommes d'esprit pour en faire ses amis de chaque jour, prouve assez qu'elle n'était ni sotte, ni prude.

Tout d'abord c'est le charmant et bien connu Carmontelle — fils d'un savetier — mais qui par son art, son talent de « metteur en scène », d'auteur de charades et délicieux aquarelliste, est devenu l'indispensable du Palais-Royal, puis M. d'Osmont, un vieux célibataire original, distrait au-delà du possible, joueur effréné, mais si homme de cœur, qu'il ne survivra pas aux malheurs de la princesse pendant la Révolution[1]. Chaque jour il déjeune chez la duchesse d'Orléans, et le duc d'Orléans le

1. Cf. *Mémoires* de Mme de Boigne, t. I *passim*, et Dufort de Cheverny : *Mémoires*, t. II, pp. 41 et suivantes.

surnomme « le mari de ma femme ». Il y a encore M. de Mornay[1], un octogénaire, ancien page du Régent, qui a de la poésie dans l'âme et les mots les plus égrillards de la Régence sur les lèvres. Chaque jour il apporte des fleurs à la princesse. Enfin, il y a le spirituel vicomte de Ségur que nous retrouverons plus tard.

... La duchesse d'Orléans a du goût pour le théâtre. Serait-elle de son temps si elle ne l'aimait pas ! Elle protège Joseph Chénier, pour lequel on ne partage pas son engouement. C'est ainsi que, le 3 novembre 1786, la Cour, sur ses instances, fait jouer à Fontainebleau la tragédie d'*Azémire*, qui tombe de la manière la plus scandaleuse, au milieu des rires immodérés et des coups de sifflets[2]. Plus tard[3], elle imposera chez le vicomte de Ségur une lecture à haute voix de *Charles IX*, par Chénier lui-même. Assistance nombreuse, mais résultat médiocre. « Personne n'a été ému, beaucoup ont bâillé et tous se sont écriés que c'était admirable », nous dit M. de Luchet[4] ».

La princesse ne se fait pas faute d'encourager l'essor des théâtres qui se sont groupés autour des jardins du Palais-Royal, de ceux principalement qui sont de nature à distraire ses enfants. Il y a là tout un pimpant décor, et l'animation règne joyeuse autour des « petits théâtres » : les Variétés

1. Le comte de Mornay était gouverneur de Saint-Cloud.
2. E. Bourges : *Recherches sur Fontainebleau*, 1896. In-4°. p. 334.
3. Le 13 janvier 1789.
4. Les Goncourt : *La société française pendant la Révolution*, p. 45.

amusantes, le spectacle des vrais *fantoccini* italiens, le théâtre des ombres chinoises, celui des Pygmées français [1], et surtout le spectacle des petits comédiens du comte de Beaujolais [2], où la princesse accompagne volontiers ses fils quand on les lui confie par hasard. Assurément, le décor tout doré de cette dernière salle de comédie, le plafond qui représente le Ciel, où des groupes d'enfants forment des guirlandes, le spectacle joué par des enfants substitués [3] aux marionnettes de trois pieds et demi de haut, le choix des pièces [4], tout cela a quelque chose de naïf et d'honnête, qui séduit la princesse.

Au plaisir du théâtre se mêle celui des réceptions. La duchesse d'Orléans ne manque guère les grands soupers du Palais-Royal, qui ont lieu les soirs de représentation d'Opéra. Ces jours-là, la porte du Palais est ouverte à toutes les personnes qui ont été présentées et dont le bon plaisir est de venir dîner chez les Princes sans autre forme d'invitation... Voilà bien les grandes traditions de la courtoisie française. Elles sont à leur apogée et viendront bientôt à leur déclin, quand la Révolution aura fermé les grilles des grands seigneurs devant la marée montante de la démocratie, et quand les nécessités de la vie auront développé

1. THIERRY : *Guide des amateurs et des étrangers voyageant à Paris*, 1786.

2. Situé dans le Théâtre du Palais-Royal actuel.

3. Le 3 octobre 1784.

4. Le *Faux Serment*, opéra-bouffe, *Rosine et Lubin*, mélodrame en 1 acte, *Lucas et Babet*, opéra-bouffe, etc. (*Journal de Paris*, 15 novembre 1787).

cette qualité si peu dans le génie de notre race qu'on appelle l'Épargne.

En dehors de ces réceptions, il y a chaque jour au Palais-Royal ce qu'on nomme les petits soupers. Il existe pour eux une liste d'invités « une fois pour toutes ». Ce sont des familiers qui viennent dîner quand ils le veulent. Ces soupers réunissent de dix à vingt convives. La duchesse d'Orléans les aime, car à leur suite on ne se livre point au jeu effréné qui règne souvent au Palais-Royal et auquel elle participe rarement, car elle se retire à minuit. Dans l'intimité qui suit les petits soupers, l'étiquette se relâche, et déjà on sent poindre le goût de la vie intime qui caractérisera les d'Orléans sous la Monarchie de Juillet, alors qu'on surnommera Marie-Amélie, belle-fille de notre héroïne, la reine à la Lampe. Assises autour d'une table, les femmes parfilent, ou se livrent à des ouvrages de frivolité, tandis que, derrière elles, quelques hommes soutiennent la conversation.

Trois fois par semaine, ce sont aussi les dîners de chimie, à la suite desquels M. de Bomard [1] vient faire un cours d'histoire naturelle, dont les auditeurs au reste sont assez rares. La princesse préfère travailler en compagnie du duc d'Orléans. Elle s'intéresse à son cabinet de médailles et de pierres gravées, gardé par le bon abbé de La Chaux, et à son cabinet d'histoire naturelle, « conservé » par le docteur Guettard.

Cependant, à mesure que grossiront les nuages

1. Le célèbre naturaliste.

qui se sont élevés pour dissiper le ménage, à mesure que l'influence de Mme de Genlis croîtra, le duc d'Orléans vivra de moins en moins avec sa femme, et les séances dans le cabinet d'histoire naturelle se feront plus rares. Écoutons, sur ce point, le témoignage d'un « gentilhomme-graveur », ce comte de Paroy [1], qui souvent s'est livré au Palais-Royal à des recherches d'art, et à des travaux de chimie : « J'allais souvent, dit-il, au Palais-Royal, faire ma cour à Mme la duchesse d'Orléans. Mme la princesse de Berghes, née Castellane, ma cousine germaine, avait été élevée avec la princesse, et était restée son amie; elle m'engageait souvent à l'y accompagner. La société de Mme la duchesse d'Orléans était composée, en grande partie, des dames de sa maison, qui étaient jeunes et cherchaient à lui plaire. Celles de Mme la princesse de Lamballe y venaient aussi. Mme la duchesse d'Orléans, d'un caractère admirable de bonté et de douceur, était adorée dans son intérieur. Elle recevait avec tant d'affabilité, qu'elle paraissait reconnaissante de ce qu'on vînt la voir. On ne voyait le prince chez elle que les jours de grande réception [2]. »

Mise en goût par Mme de Genlis, la princesse est maintenant avide de s'instruire. Elle lit, et elle parle assez couramment l'anglais, et — c'est Delille [3]

1. Gabriel Le Gentil, comte de Paroy, ami de Mme de Buffon, avec laquelle sa femme avait été élevée à l'Abbaye-au-Bois, était très intimement renseigné sur l'intérieur du Palais-Royal.

2. Paroy : *Op. cit.*, p. 272.

3. Delille : *Op. cit.*, p. 18.

qui parle — quand elle a terminé le dur labeur mondain que représente la journée d'une princesse du sang, elle aime à demeurer dans son intérieur, où elle s'occupe le plus souvent de lectures sérieuses et morales, dont elle sait toujours profiter. Sans doute, fait-elle parfois des apparitions dans la bibliothèque, où sont rangés 13.000 volumes[1]; car dans ce véritable domaine de l'art qu'est le palais des d'Orléans, la littérature et la science n'ont pas été oubliées[2]. Elle achète volontiers des livres édifiants[3], et, au sujet des lectures pieuses, qui lui sont familières, Mme de Genlis nous a laissé une anecdote typique[4] :

Un soir de « petit souper », hommes et femmes devisent dans l'intimité discrète, et se félicitent du goût de la lecture, qui devient à la mode pour les dames de condition. M. de Schomberg fait là-dessus grands compliments, et il demande à chaque femme quel livre recèlent les bas-fonds de leur sac à parfiler. Chacune s'exécute de bonne grâce, et tend à l'interrogateur le volume dont il

1. Thiery : *Op. cit.*, p. 72.

2. La duchesse d'Orléans a pour libraires attitrés, en 1788, « *H*ardouin et Gattey, au Palais-Royal, sous les arcades à gauche ». Elle visite un jour la grande imprimerie Didot, dont « Didot l'aîné » lui fait les honneurs. Elle est avec le comte d'Oëls, auquel on adresse ces vers :

> Ici Mars à son tour
> Semble conduire Astrée.

3. *Nouvelles à la main de la Maison de Penthièvre.* Manuscrits de la Chambre des Députés, fol. 195.

4. Mme de Genlis : *Souvenirs de Félicie. Mémoires*, t. IX, p. 84.

est question. Seule, la princesse « rougit prodigieusement, et met les deux mains sur son sac au lieu de l'ouvrir. La stupeur est générale. » Comment soupçonner une personne si pure et si pieuse de lire un livre licencieux? Cependant, pourquoi cette vive rougeur et cet embarras ?

— Madame n'a point de livre ? interroge quelqu'un.

— Pardonnez-moi, mais je ne veux pas le montrer !

Nouvelle surprise. Silence général. Puis la marquise de P.[1] se met à rire et s'écrie :

— Eh bien ! Madame, nous croirons que vous lisez des sottises.

— A la bonne heure, répond la princesse en s'efforçant de sourire, mais on me fera plaisir en parlant d'autre chose.

... Peu à peu, les visiteurs se sont dispersés, emportant la conviction que le mystérieux volume est un ouvrage très libre. La princesse — c'est au temps de leur grande intimité — est demeurée en tête-à-tête avec Mme de Genlis, qui l'interroge. « Je ne lui ai point dissimulé mon étonnement et ma curiosité, écrit celle-ci, et après m'avoir fait promettre un secret inviolable :

— Je vais, dit-elle, vous avouer la vérité... Vous savez peut-être que tous les chevaliers de l'Ordre font serment, à leur réception, de lire tous les jours l'office du Saint-Esprit.

1. Mme de Genlis ne nous donne que l'initiale du nom. Il s'agit très certainement de la marquise de Polignac.

— Eh bien ?

— Eh bien !... *Il ne le dit pas,* et pour expier cette faute, j'ai fait le vœu de le dire régulièrement.

— Et depuis quand ?

— Depuis que je suis mariée.

— Et ce livre est l'office du Saint-Esprit ?

— Oui, tenez, regardez.

« J'ai pris le livre, je l'ai ouvert avec tout le saisissement de la plus profonde admiration, et mes larmes sont tombées sur la page où j'ai lu : *Office du Saint-Esprit.* »

L'admiration avec laquelle Mme de Genlis parle de sa pauvre rivale est-elle feinte ? Y a-t-il là oubli plus ou moins volontaire de leur situation respective ? Inconscience ?... On ne sait que répondre, tant le cœur humain en général, et celui de Mme de Genlis en particulier, comme on l'a dit, sont insondables. N'a-t-elle pas écrit elle-même « qu'elle trouvait la princesse charmante de figure, et de caractère, car on n'a jamais vu de jeune princesse plus naturellement obligeante, et d'une bonté plus parfaite » ?

Ce n'était pas là la moindre des actions édifiantes de la princesse[1]. Sans insister sur celles-ci, et

1. J'ai parlé plus haut de la piété de la princesse en ajoutant qu'elle était toutefois moins robuste que celle de son père. Il apparaît, par une curieuse lettre au comte de Brienne, qu'elle subissait parfois l'influence du milieu et qu'elle cherchait à éclairer sa religion : « Quelle est donc, écrit-elle, l'Eglise qui juge si elle-même doit être jugée ? Sera-ce les prêtres qui doivent juger les laïques ou les êtres purs qui doivent juger les impurs ? L'Eglise universelle n'est donc pas l'Eglise puisque le pape, les évêques et les prêtres seuls la composent.

les conter en ces phrases attifées ou onctueuses, si chères jadis aux biographes des princes, on ne saurait les passer toutes sous silence. Si à la campagne sa joie est de visiter les pauvres, une ancienne étiquette lui interdit, à Paris, d'aller elle-même soulager la misère, mais elle a ses « rabatteurs », qui lui découvrent et lui amènent des malheureux. Quand la chasse est fructueuse, elle a de jolis mots. Un jour, on lui présente deux enfants sans ressources, dont la mère vient de mourir en couches : « Ah ! s'écrie-t-elle, comme je suis heureuse qu'on m'ait trouvé cela ! » Une autre fois, en rentrant dans sa chambre, elle voit trois poupons « tout roses et tout frais », que l'intermédiaire de ses aumônes a déposés sur un canapé. Ce sont trois jumeaux, que la mère indigente ne saurait nourrir : « Cette fois, dit la princesse, c'est un trésor que l'on m'apporte ! »

... N'insistons point... On n'aime plus, Dieu merci, la littérature historique à l'eau de rose...

. . . .

En 1786, le duc de Valois est présenté à la Cour. C'est une grande affaire pour la duchesse d'Orléans et pour son père, le duc de Penthièvre, dont le grand souci est de conserver de bons rapports avec la famille royale. L'accueil, au reste, fut assez froid. On fit sentir à l'élève de Mme de Genlis la médiocre sympathie qu'inspirait son père, et, par son premier contact avec Versailles, le futur Louis-

Pourquoi la nomme-t-on la Sainte Eglise, puisque les membres en sont souvent gangrenés ? » *Lettre inédite. Catalogue Lucas de Montigny* 1860. N° 2274.

Philippe sentit, dès son entrée dans la vie, qu'il était mal en Cour.

Suivant l'usage, il fallut, la veille de la présentation — le 25 novembre 1785, — que le duc d'Orléans fit demander par un de ses gentilshommes à tous les gentilshommes de la chambre et à toutes les dames d'atours de la famille royale quelle serait l'heure de la cérémonie du lendemain[1].

Aucun prince ne fut invité par le duc d'Orléans à la présentation, qui eut lieu dans le cabinet du Roi, après le « Prier Dieu ». Le duc présenta son fils qu'avait amené le chevalier de Durfort, premier gentilhomme. Le duc de Penthièvre se tenait sur « les derrières ». La duchesse d'Orléans, suivant sans doute son habituelle tactique et désireuse de conciliation, était présente, contrairement à ses habitudes, car elle se dispensait toujours des cérémonies. Le roi Louis XVI fit simplement la révérence et le présenté ne lui prit pas la main. Le duc de Valois fut ensuite conduit chez la reine, le Dauphin, le comte et la comtesse d'Artois, Madame Élisabeth. Il fut salué et point embrassé. Seuls, le comte et la comtesse de Provence, qui étaient loin d'épouser les antipathies de la reine Marie-Antoinette et manquaient rarement l'occasion d'afficher des opinions contraires, se montrèrent aimables et donnèrent l'accolade aux jeunes princes. Le comte de Provence s'assit même un moment dans un fauteuil et fit avancer des pliants pour le duc de Penthièvre et le duc d'Orléans.

1. *Archives nationales*. K. 577.

Telle fut la cérémonie dont toute apparence de cordialité fut exclue. Dès le lendemain, le duc de Penthièvre suivant, ses minutieuses habitudes, en notait les multiples détails, non sans quelque mélancolie, peut-être[1]. Car, lui qui avait été l'ami de Louis XV, lui qui, dans le respect de la Monarchie absolue, avait sacrifié Rambouillet à Louis XVI. il souffrait au plus profond de son être de voir l'abîme qui se creusait chaque jour entre « France » et « Orléans », et sa mentalité de grand seigneur Ancien Régime ne pouvait rien concevoir à la manière dont on élevait les enfants de sa fille : « Il n'en parlait jamais qu'à son confesseur, mais, lorsqu'il voyait ses petits-fils, il leur prêchait sans cesse le respect de leur nom et de leur race, l'exemple de leurs ancêtres et leurs devoirs de princes du sang[2]. »

Une heureuse diversion vint bientôt arracher la duchesse d'Orléans à ses soucis maternels. Mme de La Woestine étant morte au mois de décembre 1786, au grand chagrin de la princesse, sa mère, Mme de Genlis tomba malade[3] et elle éprouva, l'année suivante, le besoin d'aller prendre la cure de Spa. Mais, en cette époque déjà troublée, elle exerçait sur le duc d'Orléans une certaine influence

1. *Archives nationales. Ibid.*

2. Baronne d'Oberkirch : *Mémoires*, t. II, p. 120. Mme d'Oberkirch ajoute : « Mme de Genlis, dit-on, détruit tout cela et ne les élève pas en princes. » Ajoutons qu'elle aussi, Mme d'Oberkirch, amie de la duchesse d'Orléans et de la duchesse de Bourbon, ne pouvait comprendre ce qu'il y avait de bon sur certains points, dans le système d'éducation de Mme de Genlis.

3. Cf. Arnaud : *Madame Adélaïde*, et J. Harmand : *Op. cit.*

politique et elle jugea bon de ne le point quitter pendant plusieurs semaines. Elle le décida à l'accompagner à Spa avec la duchesse d'Orléans et les jeunes princes.

Pour la princesse, ce fut une heure d'épanouissement. Tout près d'elle, elle allait sentir ses enfants et dans la libre vie de vacances, on lui permettrait enfin d'être un peu mère. Mme de Genlis le reconnaît elle-même : « Quelle a dû être la joie de la princesse, écrit-elle, de se trouver réunie à ses enfants dans la liberté du voyage et de la campagne ! Elle avait souffert sans le dire, de se voir enlever toute influence sur eux : Jamais elle n'avait été admise d'une manière permanente à Saint-Leu, ce qui, cependant, eût été bien naturel, mais ce qui peut-être eût légèrement entravé les jeux et les études. »

Le voyage de Spa fut très brillant. C'était alors la ville d'eau à la mode. On y venait de toute l'Europe, et les princes s'y coudoyaient dans une promiscuité très digne de nos temps modernes avec les aventuriers de toute sorte. Avec sa verve habituelle, le prince de Ligne nous a laissé de Spa une description très pittoresque : « J'arrive, écrit-il, dans une grande salle où je vois des manchots faire les beaux bras, des boiteux faire la belle jambe ; des noms, des titres et des visages ridicules, des animaux amphibies de l'Église et du monde sauter ou courir une course anglaise, des milords hypocondres se promenant tristement, des filles de Paris entrant avec grands éclats de rire pour qu'on les croie aimables et à leur aise, et espérant par là le devenir, des jeunes gens de tous les pays se croyant et faisant les Anglais, parlant les dents serrées et mis en palefreniers, cheveux noirs et crasseux, et des barbes de juifs qui enferment de sales oreilles.

« ... Deux ou trois électeurs habillés en chasseurs, petits galons d'or et couteau de chasse ; quelques princes incognito qui ne feraient pas plus d'effet sous leurs vrais noms ; quelques vieux généraux et officiers retirés pour des blessures qu'ils n'ont jamais eues ; quelques princesses russes avec leurs médecins, des palatines ou castillanes avec leurs jeunes aumôniers.

« Les Américains, les bourgmestres de toutes les prisons de l'Europe, les charlatans de tous les genres, les aventuriers de toutes les espèces, les abbés de tous les pays ; vingt malades qui dansent comme des perdus pour leur santé ; quarante amants (ou qui font semblant de l'être), suant et s'agitant, et soixante valseuses avec plus ou moins de beauté et d'innocence, d'adresse et de coquetterie, de modestie et de volupté. Cela s'appelle un déjeuner dansant [1]. »

A Spa, les malades prennent les eaux de la Sauvinière, se promènent, potinent et soupent au Vauxhall, car la vie mondaine des gens qui croient se soigner dans les stations thermales n'a pas sensiblement changé depuis cent trente ans. La duchesse d'Orléans est très entourée par le duc de Liancourt, l'abbé Delille, le comte Romanoff, la

1. Cf. G. Maugras : *Mme de Custine, passim.*

comtesse Potocka, la malheureuse princesse de Monaço, née Choiseul-Stainville, dont on connaît la fin tragique pendant la Révolution. D'agréables plaisanteries égayent la princesse et son entourage. Le duc de Liancourt compose dans les règles les plus classiques, une romance insipide pour la fête de la duchesse d'Orléans, il signe « Delille » et il la fait insérer dans une contrefaçon à six exemplaires de la *Gazette de Leyde*. Désespoir de l'abbé, qui s'imagine que toute l'Europe se gaussera de lui.

La princesse ayant été malade et les eaux de la Sauvinière lui ayant fait du bien, Mme de Genlis, qui multiplie ses efforts pour lui être agréable, organise une superbe fête avec ses enfants. Elle l'a trop minutieusement décrite elle-même pour qu'il soit utile d'y revenir longuement, et quelques mots suffiront ici pour évoquer l'image d'une de ces fêtes de la fin de l'Ancien Régime, attendrissantes, c'est entendu, mais dont le « symbolisme », si totalement dénué de naturel, déroute un peu nos modernes esprits. Avec une rare diligence, les princes, auxquels le « gouverneur » a donné l'excellente habitude des travaux manuels et du lever matinal, défrichent les « lieux sauvages » qui entourent la source et transforment un « affreux bois » en une « promenade délicieuse ». Puis, Mme de Genlis fait élever un autel de marbre blanc... Enfin, le grand jour arrive. On place « artistement » dans les allées les plus jolies femmes de Spa, vêtues de blanc, la duchesse d'Orléans arrive en voiture, ignorant ce qu'on lui veut. Elle trouve ses enfants « tenant des râteaux, pour marquer qu'ils avaient achevé eux-mêmes cette promenade ». Et, tandis que la musique du Vauxhall joue éperdument, elle se rend à l'autel où ses enfants immobiles ont déposé des fleurs tandis que M. le duc de Chartres[1] assis « tient un style et paraît écrire sur l'autel le mot Reconnaissance ». Enfin, sur un signal donné, tous se jettent dans les bras de leur mère, et — successivement — « tout ce qui est là fond en larmes ».

Sur le désir du duc d'Orléans, le voyage à Spa fut suivi d'une visite à M. de Valence [2], qui commandait à Givet, et d'un séjour d'une quinzaine à Sillery, chez M. et Mme de Genlis. M. de Genlis — ou plutôt M. de Sillery, comme on l'appelait alors — avait « du monde ». Il donna force divertissements et il se montra galant envers la princesse et Mme de Genlis, et aimable vis-à-vis du duc d'Orléans, son maître.

A Sillery, sous l'œil bienveillant de la duchesse, se dénoua un petit roman dont l'issue devait lui procurer une amitié sûre et fidèle.

Le duc d'Orléans avait amené avec lui à Spa un de ces gentilshommes éclairés et instruits dont le caractère est fait pour démentir l'accusation de futilité souvent prêté par un système de généralisation trop facile à tous les courtisans de l'Ancien Régime : le chevalier de Chastellux, bien connu en son temps par la place qu'il occupa dans la société et à l'Académie françaises.

1. Le duc de Valois avait pris le titre de duc de Chartres à la mort du duc d'Orléans.

2. Gendre de Mme de Genlis.

Dans son ouvrage *la Félicité publique*, il avait prédit la Révolution dix-sept ans avant qu'elle éclatât. Par ses écrits et par ses armes, il avait servi la cause américaine, et le premier il osera, en 1788, parler en faveur de la liberté des noirs [1].

D'autre part, on avait, dans la même ville, présenté à la duchesse d'Orléans une étrangère nommée Miss Brigitte Plunkett [2].

Miss Plunkett n'était point heureuse.

L'impératrice Marie-Thérèse avait comblé jadis sa famille de bienfaits et elle l'avait placée auprès de la petite archiduchesse Marie-Thérèse, fille du futur empereur Joseph II. Mais la princesse était morte à l'âge de huit ans. Brigitte Plunkett avait perdu père et mère, et elle était demeurée sans fortune et sans appui, vivant en parente pauvre au gré de ses cousins, tantôt chez l'un, tantôt chez l'autre. Il paraît bien qu'elle prenait alors les eaux de Spa en compagnie d'un allié ou d'un parent, fils d'un procureur général de Dublin nommé le comte de Riz qui, très joueur et très bretteur, n'offrait pas la respectabilité nécessaire pour ce rôle de Mentor [3]. Comme Miss Plunkett, à peine âgée de dix-huit ans, était douce, liante, extrêmement jolie, très intelligente et « un peu avisée », elle n'était pas à l'abri de la malveillance et de la calomnie. Il n'en

1. *Archives nationales*. Dossier Chastellux. F 7. 4.643.

2. Marie-Brigitte-Charlotte Plunkett, née à Louvain le 8 septembre 1757, morte à Paris le 18 décembre 1815. Fille de Thomas, baron Plunkett, d'origine irlandaise, feld-maréchal au service de l'Autriche, chevalier de l'ordre militaire de Marie-Thérèse et de Marie d'Alton.

3. *Archives nationales*. F 7. Dossier Chastellux.

fallait pas tant pour lui conquérir le cœur de la duchesse d'Orléans, cette impulsive si propre à éprouver ce que l'on pourrait appeler le « coup de foudre » de l'affection. La princesse la vit quotidiennement, l'emmena dans ses promenades et l'admit à ses réceptions du soir. C'est alors que M. de Chastellux la vit et s'occupa beaucoup d'elle, jusqu'au jour où il lui déclara sa flamme et lui demanda sa main. Celle-ci refusa [1], dit-on, se retranchant derrière des motifs très justes et basés sur la disproportion des fortunes et des alliances [2]. Était-ce coquetterie ? Mme d'Oberkirch l'affirme et elle nous dit que, pour plaire à « l'excessif amour-propre » du soupirant, Miss Plunkett s'était arrangée de « façon à être surprise par lui absorbée dans la lecture » de son livre sur l'Amérique et que cette « louange muette » avait décidé M. de Chastellux à faire sa demande.

Quoi qu'il en soit, M. de Chastellux partit pour Sillery désespéré et bientôt il s'y rencontra avec Miss Plunkett, que la princesse amenait avec elle. Sur les instances de MM. de Liancourt et de Laval, la jeune fille consentit à ne pas être inexorable, et le mariage fut décidé. Il fut célébré à Liège le 13 octobre. On rit un peu de l'aventure et on prétendit — c'est Mme d'Oberkirch qui parle encore — que la jeune mariée possédait un exemplaire relié du livre de son mari qui ne la quittait jamais et que « les deux époux en faisaient la lec-

1. Communication de M. le comte de Chastellux.
2. Baronne d'Oberkirch : *Op. cit.*, p. 290.

ture en commun, la recommençant toujours quand elle était finie ».

Peu de jours après son mariage, Mme de Chastellux revint à Sillery. On lui proposa de faire des démarches pour qu'elle soit nommée dame auprès de Madame Victoire.

— Je préférerais, répondit-elle, être placée auprès de Mme la duchesse d'Orléans. Là, au moins, je serais sûre d'être traitée en amie.

Sur ces paroles, M. de Chastellux demanda la place vacante de Mme de La Woestine à la princesse, qui répondit :

— Mon chevalier, vous m'auriez fait bien de la peine si vous ne me l'aviez pas demandé [1].

La duchesse fut si contente de son œuvre qu'au retour de Sillery elle attendit au Bourget, avec Mme de Genlis, le jeune ménage, dont elle avait devancé le retour. Elle le fit monter dans sa voiture et le conduisit elle-même aux appartements préparés pour lui aux écuries d'Orléans [2].

Dès lors, elle avait une amie qu'elle devait traiter presque sur le pied de l'égalité [3] et qui, pendant

1. Communication de M. le comte de Chastellux.

2. Communication de M. le comte de Chastellux, d'après les archives de sa maison. M. de Chastellux oppose à juste titre cette version à celle de Mme de Genlis, d'après laquelle Mme de Chastellux lui aurait dû sa place et l'aurait payée d'ingratitude en la desservant auprès de la duchesse d'Orléans. Au soir d'une sombre vie, Mme de Genlis, que la vieillesse ne gâtait point, écrivait ses *Mémoires* avec un peu d'amertume. Il est vraisemblable pourtant qu'elle usa de son influence auprès du duc d'Orléans pour le décider à ratifier le choix de la princesse. C'est, du moins, le bruit qui courait au moment de la Révolution.

3. Dans ses lettres à la princesse, Mme de Chastellux appelle toujours la princesse « mon amie ».

près de vingt-sept ans, à travers toutes les vicissitudes les plus diverses, ne devait plus la quitter qu'en de bien rares circonstances.

A peine la duchesse d'Orléans était-elle revenue à Paris, que sa fille Adélaïde fut baptisée et qu'on songea à son avenir. Le lendemain de son baptême Mlle d'Orléans vit le duc d'Angoulême et ils furent, dit-on, promis l'un à l'autre. Mme de Genlis assure que la maison de la princesse fut nommée, le mariage arrêté, et que seule la Révolution empêcha d'y donner suite. On avance même que la duchesse d'Orléans insista auprès de son père pour qu'il assurât à sa petite-fille l'hôtel de Toulouse et la terre de la Ferté.

Toutefois, il convient de faire des réserves avant que de nouvelles preuves soient versées au dossier de l'histoire. D'après une autre source, la duchesse d'Orléans aurait été seule à s'occuper de ce projet avec le comte d'Artois qui était bienveillant vis-à-vis du Palais-Royal, et le Roi ainsi que le duc d'Orléans n'auraient ni « bourse délié » ni pris le projet au sérieux. Telle est du moins la version que la duchesse d'Orléans elle-même donnera par la suite[1].

Cette année 1787, d'ailleurs, compte parmi celles qui apportent le plus de déceptions et de désillusions à la princesse.

A quel moment fut-elle édifiée sur la nature des rapports de son mari avec Mme de Genlis? Cela est bien difficile à préciser... Au moment de la

1. Par la voix de son chambellan, M. Rouzet de Folmon, dont il sera question dans la suite de ce volume.

Révolution, suivant M. de Moriolles? Je tends à croire que la lumière se fit beaucoup plus tôt et que, vers 1787, le voile se déchira, puis qu'il y eut ensuite des raccommodements et peut-être des illusions nouvelles :

Mme de Genlis nous dit elle-même que la princesse lui témoigna une grande affection pendant quinze ans. Cela nous donne 1786 ou 1787 comme date approximative du refroidissement de cette amitié. Or, en 1787, Mme d'Oberkirch, qui a connu la princesse « souriante », la retrouve les yeux souvent mouillés de pleurs. Et c'est en 1787 encore que cette même Mme d'Oberkirch rencontre dans le parc de Neuilly, « un couple amoureux qu'elle y dérange beaucoup[1] » :

« C'étaient M. le duc d'Orléans et Mme de Genlis. Ils étaient censés brouillés, *par respect pour Mme d'Orléans, qui l'avait obtenu à force de larmes* — écrit très formellement Mme d'Oberkirch — et ils furent bien contrariés de nous voir là. Son Altesse Sérénissime avait demandé le *huis clos* du jardin. M. de Saint-James le lui avait promis, mais le concierge comprit mal ; il nous laissait toujours entrer avec le laisser-passer de M. de Puységur et ne nous crut pas enclavés dans l'exclusion. Le prince nous salua assez platement, la dame prit un air superbe et releva la tête en nous regardant fixement comme une impératrice. Je la revis le soir je ne sais plus où, avec son éternelle harpe qu'elle traînait partout à sa suite ; elle ne sembla

1. Mme d'Oberkirch, t. II, p. 280.

pas me reconnaître et sa hauteur ne s'abaissa pas devant ce souvenir [1]. »

Quels étaient alors les rapports exacts du duc d'Orléans et de Mme de Genlis? Voilà encore une question qu'il est très particulièrement difficile de préciser. Nous n'avons point pour 1787 des lettres aussi révélatrices que celles de Forges; et d'ailleurs les amours sont rares qui se maintiennent à un tel diapason. Il paraît même prouvé qu'après plusieurs années d'une intimité très complète, Mme de Genlis, dans sa correspondance, n'appelait plus le duc d'Orléans mon « cher et charmant en tout ».

Il semble bien aussi que — malgré ce que nous dit Mme d'Oberkirch — le désespoir de la duchesse d'Orléans n'ait pas été sans porter son fruit.

Dès 1787, Mme de Genlis démasquée, cherche à régner sur l'esprit du duc d'Orléans... beaucoup plus que sur ses sens.

Mais ne nous y trompons point! Si la duchesse d'Orléans pensa alors reconquérir le cœur de son mari, sa joie fut courte... Mme de Genlis eut soin de faire adopter discrètement une remplaçante capable d'amuser le prince, mais non pas de le conduire. Et elle eut le tact de choisir une sotte.

Cette sotte était la fille d'une amie de la duchesse d'Orléans — bien entendu. Elle avait nom Marguerite-Françoise de Cépoy. Après la mort de son père, officier aux gardes, sa mère [2] s'était remariée à M. de Castéras, maréchal de camp, familier des

1 Mme d'Oberkirch : t. II, p. 281.

2. Elisabeth-Amaranthe-Jacques de Martainville.

maisons de Penthièvre et d'Orléans. Elle-même avait épousé[1], le 5 janvier 1784, Georges-Louis-Marie Leclerc de Buffon, fils du grand naturaliste, celui qu'on a si vite fait de juger en disant qu'il était le chapitre le plus pauvre de l'histoire naturelle de son père. Non, le jugement est trop sévère : M. de Buffon avait quelque esprit ; c'était un brave homme et il écrivait des drames bourgeois... C'était bien inutile. Il allait en vivre un :

Il adorait sa femme, mais comme il était « espiègle, vif et prompt » et qu'elle était « sensible[2] », une rapide incompatibilité d'humeur se déclara entre eux. C'est alors — en 1786 — que le duc d'Orléans alla voir plusieurs fois Mme de Buffon à Montbard, en Bourgogne, avec son ami le duc de Fitz-James, tous deux déguisés en postillons. Le 7 juillet 1786, il y eut même une grande fête à Montbard, dont M. de Buffon fit les honneurs avec une de ces belles candeurs qu'on rencontre souvent en pareil cas. L'année suivante, le duc d'Orléans retrouve Mme de Buffon à Dampierre, où elle goûte l'hospitalité proverbiale des Luynes, avec sa mère, Mme de Castéras. On remarque l'intimité du prince et de la jeune femme. Mme de Castéras et le vieux Buffon entrent en de justes alarmes... Mais il est trop tard. Les époux se querellent, se séparent à l'amiable, se réconcilient, louent un hôtel à Paris, jusqu'au jour où M. de Buffon fils, revenant d'un

1. Le couple entra en ménage avec 40.000 livres de rente. Cf. *Recueil de la Correspondance inédite de Buffon*. Hachette, 1866.

2. *Mémoires* d'Humbert BAZILE (secrétaire de Buffon).

service à l'armée, arrive impromptu, sonne chez lui, trouve tout le monde en émoi et... M. le duc d'Orléans dans son lit.

Le procédé lui déplut ; la séparation avec Mme de Buffon fut radicale et, le 14 janvier 1789, elle sera suivie d'un divorce [1]. Tous ces détails nous sont connus par Mme de Sabran, qui, le 15 juillet 1787, narre les faits à son fidèle amant, le chevalier de Boufflers. Elle a été faire une visite à M. de Buffon, le naturaliste, au jardin du Roi. Il était seul, il avait besoin de s'épancher. Il aimait tendrement sa belle-fille, « aimable et de très jolie figure, de manière qu'il est beaucoup plus affligé qu'elle ne le mérite ». « La petite femme, ajoute Mme de Sabran, a perdu la tête tout d'un coup et soit vanité ou amour, elle est devenue folle de M. le duc d'Orléans, au point de s'afficher publiquement [2]. »

En effet, à la fin de l'année 1787, nous voyons le duc d'Orléans la promener dans sa voiture, et on accuse Mme de Genlis, « son Égérie », d'avoir favorisé le scandale [3].

Qu'en dit la pauvre duchesse d'Orléans? Peu de choses assurément. Elle souffre et elle s'incline. Plus tard, elle écrira à son mari [4] : « Je vous avoue que, dans le principe de votre liaison avec elle, j'ai été au désespoir; accoutumée à vous voir des fan-

1. Le 2 septembre 1793, M. de Buffon se remarie avec la nièce de Daubenton.

2. Correspondance de Mme de Sabran et du chevalier de Boufflers (1778-1788). Plon, 1875.

3. J. Harmand : *Op. cit.*, p. 191.

4. Cf. plus loin.

taisies, j'ai été effrayée et profondément affectée lorsque je vous ai vu former un lien qui pouvait m'ôter votre affection, votre confiance. »

...« Accoutumée à vos fantaisies » !...

Seule une femme mariée et aimante peut concevoir, en lisant cette phrase, tout ce qu'elle renferme de résignation douloureuse. Mais il y a mieux. « Le désintéressement et l'attitude parfaite de Mme de Buffon » font revenir la duchesse d'Orléans « de ses craintes » et elle conçoit de la sympathie pour elle ! En un mot, elle accepte ce qu'on pourrait appeler le partage du mari, et cela sans doute parce que Mme de Buffon incarne un peu l'ordre dans le désordre.

Pour elle, le duc d'Orléans, dont le cœur est pris, oublie les plaisirs des sens plus vils, et dès qu'elle règne, les filles de joie disparaissent des jardins de Monceaux.

Pendant la Révolution, nous la verrons se dévouer corps et âme à son amant, elle sera traitée par les fils de la duchesse d'Orléans comme une mère, et plus tard Mme de Boigne, dont la moralité, il est vrai, n'ira jamais jusqu'au scrupule, écrira à son sujet ce joli paradoxe : « Elle était la preuve qu'il n'y a point de position à laquelle un noble caractère ne puisse donner de la dignité [1]. »

Et voilà quel est le sort dont Mme d'Orléans se doit dorénavant contenter.

Elle va maintenant — avec Mme de Buffon —

1. *Mémoires* de Mme de Boigne, t. I, p. 237.

supporter l'humeur de son mari, qui de nouveau retombe en disgrâce :

Pendant l'automne de l'année 1787[1], le Parlement s'insurgea contre le ministre Brienne et refusa de se prêter à la création d'impôts nouveaux. La conduite d'un d'Orléans était tracée. En raison même de ce système de balance qui entraînait la branche cadette vers la gauche lorsque l'ainée oscillait vers la droite, et qui bientôt allait faire peser trop lourdement un des plateaux, le duc d'Orléans devait nécessairement protester contre l'enregistrement des édits que Louis XVI, d'ailleurs, était le premier à déplorer. Mais l'indolence de Louis-Philippe-Joseph le rendait hésitant. Il apparaît bien qu'à cette époque il frondait volontiers, mais sans pour cela se porter aux actes extrêmes, et que le rôle de chef de parti répugnait à ses goûts de viveur indolent. Il fallut l'influence de Mme de Genlis et de son entourage pour le décider à prendre la défense du Parlement et du peuple, Ce fait nous apparaît évidemment discutable maintenant que la Révolution a passé et que nous pouvons déplorer les rébellions contre l'autorité suprême nées dans la famille du Roi lui-même. Il faut convenir toutefois qu'en un temps où l'on ne pouvait prévoir un avenir aussi sanglant, l'attitude du prince ne fut pas sans noblesse. Il en fut récompensé. Dès le lendemain, le peuple de Paris le portait en triomphe, et dès lors il allait

1. Un lit de justice fut tenu par le Roi le 19 novembre, pour faire enregistrer un emprunt de 440 millions.

conquérir à nouveau cette popularité qu'il avait perdue peu à peu depuis quelques années par ses erreurs multiples et ses attitudes regrettables.

Mais, le 20 novembre, il eut un réveil pénible : Le baron de Breteuil lui apporta des lettres royales ordonnant son exil. Le soir même, il couchait au Raincy, et le surlendemain il était à Villers-Cotterets, où la pauvre duchesse d'Orléans l'accompagnait avec un dévouement et une fidélité dignes d'un meilleur sort. Elle y connut apparemment des jours sans joies, car son mari n'était point de ceux qui savent supporter avec une sérénité maintenue les conséquences de leurs actes. L'historien Montjoie n'est qu'un pamphlétaire, mais nous possédons des textes qui corroborent ses dires, lorsqu'il nous affirme que cet exil exalta au plus haut degré les sentiments de courroux du prince : « Au premier instant de sa disgrâce, nous dit-il, son sang s'alluma, il tomba dans un véritable délire. Pendant plusieurs jours, il fut inabordable et sembla avoir perdu le jugement. Il brisait ses meubles et maltraitait ses gens, ce qui paraissait d'autant plus extraordinaire qu'il était naturellement bon avec ses serviteurs [1]. » Puis le calme vint peu à peu avec l'espérance d'une prochaine rentrée en grâce. Le prince, « plus amoureux de Mme de Buffon qu'on ne l'est à quinze ans », envoya le vicomte de Ségur,

1. Une note de Michel Chevalier, menuisier et frotteur au château de Villers-Cotterets, coïncide avec ce que dit Montjoie. Il expose que lui et ses compagnons sont « sur les dents, et nous n'arrivons plus, dit-il, à réparer les meubles que l'on brise au château ». Collection Tronchet-Michaux. *Bulletin de la Société historique du Valois, 1909. Article de M. E. Roch*, p. 309.

son premier gentilhomme, au baron de Besenval « pour lui peindre le désespoir où le réduisait son séjour à Villers-Cotterets, lui demandant de l'en tirer de quelque manière que ce fût et lui donnant carte blanche sur les moyens à employer [1] ». Il désirait en effet se rapprocher de Paris pour « gouverner ses affaires », qui étaient alors aussi nombreuses que compliquées, et pour vivre dans la même atmosphère que sa maîtresse.

Mme de Buffon vint-elle alors à Villers-Cotterets? Laurentie l'affirme, mais ses témoignages sont de très médiocre valeur. Il fallut pourtant que la duchesse d'Orléans fermât les yeux sur les écarts de son mari, car, tout au moins, voyons-nous la maîtresse nouvelle avoir des entrevues fréquentes avec le prince à Nanteuil-le-Haudoin [2].

Enfin, le duc d'Orléans, sur les conseils de ses entours, écrivit au Roi plusieurs lettres dans lesquelles il ne péchait point par excès de dignité et il attendit les événements avec philosophie. « Il ne négligea même à Villers-Cotterets aucun des moyens qui pouvaient lui gagner la bienveillance des habitants du bourg ou des environs : il entrait sans façon dans les plus humbles demeures, causait familièrement avec l'homme, la femme ou les enfants, donnait des dots aux filles, et savait répandre à propos ses libéralités... faisait exécuter plusieurs embellissements et établissements utilitaires [3] », et il s'attachait aux Corréziens, dont il aimait les

1. *Mémoires* dits de Besenval.
2. TALLEYRAND : *Mémoires,* t. I, p. 200.
3. E. ROCH : *Bulletin* cité plus haut, pp. 311-313.

« manières aimables, très enjouées et toutes franches[1] ».

Il va sans dire que, sur ce domaine de la bienfaisance, il se rencontrait — plus qu'ailleurs — avec la duchesse d'Orléans.

Au reste, dans les premiers jours du séjour à Villers-Cotterets, celle-ci n'était point seule pour goûter le charme de ces « promenades de charité », qui lui plaisaient si fort. A peine le duc d'Orléans avait-il été exilé, qu'on avait vu accourir auprès du ménage princier la princesse de Lamballe[2]. La surintendante de la Reine ne craignit point de « s'afficher » chez ses parents en disgrâce, et cette preuve de dévouement sans calcul est bien dans son caractère.

La grande affection que lui inspirait sa belle-sœur fut-elle la cause unique de son déplacement? Il est probable. On a bien insinué qu'elle avait subi le charme très spécial et quelque peu dangereux du duc d'Orléans. Mais là où les documents ne parlent pas avec une précision rigoureuse, l'historien doit à peine signaler pour mémoire les rumeurs d'antichambre qui pourraient effleurer sans preuves, la mémoire d'une princesse comme Mme de Lamballe[3].

1. *Mémoires d'un familier de la maison d'Orléans*. Londres, 1798, s. n. (Lettre du duc d'Orléans à M. Le Vassor de Latouche).

2. Cf. BACHAUMONT, 1er décembre 1787.

3. Ce sont dans les mémoires scandaleux du temps et surtout dans l'abondante littérature pamphlétaire contre le duc d'Orléans, répandue en France après la Révolution, qu'on trouve des traits perfides contre l'infortunée Mme de Lamballe et men-

Les visites de charité n'étaient pas les seuls plaisirs des deux belles-sœurs. Elles vivaient librement à Villers-Cotterets, heureuses de secouer le joug de l'étiquette, et volontiers elles se divertissaient dans le parc, avec Mlle d'Orléans et ses frères. La tradition nous a laissé de jolies anecdotes sur ce séjour des princesses aux champs.

Un jour, Mme de Lamballe, la duchesse d'Orléans et ses enfants « folâtrent » dans les bois en « jouant au cerf ». Pour éviter d'être prise par son neveu Beaujolais, le plus ardent et le plus gai des jeunes princes, Mme de Lamballe court, tombe... et elle affirme qu'elle ne s'est fait aucun mal. Quelque temps plus tard, un abcès se déclarait à la tête, et le médecin disait que, si en vingt-quatre heures on ne dissipait pas le dépôt, « il faudrait le lendemain pratiquer l'opération du trépan ». Les remèdes suffirent, et cette fois la tête de la princesse fut sauvée[1].

Cependant, Mme de Lamballe n'était pas seule à venir visiter le ménage en exil. Plusieurs princes du sang s'y rendirent également, heureux de se donner une attitude de frondeurs à la mode et de saluer « l'admirateur de la Constitution anglaise ». Le duc de Penthièvre vint aussi voir sa fille, mais

tion de « *la criminelle faiblesse qu'elle aurait eue à Villers-Cotterets* ». Un seul historien sérieux, Talleyrand — mais encore jugeait-il les femmes en libertin, semble croire à cet amour. — On a assuré d'autre part (Mme de Tourzel entr'autres) que Mme de Lamballe avait résisté à son beau-frère et qu'il aurait ordonné sa mise à mort. Tous ces bruits s'anéantissent, sans doute, par leurs contradictions mêmes.

1. Vouziers : *Mme de Lamballe*, pp. 29 et 55.

il prisait peu cette cabale, et dans une lettre moqueuse à dom Courdemanche, il est assez perspicace pour blâmer ses parents « préoccupés d'abaisser l'autorité royale [1] ».

Les jours s'écoulaient... Le duc d'Orléans multipliait ses démarches pour obtenir au moins un rapprochement de Paris. C'était en vain. M. de Besenval avait échoué dans sa tentative. Mme de Montesson, prenait les intérêts de son beau-fils, ce qui n'était pas dans ses habitudes, ne réussissait pas davantage dans ses démarches.

Le Roi, pour une fois, faisait preuve d'une fermeté peu commune. Il fallut que Mme de Lamballe intercédât et fît valoir — sans doute auprès de la Reine qui tenait plus que personne rigueur au prince — « l'insalubrité du climat », dont l'humidité en hiver était aussi néfaste à la duchesse qu'au duc d'Orléans. C'est, dit-on, par pitié pour « la fille du duc de Penthièvre » que le Roi céda enfin et qu'il permit au duc d'Orléans, le 28 mars 1788, de revenir au Raincy, « à condition de ne pas approcher de Paris de moins de deux lieues et de ne recevoir que les gens auxquels on avait permis d'aller à Villers-Cotterets ».

Cette décision ne fut point pour déplaire à la duchesse d'Orléans. Situé à onze kilomètres de Paris, entre la forêt de Bondy et la route de Meaux, le Raincy, nous dit son familier, le marquis de Paroy,

1. Cf. *Le duc de Penthièvre. Mémoires de Dom Courdemanche*, par Allaire, p. 118. *Correspondance de Mirabeau avec le comte de La Marck*, t. I, p. 171. D'Hézecques : *Souvenirs d'un page*, 1895, pp. 78-83.

était une de ses résidences de choix, et chaque année, elle y passait quelques semaines de repos. Le site, il faut le dire, était véritablement enchanteur. La majesté sévère d'un admirable parc dessiné par Lenôtre[1] et des jardins en terrasses où les statues de marbre reflétaient leurs grâces dans le miroir des eaux dormantes, avait été quelque peu rompue par la fantaisie du feu duc d'Orléans, qui. « sensible à la nature », avait introduit au Raincy les réformes à la mode. Suivant l'usage qui nous venait d'outre-mer, le paysagiste Pothier avait dessiné çà et là des allées sinueuses, dont les méandres ajoutaient encore au mystère des grands bois. Dans les vertes prairies coulaient — limpides — les eaux d'une rivière artificielle dite la « rivière anglaise ». Il y avait aussi une « ferme anglaise » qui servit de modèle à celle de Trianon. Et il y avait encore une « laiterie anglaise » à côté de laquelle s'élevait une « orangerie anglaise », dans laquelle le duc d'Orléans devait, en 1789, planter un arbre de la liberté. Ce n'est pas tout. Afin que le charme du Raincy fût véritablement « rustique », on voyait « un village de trois ou quatre maisons » auprès d'un étang artificiel — mais ce village était « russe » — et un ermitage où les jours de réception « un domestique habillé en ermite disait bonne aventure ». Enfin l'ordonnance des bâtiments d'habitation — un grand château flanqué de deux ailes

1. Le Raincy avait été acheté par le duc d'Orléans — père — du marquis de Livry pour la somme d'un million. Il avait été construit en 1650, pour Bordier, chancelier de la Reine et secré taire d'État.

— n'était pas moins agréable et comportait certains raffinements. De sa chambre à coucher, dont le plafond était décoré d'une Vénus sur son char, entourée de grâces et de colombes, la princesse pouvait, au moyen d'une glace sans tain, pénétrer du regard dans le cabinet rustique et, de son lit, entendre les musiciens qui y donnaient des concerts [1].

Elle recevait de fréquentes visites dans son salon octogone orné de « panneaux camaïeu », au milieu duquel un bassin « oriental » à jets d'eau « était du plus bel effet », et vraiment, les « journées du Raincy » plaisaient à tous, car, nous dit M. de Paroy, « on y jouissait de la plus grande liberté et on trouvait tout réuni pour varier ses plaisirs : jeux de toutes espèces, voitures, chevaux, chasse, pêche, promenade sur l'eau, et la princesse ne paraissait jamais si contente que quand elle savait que chacun s'était bien diverti » [2].

A l'accoutumée, la duchesse d'Orléans séjournait seule au Raincy. « Je n'ai jamais rencontré le duc d'Orléans », nous dit encore M. de Paroy, en nous parlant d'une époque antérieure.

Mais cette fois, les circonstances contraignirent le prince à demeurer dans un lieu dont il goûtait médiocrement le charme campagnard. Mme de Lamballe y vint aussi, et là, comme à Villers-Cotterets, les deux princesses continuèrent leurs occupations bienfaisantes.

1. *Archives particulières.*
2. Paroy : *Op. cit.*, pp. 272-274.

Bien qu'elle soit parfois un peu apprêtée et plus sentimentale que bien comprise, la charité est alors à la mode. Un grand mouvement d'humanité signale l'époque, et Louis XVI donne l'exemple en favorisant les œuvres philanthropiques. Cela est bien conforme aux goûts de la duchesse d'Orléans. Dans les pauvres villages qui sont en bordure de la forêt de Bondy, elle trouve souvent l'occasion de continuer ses « promenades de charité », et de se signaler par des traits dont ses biographes nous ont laissé le récit. Il y en a de trop aimables pour qu'on les passe sous silence :

Un jour, la duchesse d'Orléans et la princesse de Lamballe découvrent dans une cabane un vieillard paralytique. Suivant la formule d'usage, « le vieillard gît sur un grabat et sa famille vit de pain noir et de racines ». Les princesses ne se nomment pas, « jettent sur la table leurs bourses pleines d'or », et toute la famille du paralytique — lui excepté, sans doute — tombe à genoux, « ne pouvant se défendre d'un grand attendrissement ». Des larmes abondantes sont versées de part et d'autre, et le vieillard se fait connaître. C'est un ancien militaire du régiment de Chartres. Touchée jusqu'au fond de l'âme, la duchesse d'Orléans consent à se nommer, et les bienfaits des « deux anges de vertu », suivis d'une pension du duc de Penthièvre, mettent le vieillard « à même de se procurer les petits meubles utiles aux commodités de la vie [1] ».

On pourrait multiplier les anecdotes de ce genre.

1. Vouziers : *Mme de Lamballe*, p. 29.

Tout cet appareil de charité nous fait un peu sourire ou nous fatigue, parce que tous les panégyristes des princes, à l'aube du romantisme, l'ont vanté jusqu'à l'abus, en des livres attendris et pompeux... On met donc une certaine pudeur à ne point faire le dénombrement minutieux des aumônes de la princesse. Mais quand on songe que, jusqu'à sa mort, elle ne se lassera jamais et recherchera toujours l'occasion de pratiquer une charité discrète et sans ostentation qui, celle-là, n'est pas encore très conforme aux habitudes du temps et du monde dans lequel elle vivait, le sentiment se dégage de plus en plus nettement de sa haute valeur morale.

Cette valeur morale allait être mise à une rude épreuve quand, quelques semaines plus tard, le duc d'Orléans, rentré en grâce, réintégra Paris...

Mais avant de l'y suivre, accompagnons la princesse ailleurs. En parlant de ses nombreux déplacements, j'en ai passé plusieurs sous silence. Ce sont les séjours prolongés qu'elle faisait plusieurs fois par an chez son père, « qui était son guide en tout[1]. » Il serait fastidieux de tracer son itinéraire annuel et de noter chacune de ces villégiatures, car depuis l'époque du mariage de sa fille jusqu'en 1789, la cour du duc de Penthièvre ne change pas d'une manière appréciable. Arrêtons-nous donc un moment dans la marche des événements pour connaître un peu cette cour — sans souci des dates —

1. C'est l'expression qu'elle emploie en parlant de lui (*Archives particulières*).

et pour dire dans quelle atmosphère la duchesse d'Orléans allait chercher un peu de détente auprès d'un homme que nous avons connu jeune et que nous retrouvons maintenant mûri par l'âge et les chagrins.

CHAPITRE VII

Le duc de Penthièvre dans l'âge mûr. — Séjours de la princesse chez lui. — Sa nostalgie. — Ses œuvres de bienfaisance. — Rambouillet, Sceaux et Anet. — Don Courdemanche. — Coquetterie du prince. — Son souci de l'étiquette. — Sa bonne administration. — La petite cour du prince. — Le chevalier du Authier. — Florian.

Pour les cœurs nobles et passionnés, il n'est point de demi-mesures. Quand ils ont fait un rêve d'amour dont la réalité les a brutalement réveillés, ils vont souvent à un autre rêve : celui de l'abnégation de soi-même et de l'irréprochable pureté. Ils veulent s'évader autant que possible de l'existence extérieure, où tout les meurtrit et les oppresse, pour se réfugier dans la vie intérieure, afin d'y trouver ce qu'ils rencontrent rarement : l'oubli et la paix. Et s'ils sortent de leur « tour d'ivoire », c'est pour se multiplier en actes généreux qui leur donnent parfois comme un reflet du bonheur en leur permettant d'en créer autour d'eux.

Tel fut le sort du duc de Penthièvre.

La mort de sa femme, celle de ses jeunes enfants et celle de son fils Lamballe lui ont enlevé jusqu'à la possibilité d'être vraiment heureux. Mais en même temps que sa mélancolie s'est accrue, sa piété et sa charité ont pris un magnifique essor.

Dans ses entours immédiats, il ne lui reste que

deux affections : sa fille et sa belle-fille, Mme de Lamballe.

On a beaucoup parlé de sa tendresse pour celle-ci. A lire sa correspondance, je crois qu'il y aurait lieu de faire quelques réserves légères.

Le martyre de cette princesse l'a trop idéalisée pour qu'on ose vraiment critiquer sa mémoire, mais, au vrai, son caractère un peu futile, sa religion qui — aux jours heureux — n'allait pas jusqu'à l'excès, son goût pour le plaisir, créaient entre elle et son beau-père certaines incompatibilités. Entre deux, certes, l'affection existait, mais il semble bien que l'union de cœur vint surtout aux jours néfastes quand Mme de Lamballe se révéla et montra, par son admirable dévouement à la reine malheureuse, à quel point le culte de l'amitié peut exhausser une femme.

Au contraire, la duchesse d'Orléans était l'image de son père. Son amour pour elle fut immense et sa présence éclairait la vie du vieux prince quand elle le venait visiter dans ses nombreux châteaux.

Car le duc de Penthièvre était de plus en plus un vagabond. On doit noter chez lui ce mortel ennui qu'on rencontre aussi chez son royal cousin Louis XV, et l'on peut dire, sans paradoxe, que plusieurs points de contact existent entre les deux hommes, à cette différence près que, dans la vie privée, l'un tourna à bien et l'autre tourna à mal. Ce qui crée chez le duc de Penthièvre — à côté de ses vertus — une originalité particulière, c'est la terrible nostalgie qui l'accabla — toujours — au cours d'une existence qui s'écoula, pour une bonne part, au moment où ses concitoyens vantaient à l'envi la « douceur de vivre ». Et il suffit d'un examen attentif des documents intimes qui le concernent pour concevoir que, chez lui, cet état, accru par tant de « coups » successifs, était presque pathologique. Ses vapeurs, ses anxiétés, sa mélancolie inquiète, le renvoyaient sans cesse, comme un éternel prince errant, de châteaux en châteaux, cherchant ce je ne sais quoi qui calme et qui apaise, ce repos après lequel courent jusqu'à l'heure suprême, les sensitifs et les malades. Disons le mot — bien qu'il soit un peu osé — le duc de Penthièvre avec ses « crispations de nerfs, ses étourdissements, ses petites fièvres perpétuelles et ses insomnies », fut un neurasthénique avant la lettre.

Par bonheur, les habitations sont pour lui nombreuses, dans lesquelles il peut chercher le repos et se livrer aux œuvres de miséricorde, car il est le plus grand propriétaire foncier du royaume.

Pendant toute sa jeunesse, il a été le favori de ses cousins germains, les deux fils du duc du Maine : le prince des Dombes, ce chasseur forcené, cet homme taciturne et sauvage, aussi triste[1] que son frère, le comte d'Eu, « le prince aux longues lèvres ». Et quand ce dernier est mort en 1775, l'énorme fortune des princes légitimés issus de

1. Le prince des Dombes avait formé dans l'art de la vénerie plusieurs gentilshommes, tels que MM. d'Yauville et de Bongars, que le duc de Penthièvre conserva auprès de lui et qui l'incitèrent à exercer dignement sa charge de grand veneur.
Cf. *La ville d'Eu*, par Désiré Lebeuf. Eu, 1844, p. 469.

Louis XIV est retombée tout entière sur la tête du duc de Penthièvre, dont les revenus — y compris ceux de ses charges — ont alors atteint la somme de six millions de rentes.

Quant aux châteaux, il semble, en vérité, qu'il jongle avec eux. Il les hérite, il en achète, il en revend et il en possède dans toute la France. Citons seulement ceux qu'il habite : Rambouillet, Sceaux, Anet, Blois, Méréville, Châteauvillain, Eu, Vernon, Armainvilliers, Crécy et, plus tard, Châteauneuf-sur-Loire, Amboise et Chanteloup ; signalons ses séjours à Versailles, à Fontainebleau, à la Trappe, en Bretagne, chez les Carmélites de Compiègne où il possède un appartement, ses visites très fréquentes au Raincy, à Villers-Cotterets, à Saint-Cloud, au prince de Condé, au prince de Conti, à sa tante, la princesse d'Armagnac[1] ; et cet écrasant programme nous fera suffisamment comprendre que le prince séjourne rarement plus de quelques semaines dans ses villégiatures. Ajoutons enfin, pour donner idée de ce « train » magnifique, ce que nous dit son familier, M. de Moriolles :

« Dans le nombre de ces châteaux, plusieurs étaient des demeures royales. Mais tous étaient superbement meublés, et avec une recherche qui paraissait ne guère s'accorder avec l'humilité et l'extrême dévotion du propriétaire. Mais le duc de Penthièvre, en son particulier, aimait le luxe et la

1. Le duc de Penthièvre aimait beaucoup sa grand'tante, la princesse d'Armagnac (Françoise-Adélaïde de Noailles, 1704-1776), qu'il allait visiter fréquemment à Sèvres (Moreau : *Mes Souvenirs*, t. I, p. 18).

représentation. Sa table était toujours somptueusement servie, quoiqu'il y montrât la frugalité d'un anachorète, et il en était de même pour toutes les commodités de la vie. En cela seulement se trouvait le prince du sang et l'homme qui, ayant fait en public abnégation des grandeurs, croyait pouvoir les conserver dans son intérieur et en jouir sans péché de vanité [1]. »

Voilà donc un prince qui savait faire gagner le peuple, car, à consulter, aux *Archives nationales* [2], les cartons qui concernent ses châteaux, on s'aperçoit que cet homme agité, scrupuleux, animé du perpétuel souci que chez lui tout soit « mieux que bien », passe son temps à bâtir, démolir et rebâtir [3] sans compter les fondations pieuses, les hospices ou les chapelles qu'il édifie là où il passe. Et derrière lui, il laisse dans chacun de ses châteaux [4], en dehors de sa « maison » qui déambule avec lui, un nombreux personnel de chapelains, de gruyers, de procureurs fiscaux, de concierges, de gardes, de fontainiers qui chargent singulièrement son budget.

A Paris, « le prince, nous dit M. de Moriolles,

1 MORIOLLES : *Mémoires*, p. 12.

2. On trouve la trace de ces immenses travaux dans les cartons G5 178-206.

3. On peut se demander si le roi Louis-Philippe ne tenait pas de son aïeul maternel son amour pour la truelle.

4. Prenons un exemple. En dehors du service du prince, vingt-cinq personnes — sans compter les domestiques tout à fait subalternes — sont attachées au château de Bizy à Vernon et touchent 19.277 livres de gages par an. Et il en est à peu près de même dans chacun des châteaux du prince (*Archives nationales*, G5 206).

ne restait que le moins de temps possible et il ne paraissait à la Cour que quand son devoir l'y obligeait. Ses charges de grand amiral de France et de grand veneur le forçaient de s'y montrer quelquefois, ainsi que, dans les cérémonies, sa qualité de prince du sang. Il n'y faisait que de courtes apparitions et se hâtait de s'enfuir dans ses maisons de campagne, toutes plus belles les unes que les autres... Dans son dégoût pour le monde, il avait surnommé Paris : le grand diable, et Sceaux : le petit diable, à cause de sa proximité avec la capitale. »

Jusqu'en 1775, la résidence qu'il affectionne davantage, c'est Rambouillet : Rambouillet, où il a passé les années si courtes de son bonheur conjugal; Rambouillet, où sa fille vient si souvent le visiter de Paris ou de Saint-Cloud, qui sont tout proches [1]. Là, nous dit encore Moriolles, « ce prince qui se plaisait loin du bruit et de la foule, dans la solitude où il vivait plus des trois quarts de l'année, ne s'occupait qu'à faire du bien, à soulager les pauvres, à verser des bienfaits sur ses nombreux vassaux, à répandre l'aisance parmi ceux qui l'entouraient, et, en un mot, à se montrer le père de tous ceux qui dépendaient de lui. Aussi bien, y était-il « généralement respecté et adoré de ceux qui, en l'approchant, se trouvaient à même de connaître ses vertus [2] ».

1. Mme d'Orléans venait chaque année en séjour à Rambouillet. Mme de Genlis l'y accompagnait. C'est là que Florian lui dédia sa première pastorale *Galathée*. En 1779, elle y vient avec tous ses enfants (BERTIN : *Mme de Lamballe*).

2. MORIOLLES : *Op. cit.*, p. 11.

Rambouillet a été trop souvent décrit pour qu'il soit besoin d'y revenir[1]. On évoque aisément le charme disparu de cette résidence princière, dont les abords très fréquentés, avec ses nombreuses boutiques, ses auberges du Cygne, de la Truie qui file et de la Croix blanche, devant lesquelles les postillons royaux faisaient claquer leur fouet, formaient un ensemble pittoresque, vivant et joyeux ; on connait le grand château flanqué de cinq tours et magnifiquement meublé, les écuries ornées de deux cent quatre têtes de cerfs tués dans les domaines, les quinconces de tilleuls qui abritaient les jeux des jeunes fils de la duchesse d'Orléans[2], les avenues d'ypréaux et d'ormes qui formaient aux promenades du prince et de « ses filles » une splendide voûte de verdure, les miroirs d'eaux sur lesquels glissait le grand cygne dont Florian nous a dit :

Sa grande aile l'entraîne ainsi qu'un lent navire,
Il dresse son beau col au-dessus des roseaux,
Le plonge, le promène allongé sur les eaux,
Le courbe gracieux comme un profil d'acanthe
Et cache son bec noir dans sa gorge éclatante...

Tout cela était d'un charme très doux. C'était

1. ARNAUD : *La princesse de Lamballe*. LORIN : *Florian chez le duc de Penthièvre* (*Mémoires* de la *Société* archéologique de Rambouillet, t. X). LORIN : *Rambouillet. La ville. Le château* (*Idem*, t. XIX). Sur les améliorations faites à Rambouillet par le duc de Penthièvre, on peut aussi consulter : DELANDINE : *Le Luxe des palais... ou Rambouillet*. Paris, 1823. MOITIÉ : *Le château de Rambouillet*, 1850.

2. La duchesse d'Orléans y venait tous les ans avec Mme de Genlis. LORIN : *Op. cit.*

un de ces paysages si ordonnés et si fins tels qu'on les rencontre seuls sous le ciel tendre et pâle de l'Ile-de-France..... Mais, bien qu'il goûtât les charmes de la nature, le duc de Penthièvre préférait à tout cela, en sa qualité de grand veneur de France, les inestimables avantages de la forêt giboyeuse qui entourait Rambouillet[1]. Aussi bien, son chagrin fut-il profond, lorsqu'en 1783, le roi Louis XVI fit comprendre au prince son désir irrésistible, et depuis longtemps mûri, de se rendre acquéreur de cette belle terre. Le duc de Penthièvre résista un peu, soupira beaucoup, mais son bon cœur et son respect pour la Majesté l'emportant sous sa douleur, il céda.

Comme Louis XVI lui disait que « l'acquisition de Rambouillet importait au bonheur de sa vie », le prince lui répondit :

— Sire, Votre Majesté a prononcé le grand mot; Rambouillet n'est plus à moi. Permettez-moi seulement d'emporter les ossements de ma famille...

Le sacrifice était dur. L'odyssée fut lamentable. Par une sombre journée de novembre, le duc de Penthièvre quitte Rambouillet, escortant neuf cercueils, qu'il a fait exhumer de l'église pour les transporter à Dreux. Il y a là les dépouilles de son père, de sa mère, de sa femme et de ses six enfants... Une foule énorme suit le convoi... Ce sont les pauvres de M. de Penthièvre, qui marche tête nue sous la bise... De temps à autre, « le duc

1. Le duché de Rambouillet et le château que le duc de Penthièvre avait considérablement embelli furent vendus seize millions de livres.

fait arrêter la marche, les pauvres gens se précipitent autour de leur bienfaiteur, et l'on pleure en famille au bord du chemin[1] ». Le voyage est si cruel au prince, qu'il « tombe un moment anéanti et comme près d'expirer »... Il ne reviendra plus jamais à Rambouillet.

C'est alors qu'il achète aux Rohan-Guéménée le château de Châteauneuf-sur-Loire, ce joli manoir si souvent remanié depuis, mais que flanque encore une tour dans laquelle Florian vint souvent travailler[2]. A Châteauneuf, où la duchesse d'Orléans séjournera en 1789, le prince, immédiatement, commence de grands travaux et, pour l'amélioration du sort des paysans, il construit des quais, et il introduit la culture du ver à soie.

Châteauneuf est loin de Paris. Il préfère donc cette résidence à celle de Sceaux[3] où, cependant, il fait des travaux immenses. Mais, en vérité, il est dur pour le palais où la petite duchesse du Maine a tenu sa cour si brillante, pour les jardins magnifiques qui font l'admiration de l'Europe, et, non content de surnommer Sceaux le « Grand Diable », il l'appelle encore son *cloaque*. Ce n'est pour lui qu'un relai commode, une station de plus pour pérégrinations, et son *Journal d'étapes* prouve qu'il y séjourne rarement plus de quinze jours. Il y donne pourtant quelques fêtes, auxquelles sa fille

1. *Mémoires* de dom COURDEMANCHE, p. 207.

2. Le château de Châteauneuf appartient actuellement à M. Saint-Gilles. Cf. *Châteauneuf et ses développements*, par l'abbé BARDIN. Orléans, 1864.

3. Cf. pour les séjours du prince à Sceaux, l'excellente *Histoire de Sceaux*, par E. Advielle, Sceaux, 1883.

assiste toujours, et il ne néglige rien pour que le lieu de plaisance paraisse agréable au public.

Au sujet de Sceaux, nous avons d'ailleurs sa profession de foi, laquelle, il faut en convenir, est — poussée jusqu'à la suprême puissance — celle des Grands de l'époque, qui, on doit le reconnaître, pratiquaient très noblement l'hospitalité la plus large.

« Ce que je fais à Sceaux, dit-il, n'est pas pour moi, mais pour le public ; car le séjour de Sceaux ne me convient pas. Il est bon, il est même nécessaire que cette immense quantité d'habitants de Paris, de tant de classes et de fortunes différentes, trouve, à des distances rapprochées et sur différents points, des lieux de réunion qui lui offrent des objets d'agrément et de curiosité. Il n'y a que les Maisons Royales ou celles des princes qui puissent remplir ces vues d'agréments publics ; il ne faut pas négliger une chose aussi nécessaire, quand on se trouve en état de le faire. Il y a encore une autre considération, c'est à l'égard des étrangers, pour qui la France, et surtout Paris, sont des objets de curiosité ; il faut que chacun contribue à les maintenir dans cette disposition, et les engage à venir nous visiter, en nous faisant aimer par notre politesse, et notre goût[1]. »

Il serait fastidieux de nous promener dans tous les châteaux du duc de Penthièvre, de le suivre à Crécy-en-Brie[2], à Brie-Comte-Robert, à La Ferté-

1. FORTAIRE, p. 120.

2. Le duc de Penthièvre venait assez rarement dans ses terres de Brie (Cf. *Le dernier Seigneur de Brie-Comte-Robert*, par

Vidame, à Armainvilliers, à Amboise qu'il achètera, et où la duchesse d'Orléans, ne fit que de rapides séjours, à Vernon et à Eu, où nous retrouverons le père et la fille dans la suite de cet ouvrage, et nous ne nous arrêterons qu'à Anet.

Le château d'Anet, s'il en faut croire Florian, fut un des lieux de prédilection de la duchesse d'Orléans.

Et c'est à Anet que son père se laissait le moins aller à la mélancolie. Il avait hérité du comte d'Eu[1] cette magnifique demeure, à laquelle le nom de Diane de Poitiers restera toujours attaché.

Il était vraiment d'aspect enchanteur, ce château d'Anet, qui cachait au milieu des peupliers et des aunes ses cheminées blasonnées de lis et d'acanthe, et qui conservait toute la grandeur des châteaux féodaux, sans en avoir aucune des sévérités. Les plus admirables artistes de la Renaissance s'étaient donné le mot pour en faire un chef-d'œuvre. Sur

G. Drouin, 1910, et *Le duc de Penthièvre, dernier seigneur de Crécy-en-Brie*, par G. Husson. (*Almanach historique de Seine-et-Marne*, 1911), car ses châteaux n'étaient guère en état de le recevoir. A Crécy, il descendait dans un couvent (Le Paire : *Le Comté de Crécy*, 1910). Le prince était très populaire dans ces contrées. Son portrait est conservé à la mairie de Crécy-en-Brie.

En 1784, il acheta La Ferté-Vidame qu'il destinait à la duchesse d'Orléans.

1. En réalité, il serait plus exact de dire que le duc de Penthièvre n'hérita point directement de son cousin, dont Louis XV avait racheté tous les biens, pour la somme de douze millions. Mais la considération de sommes considérables dues au duc de Penthièvre, par suite de l'achat et de l'arrérage des rentes, fit prendre le parti de céder à ce prince le marché de Louis XV avec le comte d'Eu. Le contrat fut passé devant Armand, notaire, le 28 août 1775.

les fenêtres des salles, Jean Cousin avait raconté les fables de l'antiquité, Palissy, ou l'un de ses élèves, avait orné les tables et les crédences de ses faïences magnifiques, aux chiffres de Henri II et de Diane, dont l'image régnait partout « couverte d'habits grecs à l'antique, la jambe adornée de son fin caleçon de soie florence, et l'arc turquois en main [1] », et Philibert Delorme avait dessiné les portiques, accouplé les colonnes, détaché sur le ciel les crêtes aux arabesques dorées et les lucarnes, où se retrouvaient encore, inévitables, les croissants et les chiffres de la belle et voluptueuse maîtresse du Roi de France [2].

Enfin, autour du château, c'étaient partout des terrasses immenses, des pavillons discrets, des fontaines jaillissantes et des divinités ciselées par Jean Goujon, qui, dans la verte pénombre des bois, souriaient encore de leur immobile sourire de marbre.

Ce château, où planait encore troublant le souvenir de la grande amoureuse qui l'avait somptueusement meublé, et où plus tard le duc de Vendôme avait mené joyeuse vie, en attendant que le duc du Maine en fût possesseur, ce château, enfin, qui semblait prédestiné à tout le « côté gauche » de la Maison de France, le duc de Penthièvre le purifia par sa présence, comme nous l'a dit Florian en des vers assez faciles :

1. Pfnor : *Monographie du Château d'Anet.*
2. *Histoire du Château d'Anet*, par Roussel.

Vallon délicieux, asile de repos,
Bocages toujours verts où l'onde la plus pure
Roule paisiblement ses flots
Et vient mêler son doux murmure
Au tendre concert des oiseaux,
Que mon cœur est ému de vos beautés champêtres !

. . . .

Enfin de ces beaux lieux Penthièvre est possesseur.
Avec lui la Bonté, la douce Bienfaisance,
Dans le palais d'Anet habitent en silence.
Ses vains plaisirs ont fui, mais non pas le Bonheur :
Bourbon n'invite pas les folâtres bergères
A s'assembler sous les ormeaux ;
Il ne se mêle point à leurs danses légères,
Mais il leur donne ses troupeaux.
Que ton orgueil, Anet, sur ces titres se fonde ;
D'avoir changé de maître, eh quoi ! te plaindrais-tu ?
Toi seul tu possédas tous les biens de ce monde :
Amour, gloire, esprit et vertu.

A Anet, le duc de Penthièvre recevait un peu. Il y hébergeait volontiers de rares gens de lettres ou quelques artistes, tel Greuze qui y créa la *Cruche cassée,* dont le modèle, suivant la tradition, fut une paysanne du village. Il y recevait aussi son « cher curé » de Saint-Eustache, qui y séjourne au mois de mai 1779, en même temps que la duchesse de Chartres, et auquel Florian dédie des vers dans lesquels il parle du duc de Penthièvre

Qui se plaît à marquer chaque jour d'un bienfait
Et dont l'esprit toujours aimable
Égare avec douceur les propos de la table
Et sait parler de tout hors du bien qu'il a fait.

Assurément, auprès de lui, la vie est douce, et l'on comprend que la princesse aime volontiers la compagnie de son père, car, entre eux, point de contrainte, aucune étiquette, l'effusion de deux cœurs qui se consolent en s'aimant, et le contact de deux esprits qui, en se rencontrant, s'égayent. De cette intimité, dom Courdemanche, ce bon moine peu accoutumé à la vie des cours, qui vient traiter avec le prince une question de procès, nous a laissé un tableau très vivant et très frais.

La première fois qu'il voit la duchesse d'Orléans chez son père, elle « paraît, saluant tout le monde avec un air de douceur et d'honnêteté singulières. Elle souhaite le bonjour au prince en l'appelant : mon Papa. » « Le prince, nous dit dom Courdemanche, l'appela d'abord Madame, mais une seule fois, et toujours après *ma fille.* »

Le lendemain, dom Courdemanche est témoin « du bonjour que se donnèrent mutuellement le père et la fille.

« Il faut l'avoir vu, écrit-il, pour le sentir, comme il faut avoir entendu leur conversation pour s'en former une idée. » Ce jour-là — c'était à Eu, en 1787 — la duchesse d'Orléans déjeune en plein air au Tréport, avec trois ou quatre familiers, dont l'amie fidèle, Mme de La Tour du Pin. On a banni toute contrainte. Les tables sont garanties de la mer par de simples bottes de paille. « C'était le lendemain d'une tempête, le vent soufflait encore avec force. La princesse ayant dit qu'elle avait manqué de perdre son chapeau, le prince répondit :

— Eh bien, ma fille, dom Courdemanche vous aurait prêté le sien.

— Très volontiers, Monseigneur, et à cette condition, je regrette fort que celui de Madame ne soit pas réellement perdu.

— Changez le vôtre, dom Courdemanche, avec celui de ma fille.

— Voulez-vous? dit la princesse.

— Madame, j'accepte l'échange de tout mon cœur. Il y a cette différence que Votre Altesse pourrait se servir de mon chapeau et que je n'en pourrais pas faire autant du sien (c'était un chapeau de satin blanc, orné de plumes), mais je le conserverai bien précieusement.

— Cependant, reprit le prince, c'est à condition que vous mettrez celui de ma fille sur votre tête.

Quelques instants plus tard, la duchesse d'Orléans déchire son jupon de gaze. Mme de La Tour du Pin et Mme du Authier prennent chacune une aiguille pour le raccommoder, et elles donnent à tenir le jupon au bon abbé.

— Ah! Papa! s'écrie la princesse, dom Courdemanche qui raccommode mon jupon!

— Ah! du coup, je vous ferai donner une pénitence, s'écrie le duc de Penthièvre.

« Tout le déjeuner continua à peu près sur le même ton, écrit avec ravissement don Courdemanche. La gaîté qui animait les visages de Leurs Altesses fit de ce repas de matelots une fête charmante. »

De la gaîté, oui. De l'esprit... pas beaucoup. Le duc de Penthièvre ne saurait être classé au nombre des gens spirituels. C'est de lui que sa fille tient sa naïveté et sa candeur. Les aimables petites plaisanteries citées plus haut sont supportables en ce qu'elles décèlent une rare bonhomie [1], mais elles rentrent bien dans le genre « badinage innocent », qui si souvent suffit à distraire les âmes pures et un peu neuves... Et certes, le bon duc de Penthièvre, qui vit en ascète, n'a rien du blasé, sur les lèvres duquel erre le triste sourire de l'ironie.

Et cependant ... sur le fait de l'esprit ... je suis sans doute ici trop sévère. Peut-être la seule vertu avait-elle refréné, chez le duc de Penthièvre, toute velléité de plaisanterie qui pût dégénérer en sarcasme. Si Mme de Fitz-James l'a trouvé très ennuyeux à Villers-Cotterets, M. de Moriolles n'est point de cet avis : « Aux belles qualités du duc de Penthièvre, auxquelles, ajoute-t-il, je me suis plu à rendre hommage, il faut encore ajouter qu'il possédait un rare bon sens, un tact parfait et beaucoup d'esprit naturel. Il eût été très aimable dans le monde sans le superflu de dévotion qu'étouffait en lui le laisser-aller auquel il était porté ; ce n'est que bien rarement que je l'ai vu se livrer au charme de la société, à une conversation libre et gaie, au rire que les saillies excitent ; il se pinçait souvent les lèvres pour ne pas éclater, aux propos joyeux et spirituels de Florian... »

Voilà donc un duc de Penthièvre qui s'égaye ; mais écoutons la suite, et nous retrouverons l'homme à l'esprit inquiet et tourmenté.

« ... Quand il croyait avoir un peu outrepassé la réserve qu'il s'était imposée, ajoute Moriolles on pouvait être sûr qu'un commis allait être dépêché

1. *Mémoires* de Dom Courdemanche, p. 262.

à Paris avec sa confession écrite dans une lettre écrite à son confesseur, pour avoir une prompte absolution. Son directeur était un vieux évêque d'Apollonie, bien moins timoré que son pénitent, et qui était le premier à faire des gorges chaudes sur les scrupules du bon prince[1]. »

Fortaire nous dit qu'il parlait généralement peu, mais toujours avec beaucoup de courtoisie — on pourrait même dire de cérémonie. « Ses expressions, dit-il, étaient laconiques et claires; il ne se servait jamais envers personne de paroles ni dures, ni méprisantes, ni familières. A tous les noms, il joignait toujours le Monsieur et le Madame. »

Nous pourrions ajouter, avec les abbés Lambert et Courdemanche, qu'il avait des « clartés » sur tout, que pour administrer sa prodigieuse « Maison », remplir ses charges et gouverner ses domaines, il se montrait un administrateur de premier ordre, pensant à tout, « jusque dans sa voiture », pour ne pas perdre un instant, et qu'il avait « un esprit d'ordre incroyable », et une « étonnante facilité de travail »... Mais il faut abréger, car vanter chez M. de Penthièvre l'homme mûr, comme on l'a fait plus haut de l'homme jeune, deviendrait extrêmement fastidieux et sans doute excessif.

Cessons donc de le louer; et pour le mieux saisir sur le vif, pour chercher à deviner la vie que pouvait mener sa fille quand elle était auprès de lui, suivons pas à pas M. le duc de Penthièvre au cours d'une de ses journées habituelles.

1. Moriolles : *Op. cit.*, p. 16.

Certes, le prince vivait comme un saint. Il imposait, par la dignité de ses mœurs et par son maintien grave à l'habitude, le respect à Louis XV lui-même. Et quand le roi le voyait venir au milieu de ses courtisans, dont les plaisanteries étaient souvent risquées, il s'écriait : — Taisons-nous, voici M. de Penthièvre.

L'atmosphère de la maison paternelle devait sembler à la duchesse d'Orléans bien différente de celle du Palais-Royal... Tous les huit jours, le duc de Penthièvre communiait — « même à la guerre ». Mais, par humilité, il communiait en dehors des dimanches et des jours de fête, afin qu'on ne le remarquât point. « Il avait besoin, nous dit son confesseur, l'abbé Lambert, d'être rassuré sur la crainte de déplaire à son Maître... car il n'eut jamais ou ne dut jamais avoir celle de l'avoir offensé. »

« Il m'a plusieurs fois répété, écrit encore l'abbé Lambert, qu'il ne se regardait que comme dépositaire de sa grande fortune et comme l'économe constitué par la Providence pour administrer des secours aux nécessiteux. »

Citer ici les actes de charité de M. de Penthièvre, examiner l'emploi du *million annuel* qu'il donnait aux pauvres, rappeler des anecdotes qui, sur ce chapitre, sont innombrables et monotones; raconter comment Louis XV le trouva un jour, en cuisinier, faisant lui-même la soupe des pauvres d'un de ses hôpitaux, afin qu'elle soit bonne, comment il disait aux mendiants : « Je vous remercie », lorsqu'il faisait la charité, serait sortir des bornes de cette étude..... Restons donc dans un des châteaux du prince et prenons-le au réveil :

Le bon duc de Penthièvre a un défaut. Il est coquet, et il lui serait très pénible de se montrer à quiconque en « petit déshabillé du matin ». Il a perdu ses cheveux assez jeune, et chaque matin il se fait soigneusement ajuster un faux toupet. Cela est un grand mystère, et personne ne doit assister à sa toilette avant qu'il soit posé. Sur l'article du vêtement, il est très magnifique, et les comptes de sa maison sont là pour en faire foi[1]. Citons quelques chiffres : En 1765, il dépense pour sa toilette 10.900 livres, 9.509 livres 9 sols 4 deniers en 1766, 11.242 livres 14 sols l'année suivante et 8.825 livres 15 sols 11 deniers en 1768. Ces dépenses comprennent les comptes du tailleur, variant de 6 à 1.500 livres par quartier, payés avec une ponctuelle exactitude, ainsi que le brodeur, le marchand de bas, le ceinturier, le pelletier, le marchand de peaux, le marchand de dentelles, le chapelier du Roi, le maître cordonnier, le brodeur, la blanchisseuse et le marchand de soie.

N'empêche qu'il sait être économe. Il ne se perd point dans ce qu'il appelle la « menuaille ». Mais, ponctuel en tout, il avise à ce qu'aucune dépense soit inutile ; ses pauvres en souffriraient. Aussi, ne recule-t-il pas à faire remettre à sa taille des « vieux habits et des vestes des quatre saisons », quand, après des malheurs successifs, il a sensiblement maigri.

1. *Archives nationales*. K. K. 362-390-391.

Dans sa garde-robe on trouve une quantité fabuleuse de « culottes de Gênes noir à trois poils, de vestes de soye tabac d'Espagne doublées d'Angleterre blanc, de surtouts d'équipage en drap superflu bleu naturel, de vestes de ratine lilas à boutons de pinchebec, de vestes d'étoffe d'or avec leurs culottes de velours cizelé de pourpre ».

Mais quand on parle des vêtements du XVIIIe siècle qui valaient des « rançons de roi », peut-être y a-t-il exagération, car aucun de ces vêtements somptueux du prince n'atteint un chiffre bien élevé, puisque le plus cher d'entre eux ne dépasse point 800 livres.

Sa toilette est longue, car il est irréprochable sur le chapitre de la propreté, et M. de Lescure, qui ne craint point les hyperboles, parle de ses « scrupules d'hermine [1] ». De fait, il exige qu'on passe « au lait ses poches de peau de chèvre » et, chaque trimestre, nous le voyons acheter, pour lui seul, cent paires de bas de soie ou de fil [2]... La « parfumeuse du Roy » n'est pas oubliée non plus. Il lui achète pour 5 ou 600 livres par an de « poudre de fleurs d'orange, paste amère, pots de pommade à la fleur d'orange « comme pour le Roy », eau-de-vie de lavande, savonnettes à la bergamotte, poudre fine, grise, à l'œillet ou à la Maréchale ».

Après avoir été habillé — vers neuf heures du matin — le duc de Penthièvre déjeune d'une tasse de chocolat, s'occupe de sa correspondance,

1. *Mme de Lamballe*, p. 55.
2. *Archives nationales*. K. K. 392.

entend la messe, lit les « petites heures » du bréviaire, dine à une heure et demie et reste très longtemps à table — c'est un Bourbon[1] — puis il se promène en voiture avec la duchesse d'Orléans, Mme de Lamballe ou quelque intime. Ensuite il travaille de nouveau, soupe, prie de huit heures à neuf heures et demie, travaille encore et se couche à deux heures précises[2].

Ajoutons à ce programme de vie quelques petites manies qui caractérisent bien le nerveux. Nous l'avons vu, à Villers-Cotterets, tortiller un éventail pendant toute une soirée. Cela n'est point étonnant. Il ne peut s'endormir sans avoir roulé d'un angle à l'autre un grand carré de papier et il a imaginé, pour circuler dans son château de Vernon, certain « fauteuil volant » de forme bizarre que meut une manière de tournebroche.

Cette vie un peu monotone comporte ses exceptions. Quand les souverains étrangers viennent en France, il leur donne des fêtes splendides et il n'épargne rien pour les recevoir. Il y a là un point d'honneur. Il se pique de ne point être en dessous des princes du sang, car toujours ses origines le taquinent. On voit en visite chez lui le roi de Danemark, le tzaréwitch, le roi de Suède, le prince Henri de Prusse et d'autres encore. Il les accueille toujours en compagnie de sa fille et de Mme de Lamballe, qui tiennent chez lui le rôle de feu la duchesse de Penthièvre.

1. Il y est cependant d'appétit frugal par ascétisme, mais sa table est somptueuse.
2. Abbé Lambert. Fortaire : *Op. cit.*

Et quel souci de l'étiquette quand il les reçoit ! Combien il éprouve le besoin d'être « rassuré » sur le moindre de ses gestes !

Il conviendrait, pour s'en rendre compte, de lire les innombrables billets raturés, corrigés, modifiés, qu'il rédige au sujet du moindre cérémonial, quand il demande conseil à M. de Lastic ou à son ami le comte de Pons Saint-Maurice, premier gentilhomme de la chambre du duc d'Orléans. Assurément le protocole est alors affaire d'état, mais personne ne le respecte mieux que ce grand seigneur un peu « tatillon »[1].

« La tradition des leçons de la royale institutrice [Mme de Maintenon] s'était gardée, nous dit le comte Beugnot — un admirateur du prince cependant — dans cette branche détournée de la famille de Louis XIV. Elle n'était pas encore perdue pour la vertueuse famille de M. le duc de Penthièvre,

1. Dans la série K. 577, *Archives nationales*, on trouve nombre de ces lettres. Elles sont d'ailleurs d'un joli ton. Par exemple, il écrit à M. de Pons, le 28 novembre 1765, à mi-marge, suivant sa coutume, « de vouloir bien marquer ci à costé ce qui se pratique relativement à la livrée des Princes lorsqu'ils vont se promener aux Thuileries. Mon fils peut se trouver dans ce cas, et même il se pourrait que ma décrépitude allast se chauffer l'hiver au soleil, sur la terrasse des Capucins. Ce qui se pratique aux Thuileries a-t-il lieu au Luxembourg, auprès duquel ma mère va loger ? » En 1783, on lui apporte le procès-verbal de la translation à Dreux des restes de sa famille. Son profond chagrin ne l'empêche pas d'écrire au sujet d'une couronne ducale qui décorait la boîte enfermant le cœur du prince de Lamballe : « Il devait y avoir une couronne de fleurs de lys ! » Il écrit lui-même de longs mémoires sur les visites de deuil qu'il a faites ou reçues, marque les révérences faites ou non faites, répond très exactement lui-même et avec beaucoup d'ordre à *toutes* les lettres de condoléances.

qui, facile dans le commerce de la vie, n'en affectait pas moins sur certains points des prétentions exagérées sans vouloir reconnaître qu'elles n'étaient pas du tout de saison[1]. »

Lorsqu'en 1768 il reçut chez lui le roi de Danemark, on ne saurait imaginer le mal qu'il se donne ! D'ailleurs, il est alors mal secondé, car sa fille est encore au couvent, tandis que Mme de Lamballe, en deuil de son mari, n'apparaît point et reçoit seulement « dans son lit entre deux draps, tous les rideaux fermés », car « les princesses veuves doivent recevoir les rois dans leur lit et non sur leur lit[2] ».

Enfin, le duc de Penthièvre — plus tard — accueille souvent Louis XVI et Marie-Antoinette. C'est même chez lui que la duchesse d'Orléans peut voir sans contrainte la reine, qu'on reçoit naturellement avec grand apparat en la servant dans la magnifique vaisselle en or donnée par Louis XIV au comte de Toulouse, service dont par respect on ne fait jamais usage en temps habituel[3].

Mais ce sont là les grands jours de Sceaux,

1. Beugnot : *Op. cit.*, p. 59. Beugnot nous donne d'amusants détails sur la réception faite par le duc de Penthièvre à l'aventurière Mme de Lamothe et sur le cérémonial des réceptions. Les gentilshommes dînaient avec le prince, les autres avec M. du Authier. On se retrouvait au café, et les premiers regardaient les seconds avec un peu de hauteur. Malgré le rigorisme du prince, le ton à la seconde table était, suivant l'abbé Lambert, assez léger. Sur les intrigues amoureuses chez le duc de Penthièvre, on trouve de plaisants détails. Voir l'intrigue du sieur Fouassier, son chef de cuisine, avec la Dlle Beroud. *B. N.*, Manuscrits français 11,358, pp. 104-105.

2. *Archives nationales*, K. 147.

3. Moriolles : *Op. cit.*, p. 12.

Rambouillet, Anet ou Vernon. A l'accoutumée, la duchesse d'Orléans ne trouve, chez son père solitaire et triste, que sa « Maison ».

Quel joli chapitre un biographe du prince pourrait écrire sur cette maison vraiment trop peu connue !

Il y a là dans ce cercle de choix — en ce temps où les hautes classes s'amusent — toute une élite d'« honnêtes gens » au véritable sens du mot qui mènent là la plus limpide et la plus calme des vies... petite cour un peu somnolente peut-être, qui rappelle de loin le cercle intime de la bonne reine Marie Leckzinska, mais dont le charme discret, la politesse aimable, la pureté des mœurs, encadrent à merveille la figure du père et celle de la fille qui les a quelque peu formés à leur image[1].

Notons tout d'abord que le duc de Penthièvre a conservé les dames de feu la duchesse, et personne ne songe à en médire. Mmes de Saluces, de Guébriant et de Las-Cases ont leur logement à l'hôtel de Toulouse et elles demeurent les vieilles amies sûres de la duchesse d'Orléans, qu'elles ont connue enfant et à laquelle elles peuvent donner les leçons de l'expérience[2]. Mmes de Chambonas et de

1. Cette petite cour ne dépassait jamais sept ou huit personnes, nous dit M. de Moriolles, mais, au milieu d'elles, la vie était douce et agréable. Quand la duchesse d'Orléans venait passer quelques semaines près de son père, elle amenait ses dames avec elle (*Op. cit.*, p. 63).

2. En 1775, la maison du duc de Penthièvre se compose de deux dames à 6 et 4.000 livres de traitement, du chevalier de Latsic, premier gentilhomme (6.000 livres), du marquis de Saluces et du vicomte de Roquefeuil, capitaines des gardes (6.000 livres), de M. de Florimond, écuyer (3.000 livres), MM. de

Castéras, Mlle Bagarotti, une vieille amie des Conti qui a la spécialité des histoires de revenants — toutes hôtesses assidues — représentent les familles anciennement attachées aux Maine et aux Toulouse. Le chevalier de Lastic, un homme de mérite, ancien officier général de valeur et très pieux, est aussi un des meilleurs amis du prince dont il est gentilhomme, et son honnêteté repousse les avances que lui fait une dame de la Cour.

Tous ces courtisans du duc de Penthièvre sont assurément de bonne naissance, mais, sauf M. de Lastic, ils n'appartiennent pas précisément à la noblesse de Cour et ils ont apporté de leurs provinces des qualités solides et fortes, tel cet abbé et ce chevalier du Authier avec lequel le duc de Penthièvre passe le meilleur de son temps. Homme austère, grave, très pieux, un peu ennuyeux peut-être [1], le chevalier du Authier, gentilhomme du prince et son parent par les Noailles, est un modèle d'honnête homme. C'est pourquoi la médisance l'a effleuré... Comme les gens de plaisir ne

Carnaz et de Bongars, de Ravenel, d'Yanville, de Méré, du Authier, gentils hommes (2.500 livres), de l'abbé de Tascher, aumônier. Notons, à la suite, un médecin, un chirurgien, un apothicaire, un secrétaire, un architecte, un garde des pierreries, neuf valets de chambre, deux frotteurs, 21 officiers de bouche, 2 contrôleurs de la maison, dont les gages montent environ à 82.000 l. par an, sans compter les gens de livrée, les 7 valets de pied, les quatre porteurs et les trois suisses (*Archives nationales*, G 5. 206). L'écurie du prince est très soignée. Son premier écuyer est le vicomte de Castellane 6 000 livres par an). Le prince paye ses nombreux cochers 100 livres par an. Les gages de la livrée ne dépassent pas 6.000 livres par an, mais les dépenses de l'écurie montent environ à 75.000 livres (*Archives nationales*, G. 5, 198).

1. Mme de Lage : *Op. cit.*, p. 24.

peuvent concevoir l'existence presque monacale du prince et que sa vertu les dépasse, ils ont essayé, au sujet de l'intimité du prince et du chevalier, de lancer quelques insinuations qui, bien entendu, « n'obtinrent aucune créance dans le public trop profondément imbu du respect qu'on devait aux éminentes vertus de Monseigneur [1] », et à celles de son gentilhomme. Du Authier a d'abord été page du duc de Penthièvre, qui l'a gardé, car « son attachement a été si fort qu'il n'a pas pu se passer de lui, et le vicomte est tombé dans un esclavage fort doux, à la vérité, mais qui avait, néanmoins, ses moments de pesanteur dont la reconnaissance l'empêchait de se plaindre, quoiqu'il en souffrit étrangement [2] ». M. du Authier, au moins, en a tiré quelques avantages pour sa famille, et jamais il ne quittera le prince, auquel il témoignera un attachement édifiant et sans bornes, cependant que le duc aimera à la folie sa jolie petite fille Aniette [3]...

Mais le personnage d'importance de cette petite cour, celui qui tint de plus près à la duchesse d'Orléans, celui sur le souvenir duquel on aimerait s'arrêter un moment, car son image charmante projette sur l'entourage du duc de Penthièvre un joli reflet de poésie bucolique, c'est M. le chevalier de Florian.

1. Moriolles : *Op. cit.*, p. 14.
2. Moriolles : *Op. cit.*, p. 12.
3. Je dois à M. le marquis de Chantérac communication de lettres charmantes du chevalier, devenu vicomte du Authier, à sa fille Aniette, qui révèlent toute la douceur de son âme. Il en sera question dans le second volume de cette étude.

Florian est entré tout jeune chez le duc de Penthièvre. Il a amené là comme un souffle champêtre de sa province des Basses-Cévennes et — Jean-Jacques au très petit pied — ce jeune rural développera chez ses maîtres l'amour des champs, en leur parlant « des longues prairies où serpentent les eaux du fleuve et où l'on se promène sous des berceaux de figuiers et d'acacias. L'iris, le genêt fleuri, le narcisse, nous dit-il, émaillent la terre ; le grenadier, l'aubépine, exhalent dans l'air des parfums, un cercle de collines parfumées d'arbres touffus forme de tous côtés la vallée, et des rochers de neige bornent au loin l'horizon »... Dans ses *Mémoires d'un jeune Espagnol*, œuvre charmante de fraîcheur et trop peu connue dans laquelle il nous dépeint, en termes émus et reconnaissants la Cour du duc de Penthièvre déguisé sous le nom assez inattendu de don Juan, il nous dit comment, à l'âge de treize ans, il entra chez le prince en qualité de page : « Au premier abord, le duc de Penthièvre le trouva faible et bien petit pour faire le service[1]. » « J'avais beau me hausser sur la pointe des pieds dans les grandes bottes que j'avais, dit-il, je ne gagnais pas assez de pouces pour être digne de l'état pagique[2]. »

Cependant, on le prend à l'essai au nombre des

1. En voyant Florian, le gouverneur des pages s'écria : « Qu'est cela ? Jamais ça ne pourra grimper sur un cheval. Depuis que le prince prend des brenaillons pour pages, j'ai été obligé d'acheter des bidaillons pour monter ces m...rdaillons ! » (*Mémoires d'un jeune Espagnol.*)

2. Pour Florian chez le duc de Penthièvre, cf. entr'autres *Florian, sa Vie, son Œuvre*, par G. SAILLARD, 1913.

huit pages au costume élégant — nœuds de rubans sur l'épaule et plumet blanc au chapeau — qui escortent le prince dans les cérémonies ou galopent auprès de sa voiture, et on l'attache spécialement à Mlle de Penthièvre, dont le mariage, nous dit-il dans ses mémoires, « causa un chagrin affreux dans une maison où elle était si aimée ».

Bientôt, M. de Penthièvre remarque cet enfant bien campé, au teint basané, à l'œil intelligent et vif sous le sourcil épais et les cheveux noirs[1]. Il remarque surtout ses propos spirituels et joyeux, son intelligence précoce, et il lui devient aussi indispensable que M. du Authier. Il est, dès lors, le petit lutin familier de la maison, le seul capable de distraire « le prince qui, malgré ses richesses et sa bienfaisance, s'ennuyait le plus[2] » et dans la vie brumeuse du pauvre duc de Penthièvre, il apparaît comme un rayon de soleil.

Et comme cette affection paternelle s'explique ! Le duc de Penthièvre possède « au moral, des organes exquis qui rendent malade et malheureux, un cœur qui désire et qui éprouve une espèce d'exil sur la terre, un corps qui fatigue l'âme et l'embarrasse, un besoin d'aimer qui est pour les âmes délicates le premier de tous... la persuasion que dans le domaine des affections il ne retrouvera pas celles qu'il a perdues, certitude qui répand sur toutes ses actions je ne sais quelle mélancolie tendre ressemblant à l'espèce de langueur que donnent les

1. Dom Courdemanche, p. 163.
2. *La Jeunesse de Florian*, s. n., Paris, 1820.

longues maladies [1] », et, par suite d'une longue habitude, Florian, assez psychologue pour bien comprendre son maître... et en tirer d'ailleurs bon parti... Florian, dis-je, saura se rendre indispensable.

Après avoir quitté l' « état pagique » pour devenir officier au régiment de Penthièvre, Florian revient à Rambouillet en 1775, et il ne quitte pas son maître, qui, d'ailleurs, transforme par ses conseils l'ancien page espiègle et léger, son *Pulcinello* au « langage leste et irrévérencieux » qui très volontiers courre le guilledou et « chante romance à Madame [2] » en fabuliste [3] et en homme de bien... Puis au moment de la Révolution, ce sera la séparation trop brutale qui portera un choc terrible au cœur douloureux et aux esprits affaiblis du vieux prince.

En attendant, il y a des anecdotes charmantes que le temps ne nous permet point de rapporter ici...

Florian écrivant un bréviaire d'ailleurs un peu hétérodoxe pour son maître [4], Florian d'une charité inépuisable, qui part en cachette, sous prétexte de chasser alors que le duc de Penthièvre invoque le même motif... et tous deux se retrouvant au chevet de leurs pauvres et s'accusant réciproquement

1. Fortaire : *Op. cit.*, p. 334.

2. Sur la jeunesse de Florian, cf. un charmant article de Ch. Foley : *Florianet. Echo de Paris*, 14 octobre 1911.

3. « Faites donc des fables ! » lui dit un jour M. de Penthièvre, Fortaire, p. 335.

4. Abbé Lambert : *Op. cit.*, p. 12. Lettre inédite de Florian, citée dans l'*Intermédiaire des Chercheurs*, LXV-292.

de « se les voler »... Tout cet ensemble assurément mériterait de longs commentaires...

Mais si Florian aime son maître, il a pour la duchesse d'Orléans un culte véritable. Nous l'avons vu la suivre à Montmartre ; il la suivra toujours dans la vie. A Anet, il l'accompagne dans ses promenades, il lui dédie sa fable de *La Fauvette*, il pense à elle... et à d'autres, aussi... en traçant le portrait d'Estelle ; il fait verser des pleurs à l'Académie en adressant ses louanges à la princesse dans son discours de réception [1], et il écrit au duc de Penthièvre dans sa dédicace du poème de *Ruth* :

> Pieux comme Booz, austère avec douceur,
> Vous aimez les humains et craignez le Seigneur,
> Hélas ! un seul soutien manque à votre famille,
> Vous n'épousez pas Ruth, mais vous l'avez pour fille...

Peut-être les qualités d' « homme de bien » [2] contractées par Florian sont-elles un peu superficielles et dues, surtout, à l'influence d'une grande âme — celle de son maître — sur un esprit qui s'assimile ; peut-être, « en grattant », trouverait-on chez ce

1. « M. le duc de Penthièvre et Mme la duchesse de Chartres y sont venus et en ont été contents. Le public les a reçus avec un transport qui m'a bien plus touché que ma couronne. » (Lettre inédite de Florian.) C'est la duchesse d'Orléans qui demanda pour lui la pension de feu Mably.

2. Florian apprécie beaucoup le confort de la Cour d'Anet : « Je suis fort heureux ici, fort paisible, mange bien, digère bien, gagne au jeu et ne reçoit que des lettres divertissantes », écrit-il le 14 mars 1786. *Lettre inédite* passée dans la vente Laverdet, 1854, n° 190.

Florian, qui a les sens prompts et le cœur volage, une nature assez superficielle et chez le Florian qui dédie à M. Didot une fable déjà adressée à M. de Moriolles, dont il tient la mort pour certaine, un méridional assez opportuniste[1]...

... N'importe... Florian possède une qualité qui domine dans tout l'entourage de M. de Penthièvre et de sa fille. Il est bon. Il a établi un « droit des pauvres » sur la vente de ses livres, et cette façon d'être humanitaire semble assez préférable à celle de ses contemporains qui parlaient si souvent au lieu d'agir[2]. A Rambouillet, à Sceaux, à Anet, considérons-le sous son jour le plus favorable et laissons-lui, au milieu des volières, des oiseaux et des fleurs et sous un joli ciel de rêve, sa petite âme de berger propre à attendrir les âmes sensibles et à amuser les enfants.

Les enfants! C'est en rappelant leur souvenir qu'il convient de terminer cette étude sur le duc de Penthièvre. Eux aussi ont le don de le distraire et de le sortir de lui-même. C'est pour eux que le prince — qui ne va jamais au théâtre — fait jouer, en 1783 et en 1785, deux pièces de Florian : le *Bon Père* (son portrait) et la *Bonne Mère* (celui de la duchesse de Chartres)[3] ; c'est pour les enfants de la duchesse d'Orléans que Florian écrit, car, sans

1. Cf. de jolies anecdotes sur les amours de Florian dans Mme d'Oberkirch, *Florian*, par G. SAILLARD, Toulouse, 1912, *Florian à Rambouillet*, par M. LORIN (Mémoires cités), *Chérubin et l'amour*, par V. THOMSON, Calmann-Lévy, 1913, etc.

2. LE BRETON : *Le Roman au XVIIIe siècle*, p. 309.

3. En lisant cette pièce, on n'y voit point une simple flatterie, mais un hommage rendu à la princesse que Florian a comprise dans son meilleur rôle : le rôle maternel.

cesse, le vieux duc réclame ses petits-fils dans ses terres [1] Enfin, c'est pour la petite Aniette du Authier que le duc de Penthièvre fait jouer chez lui les marionnettes, car il aime presque à l'égal du duc de Valois qui, parfois, se dispute avec elle, cette petite fille à laquelle chaque matin il envoie un jouet caché dans la hotte d'un ramoneur en porcelaine.

Le Bon Père, la Bonne Mère, les vertus de M. de Penthièvre, le *ramona* [2] de Mlle du Authier, les grâces de la duchesse d'Orléans, les vertus de M. de Florian... tout cet ensemble idyllique semblera quelque peu fade au lecteur, qui sera tenté de s'écrier comme le faisait Marie-Antoinette en parcourant les fables du dit M. de Florian : « Il me semble que je mange de la soupe au lait. »

Sans doute... Mais si cet ensemble fait de candeur, d'innocence et de bonté manque un peu de saveur, avouons, au moins, qu'on y trouve, à la veille de la Révolution, quelque chose d'honnête, de frais et de sain, qui repose un moment avant de rentrer avec la duchesse d'Orléans dans la fournaise du Palais-Royal et que l'antithèse formée par le gendre et le beau-père mérite de retenir un moment l'attention.

1. Lorin : *Op. cit.*, p. 213. *Lettres inédites du duc de Penthièvre.* L'amour du duc de Penthièvre pour ses petits-fils, pour la jeune Aniette, pour le petit d'Alvimare, un musicien prodige qu'il fit élever et présenter à Marie-Antoinette (Jal : *Diction. critique*), influença certainement le talent de l'influençable Florian. Il est à remarquer que dans ses fables il parle des enfants beaucoup plus que La Fontaine.

2. C'est ainsi que Mlle du Authier appelait le ramoneur du duc de Penthièvre (*Lettres précitées*).

CHAPITRE VIII

La Révolution vient. — Désarroi de la princesse. — Sa douleur. — Attitude de son mari. — Rôle qu'on veut faire jouer à la princesse, après la prise de la Bastille. — Elle comprend maintenant la conduite de son mari. — Governor Morris.

Nous sommes maintenant en 1789. Les événements les plus importants se succèdent ininterrompus. Voici l'assemblée des Notables, la convocation des États Généraux. Sans le savoir, la duchesse d'Orléans vit dans la période la plus aiguë, qui sera bientôt la plus tragique de notre histoire contemporaine. Ce qu'elle sait, ce qu'elle sent plutôt, c'est que le malheur succède pour elle à la tristesse, qu'elle est au nombre des femmes les plus délaissées de son temps et qu'elle marche bien cette fois dans la voie douloureuse. Elle ne la quittera plus maintenant pendant vingt-cinq années, et quand elle en sortira, au soir de sa vie, ce sera désemparée, brisée, peut-être un peu amère...

Depuis le début de l'année, les pires infortunes l'accablent. Les événements politiques la déroutent. Son mari, dont l'esprit appartient à Laclos ou à Mme de Genlis, dont le cœur et les sens sont à Mme de Buffon, n'est plus qu'un « meneur mené », ses enfants s'éloignent d'elle chaque jour davantage et — pour qu'aucune épreuve ne lui manque — elle est guettée par la ruine.

Il lui faudrait un soutien, un appui. Elle n'en a point. Les vues des hommes qui l'entourent — elle est jolie, et elle est encore jeune — manquent de désintéressement ; Mme de Rully ne vit que pour M. de Piennes, Mme de Talleyrand est en Italie, Mme de Chastellux n'est pas un guide très sûr, Mme de La Tour du Pin n'est pas à la hauteur des circonstances, et — en montant un degré plus haut sur l'échelle sociale — on en pourrait dire autant de Mme de Lamballe. Il est vrai que la duchesse d'Orléans a son père. Mais depuis le mois de janvier, le duc de Penthièvre est tombé dans un état de prostration extrême. Elle est donc seule, infiniment seule.

Reprenons un à un ces motifs de douleurs, et nous verrons que le tableau n'est pas poussé au noir :

Aux événements politiques, il faut bien le dire, elle ne semble pas comprendre grand'chose. En face des brouillards qui assombrissent l'avenir, elle ne voit pas clair. Et qui donc d'ailleurs y voit clair et devine la profondeur du gouffre vers lequel on marche ?

Avec la faiblesse des femmes qui ne veulent pas reconnaître les torts de ceux qu'elles aiment, elle se refuse à croire aux erreurs politiques de son mari. Depuis longtemps elle ferme les yeux, mais ces yeux vont bientôt se dessiller.

Esclave de son éducation étroite de princesse française à laquelle, par surcroît, la vérité n'arrive jamais sans fard, et qui dans les questions politiques et sociales a forcément les vues un peu courtes, elle comprend pourtant une chose : la grande misère du peuple parisien en 1789. Et là, elle s'efforce de sortir de sa passivité habituelle pour se multiplier en actions efficaces. L'hiver a été le plus rude du siècle, la Seine a gelé de Paris jusqu'au Havre, la récolte a été mauvaise, la faim a succédé au froid. Il y a eu alors un grand élan de charité partout. La princesse a donné sans compter. Là-dessus, elle a été d'accord avec son mari, qui — sur le conseil, croit-on, de Mme de Genlis, dont toutes les actions ne doivent pas être jugées au criminel — s'est distingué par des largesses vraiment royales[1].

Le 20 décembre 1788, le *Journal de Paris* a annoncé que les princes d'Orléans donneraient mille livres de pain par jour aux pauvres de la paroisse Saint-Eustache, feraient soigner gratuitement les femmes en couches, et secourraient les pauvres honteux jusqu'à la fin du dégel. A la cour, il est vrai, on a froncé le sourcil et on a vu là comme une charité de fâctieux.

Depuis lors, à la veille des États Généraux, le duc d'Orléans a fait rédiger des instructions pour ses représentants dans les bailliages départementaux de ses domaines. Ses vues ont été très libérales. Ont-elles retenu longtemps l'attention de la princesse? Peut-être. Les conversations politiques sont à la mode. Chez Mme de Chastellux — très

1. DARD : *Op. cit.*, p. 166

opportuniste — chez Mme de Montboissier — très aristocrate — la duchesse d'Orléans aborde volontiers ce sujet, et même par un phénomène de réaction nerveuse, le souci des choses publiques est pour elle un dérivatif qui amène une amélioration passagère dans l'état de sa santé[1]. Mais, encore une fois, elle aborde ces graves questions en femme et en princesse. Ce qui assurément la frappera davantage et l'atteindra douloureusement au cœur dans les instructions du duc d'Orléans, c'est le fameux « article XII » qui — innovation inouïe « demande l'établissement du divorce comme le seul moyen d'éviter le malheur et le scandale des unions mal assorties ». Le coup vise-t-il seulement la Reine? Peut-être. Mais, assurément, la princesse, comme tout le monde de la Cour, voit là contre elle une injure et peut-être même une menace.

Si, au moment de la réunion des États Généraux, elle est blessée dans sa dignité « d'épouse », elle l'est aussi dans celle de « première princesse du sang » et elle essuie quelques paroles vives de la Reine. La Reine, elle lui est attachée, certes, mais de plus en plus rares sont ses rapports avec elle. N'est-elle pas la femme de son plus grand ennemi? Elle le sent vivement à la fameuse procession du 4 mai. Sur le conseil de Laclos, le duc d'Orléans, pour mieux afficher son patriotisme, a pris rang parmi les députés de la noblesse, au lieu de se mettre à la tête avec les princes du sang. Partout retentissent les cris de « Vivent le duc et la duchesse

1. Governor Morris: *Mémorial*, p. 103.

d'Orléans » qui font « pâlir Marie-Antoinette »[1]. La pauvre Reine ne peut retenir un mouvement d'humeur bien excusable.

— Madame, dit-elle à la princesse qui arrive avant elle à l'église Notre-Dame et qu'elle pensait emmener dans son carrosse, il y a une demi-heure que je vous ai attendue chez moi !

— Madame, en vous attendant ici, réplique la princesse, j'ai obéi à l'ordre qui m'a été envoyé de la part du Roi.

— Eh bien ! Madame, je n'ai pas de place pour vous, puisque vous n'êtes point venue.

Et la duchesse d'Orléans, forte de son innocence, de répondre avec cette vivacité héréditaire qu'elle refrène malaisément :

— C'est juste, Madame. Aussi ai-je à moi des voitures qui m'attendent[2].

Ces petites scènes sont là des piqûres d'amour-propre, que la duchesse d'Orléans doit vivement sentir.

Mais ce qu'elle doit sentir confusément, aussi, c'est le rôle de dupe qu'on lui fait jouer dans les événements précurseurs de cette Révolution qui lui déplaît si fort. Le Palais-Royal est devenu le rendez-vous des aigrefins, des mécontents et des frondeurs. Mme de Genlis, pour les réunir sous des motifs plausibles, leur distribue des cartes d'invitation « au nom de la duchesse d'Orléans ». Les habitudes de large hospitalité du Palais-Royal, où

1. Dard : *Op. cit.*, p. 173.

2. Ce dialogue est rapporté textuellement par Governor Morris.

la table est toujours mise, permettent à la princesse de ne pas découvrir cette manœuvre, et on abuse de sa candeur dans des proportions véritablement excessives.

On assure même que la malheureuse princesse fut inconsciemment la cause d'un des plus graves incidents de l'époque :

Alors qu'au début de la tourmente, la multitude, en un jour trop fameux, se pressait dans les rues de Paris, cherchant une proie pour assouvir ses colères qui montaient, un détachement de cavalerie fermait malaisément le passage d'une rue aux émeutiers. La duchesse d'Orléans arrive alors en carrosse, revenant du Raincy. Le commandant lui impose la consigne. Mais la princesse a ses moments de hauteur et, comme son père, elle tient, en public, à ces privilèges, qui sont si chers à la Maison de Bourbon.

— Une princesse, dit-elle, doit passer partout où elle veut.

Le commandant obéit. Aussitôt que la ligne est ouverte à son carrosse, les émeutiers s'écrient : « Vivent le duc et la duchesse d'Orléans », et ils suivent la voiture avec une impétuosité que la troupe ne peut maîtriser... Leurs flots grossissent... Leur fureur s'accroît... Une heure plus tard, ils pillent les magasins du malheureux Réveillon.

Les magasins de Réveillon ! Cette honnête maison où l'on fabrique du papier peint, c'est tout sim-

1. Cf. *Journées mémorables de la Révolution Française*. S. N. Paris, 1829. *Mémoires* du comte d'ALLONVILLE, etc., p. 32.

plement l'ancienne Folie-Titon. Les premières fureurs populaires, dont les suites mèneront « l'Égalité » à l'échafaud, se déchaînant là même où le duc d'Orléans, après y avoir mené trop joyeuse vie, a fait « initier » sa femme à la puissante franc-maçonnerie... L'histoire a de ces rapprochements curieux et saisissants.

L'anecdote a été plusieurs fois contée et elle paraît indiscutable. La « trouée » opérée par le carrosse de la princesse est-elle simplement due au hasard? Le duc d'Orléans, comme on l'a dit, avait-il fomenté l'insurrection, et la princesse, complice involontaire, avait-elle obéi à ses ordres [1], sans en prévoir les conséquences, en traversant Paris à une heure par lui prescrite? C'est là encore un des points obscurs de cette fameuse « conjuration d'Orléans », qui demeure encore si mystérieuse.

Mais là ne s'arrête pas son rôle. Il y a mieux. La princesse est obligée de se prêter aux allures démocratiques de son mari. Pendant les trois semaines qui précèdent le 14 juillet, ce ne sont au Palais-Royal que feux de joie, illuminations dans la nuit, réjouissances dans la journée, « qui tiennent de la folie ». Les « gens sages » ne peuvent plus pénétrer dans le jardin, où vainement le maréchal de Broglie somme le prince de rétablir l'ordre [2]. Et, sous ces mêmes allées où la duchesse d'Orléans

1. C'est l'avis de Talleyrand, de Malouet, de Taine, etc.

2. Cf. Les rapports d'un agent secret de Montmorin sur les agissements du duc d'Orléans. *Aff. étrang. France* 405, f. 238, et Dard : *Op. cit.*, p. 173.

s'est promenée tant de fois avec ce que la société de Paris comptait de plus élégant, il lui faut subir la promiscuité des orateurs de carrefour, des émeutiers de bas étage — voire même des poissardes.

Elles sont une force parisienne, ces poissardes, et quand les imaginations populaires s'exaltent et voient un libérateur dans le prince indolent du Palais-Royal, elles chantent :

Vive Louis XVI,
Vive ce roi vaillant,
Monsieur Necker,
Notre bon duc d'Orléans.

Aussi bien, quand on parle déjà de lui comme généralissime ou même comme roi, les « Orléanistes » ont-ils l'habileté de répandre un libelle assez perfide[1]. On prête aux poissardes le langage qu'elles auraient pu tenir dans la circonstance, et le pamphlet répandu à profusion dans le peuple vaut d'être entièrement cité. On y trouve un nouveau témoignage de l'extrême affection de ce peuple pour la duchesse d'Orléans — une Française — alors que les traits les plus cruels sont dirigés contre la malheureuse qui, aux yeux de beaucoup, est déjà l'Autrichienne.

En leur qualité de « dames », les poissardes regrettent le temps de la loi salique « imprimée du « temps de Pharlamont », et elles ajoutent :

1. Réclamation de toutes les poissardes, avec un petit mot à la gloire de notre bonne duchesse d'Orléans. Paris, chez Guillaume Junior, libraire, quai des Grands-Augustins (1789).

« N'est-i pas vrai que j'avons des princesses comme par exemple notre bonne duchesse d'Orléans, qui sont des femmes sur laquelle i n'y avons pas la moindre chose à leur reprocher et qui avions de la vertu sans comparaison, comme not' bonne sainte Geneviève? C'est vrai dà, ce que j'disions là, Messieurs les États Généraux.

« Pourquoi donc que les rois de France ne pouvions jamais se marier par fait de mariage avec des Françaises? Ce n'est pas qui j'y prétendrions, nous. J' savons ben qui faut de la grandeur et de la richesse. Mais y a-t-il donc pas, dans not' France, des femmes grandes et riches comme ailleurs? Faut-il donc que j'alions tout chercher cheu l'étranger? Ce n'est pas l'embarras. Y a de braves gens partout et je n'prétendons faire le procès à personne. A la bonne heure que ça s' fasse chez notr' Saint-Père-le-Turc, qu'il envoie chercher des Sultanes dans la Géorgienne et la Circassienne ; c'était un payen, un hérétique qui n'étions pas chrétien, et puis, çavions tant d'autres usages que ça fait frémir. Mais un bon roi de France qui aimions son peuple comme ses enfants, n'y pouvions-t-il pas trouver queuque gentille femme vertueuse qui lui plaisît dans une si grande famille?... V'là ce que j'avions à vous dire, Messieurs les États Généraux; c' n'est pas que j' prétendions vous faire la volonté, l'Bon Dieu nous en garde. Mais j' vous dégueulons ça tout comm' je l' pensons... »

Sur l'ordre de son mari, la duchesse d'Orléans retiendra à souper, le 15 juillet, au lendemain de la prise de la Bastille, un envoyé de l'Hôtel de

Ville et elle invitera les gentilshommes et les dames de sa suite à porter avec allégresse « la santé des bons citoyens de Paris et des courageux vainqueurs de la Bastille » [1]. Quels sont alors les sentiments qui l'animent? Le recul des temps ne permet guère de scruter sa conscience et de pénétrer son âme. Le vent d'enthousiasme qui souffle sur le Palais-Royal, où bientôt sa fille portera comme broche une de ces fameuses pierres de la Bastille vendues par l'industrieux Palloy, a-t-il passé sur sa tête? Cela n'est guère probable. M. de Paroy nous dit bien nettement ce que tous ses contemporains nous font entendre. Malgré l'échange de quelques paroles vives, elle est tout à fait attachée à la Royauté et elle la défend quand elle peut [2].

Et, d'ailleurs, en face des événements qui se précipitent, la duchesse d'Orléans voit maintenant clair. Nous avons le témoignage précis de Mme de Genlis sur l'attitude de la princesse, précisément au cours des mois qui suivirent la prise de la Bastille. « Mon indignation sur certains abus qu'il était si facile de réformer, écrit-elle, m'inspira une sorte d'enthousiasme pour le commencement d'une révolution dont je ne sentis aucune des conséquences, et qui me parut même faite pour affermir la durée de la Monarchie. L'imagination n'égara point Mme la duchesse d'Orléans ; elle ne s'abandonna point à des rêves romanesques ; elle jugea mieux que moi ; elle sut lire dans l'avenir [3]. »

1. *Les Élections et les Cahiers de Paris en 1789*, t. III, p. 555.
2. *Mémoires* du Comte de Paroy, pp. 272-274.
3. Mme de Genlis : *Mémoires*, t. IV, p. 82.

Détail bien curieux. A ce moment même, l'attitude du duc d'Orléans est énigmatique. Après la prise de la Bastille, il reproche à M. de Paroy de ne plus venir comme autrefois au Palais-Royal, et « il lui conseille des opinions modérées en politique [1] ».

Est-ce duplicité de sa part ? Veut-il plaire à M. de Paroy, qu'il sait très royaliste ? Son âme, comme il arrive si souvent chez les natures indécises, est-elle agitée par des mouvements contradictoires et de bonne foi, fait-il alors « machine arrière » ? On ne sait... En tous cas, il est des courants qu'on ne saurait remonter, et si le prince a eu un geste de recul, celui-ci est bref, car le duc d'Orléans est maintenant l' « idole... » ce qui veut dire un peu « l'esclave » du peuple. Quels que soient ses actes, d'ailleurs, la princesse n'y contredit jamais. Comme l'a très bien exprimé M. Britsch [2], « toute en tendresse, elle ne songeait guère à gouverner son mari et elle l'aimait trop pour contrarier ses fantaisies ».

Toute en tendresse, oui... mais il ne faudrait cependant pas considérer la duchesse d'Orléans comme une ingénue dont l'aveuglement confinerait de fort près à la sottise.

Elle ne veut pas, comme on l'a vu, s'avouer complètement les erreurs de son mari. Mais en cette année 1789, la coupe déborde et parfois, dans l'intimité, quand elle est sûre que ses propos ne seront

1. *Mémoires* du Comte de PAROY, p. 32.
2. Amédée BRITSCH : *Revue des Études historiques*, article cité.

pas répétés à la Cour et ne nuiront pas à son mari — car il importe de sauver les apparences — elle se laissera aller à des confidences qui prouvent que la lumière se fait.

Je n'en veux pour preuve que ces lignes extraites du journal de Governor Morris, qui la rencontre chez Mme de Chastellux : « La duchesse a quelque chose sur le cœur, écrit-il. Peut-être a-t-elle besoin d'être aimée. J'excuse auprès d'elle la mauvaise conduite de son mari... » S'il y a excuse d'une part, il y a donc eu plainte de l'autre...

Et cette réflexion : « Peut-être a-t-elle besoin d'être aimée », encore que, sous la plume de Morris, elle perde un peu de son importance, laisse malgré tout rêveur. Est-ce que dans cet immense amour conjugal qui, depuis si longtemps, consume la princesse, il y aurait maintenant des arrêts brusques ? des heures de lassitude ? Nous l'allons voir.

Ce Governor Morris est un bien intéressant personnage. Il surgit dans la vie de la duchesse d'Orléans au moment précis où lui manque un appui viril. Tout de suite, la sympathie naît chez elle — c'est assez sa coutume, il est vrai — et elle trouvera bientôt dans cette amitié, qui prouve une fois de plus son goût marqué pour les hommes d'esprit et de valeur, un « conseil » pour elle et un appui pour ses fils.

Mais, pour connaître ce que furent ces rapports, il faut, revenant un peu en arrière, abandonner un moment la politique pour suivre la duchesse d'Orléans dans ses plaisirs. Quelque triste que soit une princesse, quelque sombres que soient les événements, il est évident que le cours de sa vie mondaine ne s'arrête guère, et il faut convenir que, malgré ses larmes, la duchesse d'Orléans sait encore sourire et n'a point abdiqué toute coquetterie.

Pendant les dix premiers mois de l'année 1789, elle reçoit encore à Paris, elle va au Raincy chez son père et elle visite fréquemment ses dames chez lesquelles elle « prend le thé », suivant la mode anglaise, que le Palais-Royal — naturellement — a introduite en France.

C'est donc chez Mme de Chastellux — sa plus grande amie maintenant — qu'elle rencontre Governor Morris, ce ministre des États-Unis en France, qui fut l'étranger aux vues les plus nettes et les plus précises sur l'état de notre pays et qui, par son intelligence, son « parfum d'outre-mer », — ne venait-il pas de cette Amérique qui nous devait tant ? — fut alors très à la mode à Paris.

Mais si Morris a eu des clartés très vives sur la Révolution qui venait, s'il a été très averti de l'état politique de la France, il ne paraît pas probable qu'il ait aussi facilement saisi les finesses du fleuretage parisien. Comme beaucoup d'étrangers de son temps... doit-on dire de son temps ?... il est arrivé chez nous persuadé que les femmes y étaient faciles. Il est intimement convaincu qu'il a débarqué dans l'île de Cythère, dont il va, sans puritanisme, goûter tous les plaisirs. Il exagère un peu.....

Aussitôt qu'il est en présence d'une femme, il s'apprête à en faire le siège avec une fatuité qui serait irritante si elle n'était pas assez naïve, et — surtout quand celle-ci est gracieuse — il souligne à son sujet dans son mémorial, un certain « Nous verrons » plein de sous-entendus et d'espoirs de conquête. Ceci est à retenir au sujet du jugement qu'il portera sur notre héroïne ; car ce fameux « Nous verrons », il eut l'ingénuité de le formuler à son propos, dès le début de leurs relations [1]. En vérité, c'était viser un peu haut. Il plut dès la première rencontre à la princesse, parce que « ses expressions et ses jugementst ranchants contrastaient avec les fades politesses qu'elle avait l'habitude de recevoir partout », et trèsr apidement elle l'admit dans son intimité. On sait que, malgré son souci de l'étiquette en public, la duchesse d'Orléans a l'amour exagéré de la confidence et de la liberté avec ses inférieurs. Ce ton est pour dérouter le républicain Morris. Présenté le 7 mars, il s'étonne de voir une princesse qui sait être affable : « Au cours de ma visite, écrit-il, elle condescend à parler à quelqu'un qui n'est qu'un homme. » Et voilà que, le 25 mars, elle dit à Morris qu'elle est enchantée de le voir. « C'est très bien de sa part, écrit Morris, mais j'ignore ce que cela signifie exactement. »

Ce que cela signifie ? Le pauvre homme s'y méprend. Il est tout troublé, et c'est alors que le

1. Pour toute cette partie, cf. Governor Morris : *Mémorial* cité, *passim*, les excellents travaux de M. Esmein sur Governor Morris et la notice de E. Pariset qui précède l'édition de son *Mémorial*, Paris, Plon, 1901. Cette édition est, toutefois, inférieure à celle de Gandais.

fameux « Nous verrons » arrive sous sa plume. Il est vrai que — d'instinct — la princesse, toute vertueuse qu'elle soit, se livre à mille petits manèges innocents. « Elle a les plus beaux bras du monde, et elle trouve à chaque moment des prétextes pour porter ses mains à sa figure. » « Elle donne sans cesse rendez-vous à Morris chez Mme de Chastellux ou chez elle, elle lui demande de faire son thé et, quand elle « se plaint de la migraine », il se dépite, car il la croit de « mauvaise humeur ».

Voilà donc une duchesse d'Orléans « nouvelle manière ». Ce n'est plus tout à fait la trop douce créature que Delille nous représente — sans un moment de répit — en édifiante posture ; mais vraiment, sous ce jour, n'est-elle pas plus humaine et même plus sympathique, puisque, très délaissée, elle a le mérite de demeurer honnête, alors qu'elle est vraiment bien « femme » ? Car, certes, elle ne songe nullement à détourner de son chemin l'aimable étranger qui, de plus en plus perplexe, croit un jour « que c'est du persiflage », et le lendemain « qu'il sera obligé de défendre ses sens ! » Non ; en vérité, l'excellent Governor Morris n'a rien compris à la coquetterie de la femme française au XVIIIe siècle.

Il commence une cour en règle, et nous l'entendons, quelques mois plus tard, tourner des madrigaux et risquer des attaques un peu trop directes.

On vante un jour devant lui le portrait de la duchesse d'Orléans qui est exposé au Salon[1].

1. Governor MORRIS : *Op. cit.*, p. 46.

— Madame, ce portrait n'a qu'un défaut, lui dit-il.

— Lequel ?

— C'est qu'il ne m'appartient pas, Madame !

Dans le cours de l'été, Governor Morris est invité au Raincy, où la princesse passe quelques jours. Le récit un peu sarcastique qu'il nous a laissé de sa visite est curieux :

Il arrive le matin à onze heures. Personne n'est prêt dans la maison. Enfin on déjeune à midi, heure qui paraît bien tardive au « Governor ». Après le déjeuner — c'est un dimanche — la messe dans la chapelle. « Dans la tribune, nous dit-il, nous avons un évêque, un abbé, la duchesse, ses filles d'honneur et quelques amies. » Mme de Chastellux est agenouillée en bas. Morris le regrette, car, comme il ne craint point d'attiser plusieurs flammes en même temps, il entretient à l'endroit de celle-ci un sentiment qui ressemble, bien qu'il s'en défende, à une tendresse assez vive.

On pourrait souhaiter, peut-être, que chez la fille du duc de Penthièvre l'office soit suivi d'une manière un peu plus édifiante :

En effet, M. de Ségur et M. de Cubières[1] se livrent à d'agréables tours « avec une chandelle qu'ils mettent dans la poche de diverses personnes, y compris l'évêque, et qu'ils allument quand leur attention est distraite, à la grande joie des spectateurs. Nous en rions, écrit Morris, à gorge déployée,

1. Le chevalier de Cubières, frère du fameux démagogue Dorat-Cubières.

mais la duchesse garde son sérieux le plus qu'elle peut. Ce doit être un tableau édifiant pour les domestiques placés en face de nous et les villageois qui prient en bas. »

Ce petit tableau de genre explique la raison pour laquelle la princesse rougissait si fort naguère, quand on trouvait l'office du Saint-Esprit dans son sac à parfiler. Elle ne désire ou elle ne peut guère exercer une influence religieuse sur ses entours en un temps où certaine classe de la société emporte à la messe des romans cachés sous une reliure édifiante et où je ne sais quelle grande dame estime que la religion est bonne pour les laquais.

Écoutons la suite. Morris, on l'a dit, est peu indulgent pour la société française, mais les conversations qu'il note prouvent assez combien nous pouvons mal concevoir ce qu'était le ton de la Cour et du Palais-Royal, où les grivoiseries, les allusions personnelles se mêlaient étrangement aux affectations de rigorisme :

« A l'issue de la messe, nous commençons notre promenade, qui est assez longue malgré la chaleur. Nous prenons des bateaux et les messieurs rament pour les dames, ce qui est loin de nous rafraîchir. Ensuite, nouvelle promenade qui me donne très chaud ; j'ai une véritable fièvre. Je vais au château où je dors un peu en attendant le dîner qui n'a lieu qu'à cinq heures. Nombre d'individus se pressent aux fenêtres et, sans doute, se font une haute idée de la compagnie qu'ils ne peuvent examiner que de loin. Ah ! s'ils connaissaient le sujet des conversations, leur respect ferait vite place à un sentiment tout différent. Le comte de Ségur compose l'épitaphe de Mme de Saint-Simon [1]; il y est question de ses mœurs dissolues, et cela en termes peu voilés. Elle lui répond d'un ton sérieux qu'il a tort de la courtiser, car c'est la vanité seule qui le pousse à vouloir inspirer des sentiments que lui-même ne ressent pas. Il se défend en faisant remarquer que, même s'il réussissait, il ne saurait s'en montrer fier, la cour que l'on fait à une femme ressemblant à une partie d'échecs ; après un certain nombre de coups, le succès est certain. Elle en convient, et conclut avec d'autant plus de raison que, dans ce cas, il est ridicule de les courtiser. Je crois comprendre les sous-entendus de ce dialogue, mon attention ayant déjà été attirée sur les personnes en cause sans qu'on les eût nommées. Après le dîner, le temps qui était chaud se rafraîchit et le feu est très supportable [2].

« On fait une nouvelle promenade, mais je refuse d'y prendre part, étant complètement à bout de forces. Un peu avant huit heures, retour à Paris en compagnie de la nourrice et de l'enfant [3] de Mme de Chastellux. On aurait pu s'étonner en Amérique de les voir demander de monter dans ma voiture, mais c'est ici une chose tout à fait naturelle. J'y consens volontiers, mais pour un plus noble motif, car je suis heureux de la remercier des attentions qu'elle me prodigue et que je ne saurais rencontrer ailleurs. »

De telles parties de plaisir chez la duchesse

1. Dame de compagnie de la princesse.
2. Le 11 juin 1789.
3. Le comte de Chastellux, que nous retrouverons dans le volume qui suivra cet ouvrage.

d'Orléans deviennent rares. Les événements du 6 et du 7 octobre 1789 la frappent d'un coup douloureux. La stupeur est dans son entourage. Les rumeurs sur la « conjuration d'Orléans » s'accusent. Une domestique de Mme de La Tour du Pin, si fidèle à la princesse, n'ose-t-elle pas affirmer tout haut, qu'en pleine émeute elle « a vu arriver un Monsieur, en bottes très crottées et un fouet à la main, qui n'était autre que le duc d'Orléans, qu'elle connaissait parfaitement pour l'avoir vu bien souvent, que d'ailleurs des misérables l'appelaient *Vive notre roi d'Orléans!* [1] »

Commérage peut-être ? Mais ces commérages, on ose s'y livrer jusque devant elle. Et cette fois ses yeux vont s'ouvrir. Ce sera la pleine et fulgurante lumière — si douloureuse !

Quand la famille royale revient à Paris, le duc d'Orléans, nous dit Mme de Tourzel, est à Passy « avec Mme de Genlis et ses enfants sur le balcon de la maison qu'il y avait louée. Il les y avait placés pour jouir à son aise du spectacle de l'abaissement de la famille royale, qui ne put s'empêcher d'en faire la remarque. La Reine en parla à Mme la duchesse d'Orléans, qui soupira sans pouvoir rien répondre. Cette excellente princesse était bien loin de partager les sentiments du duc son époux. Elle s'aveuglait encore sur son compte et elle fut complètement malheureuse quand, l'illusion cessant, elle ne put s'empêcher d'apercevoir la part active qu'il prenait à cette affreuse Révolution [2]. »

1. Communication particulière.
2. Mme de Tourzel : *Mémoires*, t. I, p. 21.

Si la princesse voit s'envoler ses dernières illusions sur la conduite politique de son mari, elle a d'autres soucis. Elle apprend que cette Révolution qu'il favorise a mis ses finances dans un état précaire. Pour elle — qui ne sait point compter — la nouvelle est fâcheuse.

En cette année 1789, les revenus du duc d'Orléans ont atteint des sommes énormes.

Le chiffre nous en a été livré par Le Vassor de La Touche[1]. Le duché d'Orléans à lui seul représente 1.823.499 livres de revenus, le comté de Valois 1.116.834 livres, les domaines de Soissons, Laon et Noyon 31.950 livres. Et puis il y a les biens patrimoniaux : Joinville, Auge, Mortain, Avesnes, Montpensier, Beaujolais, Châtillon, les Dombes ; il y a les domaines engagés : Étampes, Chaumont, Vassy, Saint-Dizier, Domfront, Carentan, Saint-Lô ; il y a les rentes perpétuelles. Le tout atteint 6.775.259 livres de revenus annuels.

Mais combien les charges sont maintenant considérables ! Les revenus sont déjà obérés de rentes et de pensions léguées par l'aïeul et le père du duc d'Orléans, dont le total monte à deux millions, par une pension servie à la duchesse de Bourbon, par des pensions personnelles, par des dettes aux fournisseurs et aux entrepreneurs montant à 2.966.872 livres. Le prince a très peur, car si l'Assemblée nationale supprime l'apanage et ne lui donne qu'une rente d'un million, comme on

1. *Etat des biens et revenus de toute nature dont jouit M. d'Orléans... Certifié véritable par moi soussigné, surintendant des finances de M. d'Orléans, 1789* (Bibliothèque nationale. Imprimés).

l'annonce et comme cela va se produire, il aura pour toute ressource..... un déficit annuel de 983.452 livres, auquel il faudra ajouter les dépenses annuelles du ménage d'un million par an qui seront nécessairement faites sur les revenus personnels de la princesse, montant à 235.643 livres.

Tels sont les chiffres officiels dévoilés par le surintendant des finances du prince. Au vrai, les revenus sont beaucoup plus gros, suivant M. Britsch[1].

Mais alors, dira-t-on, si le duc d'Orléans — en véritable brasseur d'affaires, il est vrai — est arrivé à se procurer d'aussi estimables revenus, comment se fait-il qu'il soit presque ruiné au moment de la Révolution? Crise financière de l'époque, dettes personnelles, ajoutées à celles plus haut énoncées, argent dissipé en débauches ?... Peut-être... Mais tout de même on peut se demander comment se volatilise cette fortune, dans quel tonneau des Danaïdes elle s'engouffre. Et quand on songe que les gardes-françaises, si connus par leur attitude révolutionnaire, reçoivent, à cette époque, 14.000 livres de vin et de cervelas que le duc d'Orléans leur fait distribuer des places dans les jardins du Palais-Royal et que de tels exemples se pourraient multiplier, on est tenté de croire que, dans le duc d'Orléans, la Révolution a trouvé un bailleur de

1. Suivant un mémoire manuscrit (*Arch. nation.* F⁷, 6527), les revenus du ménage seraient en effet de 13.800.000 livres. M. Britsch parle de revenus assurés qui (d'après Bouillé), seraient en 1787 de 7.500.000, mais monteraient beaucoup plus haut par des agiotages. Le prince, malgré tout, serait toujours gêné (*Etudes historiques* citées).

fonds, plus qu'un chef. Et l'énigme assurément serait curieuse à déchiffrer [1].

En tous cas, à la suite des journées d'octobre, la disgrâce du duc d'Orléans à la cour est formelle. On la déguise, mais mal. La Fayette, dont l'attitude vis-à-vis du prince est fort louche, et dont la conduite manque de franchise, veut se débarrasser du parti Orléanais. Il aura à tâche de perdre le duc d'Orléans dans l'esprit du Roi, et dorénavant il embourbera dans les pires difficultés celui dont la popularité l'efface et qui certes n'est point de taille à lutter avec lui [2].

On est tenté, en pénétrant dans les coulisses du théâtre révolutionnaire, de s'écrier : « Quel dommage ! » En effet, d'irréparables maladresses vont être commises du côté de la Cour, comme du côté du Palais-Royal, alors qu'en 1789 et même en 1790, il aurait été si facile d'arracher à une politique néfaste et de paralyser dans une inaction bourgeoise et opulente celui qui, mené par les circonstances, poussé par les épaules par tout un parti, va devenir le sinistre Philippe-Égalité.

En ce temps, le duc d'Orléans ressemble encore beaucoup à ce qu'était le duc de Chartres. Exhausser au rang de chef ce prince timide, indolent, dilettante, et avant tout homme du monde, est une singulière erreur d'optique. Certes, il est aigri contre la Cour. Il a des griefs : Ouessant, les humiliations qu'il a subies, la guerre — très légitime

1. Cf. Dard : *Choderlos de Laclos*, passim.

1. Cf. Dard : *Op. cit.*, p. 180, et *Procédure du Châtelet sur les journées des 5 et 6 octobre.*

— que lui fait la Reine, à laquelle il a manqué, les plaisanteries ironiques si pénibles aux amours-propres chatouilleux, dont on l'accable à Versailles[1]... tout cet ensemble enfin qui effleurerait à peine un beau caractère a rempli d'amertume son âme sans grandeur. Il cabale donc contre la Cour, suivant toujours, en la poussant à l'extrême, la politique ancestrale, obéissant parfois aux suggestions de Mme de Genlis dont il me paraît cependant qu'on a exagéré l'influence en pareille matière, tantôt à celles de Choderlos de Laclos. Et par ailleurs, sa conduite n'est pas seulement dictée par des rancunes. Il a le cœur assez bon et l'esprit chimérique. Comme on le verra par les lettres de la princesse, il est imbu de vagues et nébuleuses idées de grand seigneur franc-maçon, et il cherche à améliorer la condition des humbles en les « arrachant à la tyrannie ».

Assurément, tout cela est un peu confus dans son esprit qui n'est pas tout à fait celui d'un penseur et qu'impressionnent surtout les vagues formules et la phraséologie imprécise et molle de son temps. Cet altruisme, au reste, n'a rien qui soit en désaccord avec ses intérêts, dont il est soucieux à l'excès.

1. Jusque dans le Palais-Royal, certaines dames du service de la princesse de Lamballe se moquent de lui presque ouvertement. Mme de Langeron va même jusqu'à dire « à sa barbe à Mme de Lage : J'ai envie de m'en passer la fantaisie — ce serait bien là le moment ! Et lui de dire en fronçant son vilain nez : Qu'est-ce que c'est ? Cette fantaisie était tout uniment de lui brûler la cervelle. » (Marquise de LAGE : *Souvenirs*. Evreux, 1869.) Si de tels propos revenaient jusqu'au prince, on comprend un peu son hostilité contre l'entourage de sa femme qui va bientôt se révéler.

Bien mieux, en servant la « chose publique » ou ce qu'il croit tel, il sert son épicurisme. Il est devenu — on affirme qu'il ne l'a pas toujours été[1] — très remarquablement cupide; et j'estime que c'est là qu'il faut chercher un des principaux motifs de ses actes, quand il entrera plus avant dans la voie révolutionnaire. Il tentera surtout, en se mettant du côté des plus forts, à sauvegarder les débris de cette fortune qu'il a tant gaspillée en favorisant le mouvement initial qui le déborde et va se retourner contre lui. C'est ce qui paraît le plus clair dans ce rôle de soi-disant chef de parti.

Est-il très ambitieux? Je crois plutôt qu'il est vain, car il n'a point l'énergie qui caractérise l'ambitieux. Comme son père, comme son beau-père, comme sa femme, il n'a comme caractère qu'une absence de caractère. C'est bien là le défaut de cuirasse — en ce temps — de tous les princes de sa race; et certes, il ne pourrait renier l'exclamation de sa cousine Madame Adélaïde, fille de Louis XV, qui répondait aux admonestations reçues sur sa faiblesse : « Vous oubliez donc que je suis Bourbon![2] »

Je n'ai pas à tracer ici l'histoire de la politique du duc d'Orléans depuis 1789. L'œuvre a été faite, et bien faite[3]. Mais sans suivre les menées de Laclos et les méandres de son maître, il est permis de dire ici que le duc d'Orléans n'a aucune vue à longue

1. Mme de GENLIS : *Mémoires*, t. II, p. 164.
2. Mme de BOIGNE : *Op. cit.*, t. I, p. 59.
3. Cf. non seulement l'ouvrage de M. E. Dard, si souvent cité, mais les excellents articles de M. Britsch, déjà rappelés, notamment, celui du *Correspondant* du 10 fév. 1912.

portée, que, comme tousles jouisseurs, il vit dans l'instant présent, et que — d'intelligence ordinaire — il apparaît alors sous l'aspect d'un « pauvre homme » prêt à devenir un « triste sire » et puis bientôt un criminel presque inconscient, tant un « faible » perd vite la lucidité sur ses actes quand il est mal engagé dans la vie... Et tout cela est la suite d'éducation mauvaise, de principes faux et de chutes successives accélérées par les influences, qui, sans l'excuser, l'expliquent. Né dans une époque d'équilibre, il aurait sans doute glissé dans l'histoire aussi inaperçu que son père et son aïeul, et son image, que d'ailleurs ont singulièrement déformée les pamphlets pré-révolutionnaires ou post-révolutionnaires, serait demeurée un peu terne dans la galerie familiale, au lieu d'en être exclue, avec celle du connétable de Bourbon, pour être clouée au pilori de l'histoire.

Un homme d'aussi médiocre trempe était donc à bout d'efforts après les événements d'octobre. Sa rancune contre la Cour pouvait s'apaiser devant les humiliations de la famille royale. Elle était satisfaite. Si le Roi ou ses ministres avaient voulu obtenir du duc d'Orléans un rapprochement honorable, flatter son amour-propre, favoriser peut-être ses excessives inclinations vers les biens de fortune, si le duc de Penthièvre et la duchesse d'Orléans avaient eu plus d'emprise sur leur gendre et sur leur mari livré depuis un an aux ardélions, aux aigrefins, aux péroreurs de carrefour, peut-être la tourmente eût-elle été moins violente, peut-être d'irréparables crimes eussent-ils été évités..., ou atténués.

Peut-être... Les hommes sont pleins d'anomalies inexplicables, et quand on les veut montrer parfaitement conséquents avec eux-mêmes, on n'obtient que des images irréelles et simplistes, dignes de figurer de toute pièce au roman. Le duc d'Orléans, par ses tendances ataviques, appartenait certes plus à l'Ancien Régime qu'à la Révolution, et sans tourner au rouge comme il le fit « ni demeurer blanc comme il l'aurait pu faire », il se serait sans doute volontiers rangé définitivement parmi les tricolores..., ou constitutionnels, car, de bonne foi, on ne peut croire qu'il ait *sérieusement* visé le trône.

Et surtout — car aux grands effets les petites causes — le duc d'Orléans, las d'une Révolution qui « dérangeait ses plaisirs [1] », se serait peut-être rallié à la Cour pour jouir en paix de l'amour qui l'absorbait alors et qui le rendait impropre à l'action quand il n'était point harcelé. Mme de Buffon avait pris dans sa vie une place que chaque jour avait accrue, et que la duchesse d'Orléans avait définitivement acceptée.

Il est vrai que celle-ci n'encanaillait toujours point son amant. Elle vivait alors modestement dans une petite maison du fruit de son propre revenu. Malgré tout, « les portes de la bonne compagnie se fermaient devant elle [2] ». Car, bien qu'on en ait dit, la société du temps n'était point si tolérante quand l'adultère était indiscret et le scandale criant.

1. E. Dard : *Op. cit.*, p. 193.

2. Comte de Bacourt : *Correspondance entre La Marck et Mirabeau*, t. I, p. 73.

Mais Mme de Buffon n'en avait cure. Elle aimait le prince éperdument. Le sentiment d'ailleurs était réciproque. Le jouisseur blasé qu'était le duc d'Orléans avait retrouvé un cœur très jeune, au contact de cette petite provinciale toute neuve. Entre eux s'était noué un roman d'amour étonnant, véritable idylle — hors la loi — dans laquelle tous deux cherchaient le repos et les faux semblants du bonheur domestique et bourgeois.

Bien mieux, Mme de Buffon s'était concilié, comme on l'a dit, l'affection des enfants du prince, auxquels elle écrira pendant la Terreur des lettres toutes en tendresses [1].

Fallait-il que la pauvre duchesse d'Orléans fût lasse de Mme de Genlis, pour accepter semblable situation et s'incliner devant la beauté d'une rivale! Car Mme de Buffon était belle, comme nous l'a dit — avec d'autres — Mme de Villeneuve-Arifat :

« Dans une promenade au bois de Boulogne, écrit celle-ci, nous rencontrâmes M. le duc d'Orléans... Il rendit avec infiniment de grâces le salut que lui fit mon père. Il en avait beaucoup dans sa belle tournure ,et de celle qui n'appartient qu'aux

1. Mme de Buffon, divorcée et connue sous le nom de Mme de Cépoy, faillit mourir victime de son dévouement à Philippe-Egalité pendant la Terreur. Elle s'occupa, au péril de ses jours, des princes incarcérés à Marseille, puis elle leur confia un fils naturel — le chevalier d'Orléans — qu'elle avait eu du prince. Talleyrand, plus tard, affirme Mme de Boigne, voulut l'épouser, mais elle refusa un « défroqué ». Elle épousa le baron de Bussière, et elle passa très modestement sa vieillesse à Saint-Germain-en-Laye, puis à Vitry-sur-Seine, où elle mourut, le 15 mai 1808 Cf. Lescure : Article cité *Revue politique*, 1882. Mme de Boigne : t. I, p. 237. Nauroy : *Le Curieux*, t. II, p. 208.

princes. Sa toilette était recherchée, on voyait briller sur son frac amaranthe de magnifiques boutons d'acier. On sait qu'à cette époque c'était d'un grand prix. La bien agréable Mme de Buffon était assise auprès du prince, qui conduisait lui-même son wisky. Elle portait une robe bleue, couleur bien assortie à celle de ses cheveux du plus beau blond, et à la blancheur de sa peau. Son chapeau semblait placé tout naturellement, quoique de côté, et dissimulait les marques d'une ancienne brulûre qui, au reste, n'était pas très forte, et ne l'empêchait pas d'être une fort jolie femme. Sa taille était charmante[1]. »

C'est donc à ce roman que le roi Louis XVI — trop digne peut-être pour faire des avances à un ennemi de la Reine — arrache le duc d'Orléans, au mois d'octobre 1789. Après les fameuses journées du 5 et du 6, on a promené son buste dans Paris, en criant : « Vive M. le duc d'Orléans ! » on a encore parlé pour lui de la lieutenance du royaume, « tout cela a l'air d'une conjuration formée contre la Reine[2] », et ces manifestations excessives désobligent le parti de Marie-Antoinette et même les familiers de Mme de Lamballe et de la duchesse d'Orléans.

Il faut donc que le prince quitte Paris. C'est en Angleterre que le roi l'envoie, dans ce pays d'Outre-Manche toujours néfaste aux d'Orléans.

1. Marquise de VILLENEUVE-ARIFAT : *Souvenirs d'enfance et de jeunesse* (1780-92), publiés par Henri Courteault, Paris, 1902, p. 79.

2 PAROY : *Mémoires cités*, p. 130.

Le duc a compris lui-même, affirme un de ses commensaux, la nécessité du départ. Chez M. de Coigny, son ami, il a rencontré La Fayette, qui, jouant double jeu, l'engage à s'écarter avec « une mission particulière du Roi ». L'exil est masqué sous les phrases les plus honnêtes, et si jamais langage des cours fut trompeur, ce fut bien dans la circonstance.

Les instructions du prince, soi-disant chargé de surveiller la cour de Londres, portent en effet ces mots : « Telle est la commission importante que le Roi confie au zèle, aux lumières et au patriotisme de son cousin le duc d'Orléans. Sa Majesté a reçu avec sensibilité l'offre que ce prince lui a faite de s'en charger. Elle a regardé cette offre, comme une nouvelle preuve de l'attachement qu'il a pour sa famille, comme de son dévouement pour les intérêts de l'État[1]. »

Bref, a dit M. Dard, « on renvoyait le duc d'Orléans aux Anglais, comme un traître à ses complices[2] ».

Personne ne fut dupe de cette phraséologie officielle. A Londres, tout le monde s'écria que le prince partait contre son gré, et M. de La Luzerne se donna vainement beaucoup de mal pour dissiper ces « absurdités »... C'est alors que la duchesse d'Orléans, sensible à l'affront et cherchant jusqu'au dernier moment à sauver les apparences, dut s'adresser à la femme qu'elle détestait maintenant

1. Aff. étrang. *Angleterre. Correspondance*, 570, p. 61.
2. Aff. étrang. *Idem*, p. 69.

— à Mme de Genlis — pour expliquer la « mission de confiance » de son mari. Le fait est touchant, et c'est de Mme de Genlis elle-même que nous en avons obtenu l'aveu. « ... J'ai... rédigé, écrira-t-elle plus tard, un petit écrit d'une page sur M. d'Orléans et qui fut mis dans les journaux, mais ce ne fut point à sa prière. Ce fut, le lendemain de son départ pour l'Angleterre, Mme d'Orléans qui me demanda de faire l'annonce de cet étrange voyage. J'y consentis, et Mme d'Orléans fit mettre ce petit écrit dans tous les papiers publics. Voici sans exception toute la part que j'ai eue depuis la Révolution dans les affaires de la Maison d'Orléans[1]. »

Mme de Genlis est trop modeste... Mais de fait, au moment du voyage en Angleterre, son influence sur le prince commençait de sensiblement baisser au profit de Laclos. Il est vrai que, comme l'écrira plus tard la duchesse d'Orléans, en parlant de son mari : « J'ai appris, par une longue et triste expérience, à connaître les entours qui, malheureusement pour lui et pour tout ce qui tient à lui, l'ont subjugué et le gouvernent. Il se révolte quelquefois contre leur entreprise, mais ses chaînes s'en resserrent davantage[2]. »

En arrivant à Boulogne, le 16 octobre 1789, le duc d'Orléans fut arrêté par une foule enthousiaste qui ne voulait point le laisser partir, « son départ paraissant au peuple une vengeance de la Cour et

1. *Ma conduite depuis la Révolution*, par Mme de Genlis. Hambourg, 1796.
2. Archives particulières.

sa mission une véritable lettre de cachet[1] ». La pauvre princesse, à laquelle la popularité de mauvais aloi de son mari déplaisait fort, s'en montra « très peinée ». « Il est bien dur pour un cœur si bon, écrit Governor Morris, dont elle reçoit alors la visite « avec reconnaissance » d'être condamné à tant souffrir !... Pauvre femme[2] ! »

Nous sortirions de notre sujet en accompagnant le duc d'Orléans dans sa mission diplomatique. Disons seulement que, dans ses lettres officielles, notre ambassadeur, M. de La Luzerne, écrit au ministre Montmorin qu'à sa première audience du 29 octobre, le duc d'Orléans « s'est entretenu [avec le roi d'Angleterre] sur les malheurs de la France, sur la bonté et la modération du Roi, sur l'intérêt que sa position doit inspirer à tous les souverains du monde... « Combien [le roi d'Angleterre] a admiré le sang-froid, la prudence et la fermeté inébranlables du roi dans la circontance, etc.[3]... »

Mais les lettres chiffrées sont bien différentes, et elles nous permettent de suivre le prince dans sa vie privée, dont les échos ne doivent point réjouir notre princesse. Le roi et la reine ont été très secs pour le duc d'Orléans. Pitt le traite avec peu de considération et le juge incapable de diriger un parti[4],

1. DARD : *Op. cit.*, p. 200.
2. Governor MORRIS : *Op. cit.*, p. 103.
3. Aff. étrang. *Angleterre, correspondance*, 570, p. 167.
4. « Ni le roi ni M. Pitt ne le croient pas (*sic*) capable de nouer une intrigue. Ils ont une si mince opinion de lui, ils le croient si peu fait pour être chef d'un parti qu'ils ne mêleront certainement pas leurs affaires avec les siennes. » *Angleterre*, 570, p. 200.

M. de La Luzerne est « obsédé de questions » sur sa disgrâce; et la bonne société lui bat froid. Suivant son habitude, le duc d'Orléans se venge en bravant l'opinion publique, en fréquentant les tripots, les courses, et en courant la banlieue, pour ne venir à Londres « qu'à des moments [1] », livrant inconsidérément ses confidences à des espions de Pitt ou de La Luzerne.

Il y a aussi dans sa vie des aventures amoureuses. L'une d'elles, inconnue de ses historiens, serait des plus romanesques, mais point à son honneur. Dans la propriété d'un lord anglais, caché sous un faux nom, il aurait trompé, par un mariage à la *Gretna-Green* hâtif et secret, certaine demoiselle de condition [2]...

Mais ce n'est là que fantaisies, et celle qui continue de régner sur son cœur, c'est la belle Agnès de Buffon emmenée avec lui en Angleterre. Il l'affiche plus que jamais, et, bien qu'à l'habitude on conteste à celle-ci toute influence sur le prince, je croirais volontiers qu'à partir de 1790, la maîtresse en titre ne fut pas aussi étrangère qu'on veut bien le dire à l'orientation politique du duc d'Orléans. Certes, sa politique à elle n'est pas des plus compliquées, mais c'est celle d'une femme dont on a

1. *Angleterre. Correspondance*, 573, p. 281.

2. Le récit de cette aventure extra-conjugale nous entraînerait trop loin de la duchesse d'Orléans. Je ne puis d'ailleurs la citer que sous toute réserve, bien qu'ayant eu entre les mains un manuscrit fort curieux, relatant cette intrigue avec un luxe de détails romanesques peut-être trop précis pour ne pas en attribuer certains à la fiction. Ce manuscrit, rapportant des faits connus en Angleterre au siècle dernier, était jadis en la possession de feu Mlle de R., tenant de près à l'héroïne du roman et morte à Sens dans un âge très avancé.

humilié l'amant : nécessairement politique de vengeance. Comment Mme de Buffon, qui est « très exaltée dans les idées révolutionnaires [1] » qui croira plus tard au complot de la cour dans la journée du 10 août, qui déteste Marie-Antoinette, qui parlera des chevaliers du poignard et de « leur gros chef mis au Temple [2] », serait-elle sans ascendant sur un prince émotif et nécessairement esclave de celle qui le conduit par les sens?

Et pendant que l'amant et la maîtresse sont à Londres, où leur séjour se prolonge, pendant qu'ils s'aigrissent — puisqu'ils vivent en *outlaws* — contre toute cette vieille société traditionaliste, si chère à la duchesse d'Orléans, celle-ci demeure de plus en plus confinée, chaque jour plus triste, chaque jour plus humiliée. Elle commence à sentir très lourdement le poids du nom qu'elle porte et elle n'ose plus se montrer à la cour, craignant d'y être mal reçue. Il fallut, pour la décider à faire cet effort, que la « princesse de Lamballe redoublât de pitié et d'affection pour sa belle-sœur, allât souvent souper chez elle et lui dît que Leurs Majestés ne la rendaient nullement responsable des torts de son mari et la recevraient très bien [3] ».

1. Cf. *Marie-Antoinette* de GONCOURT et les curieuses lettres de Mme de Buffon à Lauzun. Miss Elliott et Tilly sont les seuls contemporains qui parlent de la mauvaise influence de Mme de Buffon sur le duc d'Orléans. Je ne fais nullement état des mémoires de Miss Elliott, bien qu'ils soient si souvent et sérieusement cités. Mais Tilly connaissait bien le duc d'Orléans.

2. Renseignement particulier.

3. *The Princess de Lamballe*, by Sir Francis MONTEFIORE, Bart. London, 1896.

C'est au fond du Palais-Royal, entourée de quelques intimes, de Mme de Rully, de plus en plus « coquette avec tout le monde », nous dit Governor Morris, de M. d'Osmond, de Mme de Chastellux surtout, que la duchesse d'Orléans passe le meilleur de ses tristes journées.

Mais elle subit aussi une influence qui, pour la première fois de sa vie, provoque autour d'elle de perfides commentaires.

Installé au Palais-Royal comme chez lui, familier héréditaire, en quelque sorte de la maison, un homme irrésistible qu'on surnomme le « Lovelace du jour » rôde autour d'elle.

C'est le vicomte de Ségur, auteur de chansons, de vers et de comédies qui auront aux jours de sa ruine assez de succès pour le faire vivre. Mais dans l'instant, de cœur sec et d'esprit ironique, c'est un causeur de salon et un coureur d'alcôve, digne de figurer dans les *Liaisons dangereuses,* tant il se fait un jeu de compromettre les femmes.

Leur intimité date de loin. Par son aïeule Angélique de Froissy, fille légitimée du régent, Ségur n'est-il pas le cousin issu de germain du duc d'Orléans ? Ne possède-t-il pas cet esprit si souple et si fin, héritage de famille, auquel la princesse ne demeure jamais insensible ? Sans défiance, elle l'a laissé prendre dans sa vie — cette faible créature qui toujours s'appuie sur quelqu'un — une place qui devient un peu scabreuse, quand le mari voyage outre-mer, et les médisances suivent maintenant leur cours habituel. Avec la mentalité que nous lui connaissons, Governor Morris, sans les accréditer tout à fait, croit, bien entendu, aux sentiments tendres de la princesse. Il nous a dit, naguères, qu'elle avait peut-être « besoin d'être aimée ». Et quand il voit Ségur à ses côtés, il risque des insinuations : « Je pense, écrit-il, que les attentions de ce dernier lui plaisent plus qu'elle ne veut l'avouer », ou bien encore : « J'ai acheté à Londres [1] un gros chien de Terre-Neuve pour la duchesse d'Orléans. Je l'emmène aujourd'hui au Palais-Royal où je vais dîner et le présente à Son Altesse Royale, qui paraît bien contente. Le vicomte de Ségur le prend en amitié. Cela s'entend. »

Un peu plus tard, des libelles anonymes ou des correspondances apocryphes se font les échos des basses médisances, telles ces lettres à Laclos qu'on prête fort gratuitement au duc d'Orléans : « On m'a écrit ici une grosse calomnie sur la duchesse. Je ne crois pas du tout ce qu'on me mande, mais dites-lui de ne pas permettre que Ségur soit si assidu auprès d'elle. Nos ennemis observent tout. On la fait passer pour ce qu'elle n'est pas et cette opinion peu (*sic*) trop bien servir la *grande dame* [2]. Faites-lui sentir cela [3] », ou encore cette allusion aux assiduités de Ségur : « ... Agnès [de Buffon]

1. Governor MORRIS, *op. cit.*, p. 185.

2. Allusion probable à la Reine.

3. *La Faction d'Orléans mieux dévoilée.* Londres, 10 mai 1790. « La publication de plusieurs de ces nombreux libelles parus alors coïncide précisément avec le séjour de Mme de Genlis à Bury et à Londres. Ses relations suivies avec les amis de la Révolution, notamment avec J.-H. Stones, puis avec Fox et Shéridan, conduisent à supposer qu'elle ne fut peut-être pas complètement étrangère à certaines allusions peu sympathiques à la duchesse d'Orléans.» (Communication de M. Jean Harmand.)

me fait là-dessus de bonnes épigrammes ; l'autre jour en revenant de la chasse, elle m'appela son cher Actéon. »

Ces commérages vulgaires méritent d'être signalés, mais, certes, il ne convient point d'y ajouter foi. La vive affection de la princesse, cette abandonnée, pour Ségur se nuança-t-elle à son insu d'un sentiment plus tendre? Doit-on le classer dans les cas réservés d'amitié amoureuse? C'est là un problème psychologique bien délicat. Il faudrait, pour le résoudre, savoir exactement où finit l'affection et où commence l'amour, point obscur, que personne, à commencer en général par les intéressés eux-mêmes, n'a jamais pu éclaircir avec une précision mathématique.

Ajoutons encore que Ségur aimait alors Mme de Chastellux, ce qui n'exclurait point chez lui un sentiment pour la princesse, mais qu'on verrait mal la vertueuse fille du duc de Penthièvre s'accommoder de ce partage; et n'hésitons point à reconnaître qu'elle demeura une honnête femme fortement éprise de son mari, et que Ségur ne fut pas ce que dans l'aimable langage du temps on aurait appelé son « greluchon ». Avec son habituelle loyauté, elle nous édifiera d'ailleurs elle-même sur ce point, quand elle écrira à son mari, au moment des réformes du Palais-Royal, cette lettre demeurée inédite [1] : « ... Quant à ce qui me regarde, je suis décidée à loger M. d'Osmont et à

1. Cf. plus loin l'historique de ces lettres conservées à la Bibliothèque de l'Institut (NS. LI.)

laisser l'appartement de Mme de Charost au vicomte de Ségur. J'étais bien sûre, quand je vous l'ai proposé, que cela ne pourrait vous déplaire, et quant à ce que cela pourra être trouvé extraordinaire, je n'ai de ma vie balancé entre un propos et un service à rendre à quelqu'un sur l'attachement duquel je pouvais compter; je pense d'ailleurs comme vous, qu'il faut les mépriser quand on n'a pas de reproche à se faire ; j'ai, de plus, l'amour-propre de croire que je suis fort au-dessus de ceux que l'on pourrait tenir et que. comme les personnes qui s'en permettraient auraient des raisons pour cela, ils n'en tomberaient que plus vite. Au demeurant, comme je vous l'ai déj à dit, les méchancetés ne m'arrêteront jamais ; j'ai toute ma vie eu ce système, et je ne m'en suis jamais repentie. »

Et d'ailleurs quand la princesse se sent trop isolée, c'est chez son père qu'elle va chercher un soutien moral un peu plus sûr peut-être que celui du vicomte... Pour mieux dire, la duchesse d'Orléans et le duc de Penthièvre s'appuient mutuellement l'un sur l'autre, et leur sort mutuel rappelle celui de l'aveugle et celui du paralytique. Tous deux sont très souffrants. Les soucis de la politique s'ajoutant à leurs chagrins personnels, ils font assaut de misères nerveuses et le père se plaint de ses « malingreries » tandis que la fille souffre de ses « crispations » et que tous deux se soignent comme ils peuvent, au baume de la Mecque ou au térébinthe de Judée [1]. Dans cet état, le duc de Pen-

1. COURDEMANCHE : *Op. cit.*, p. 366.

thièvre ne peut plus demeurer en place. Son besoin de locomotion est plus maladif que jamais et, en 1789 et 1790, il va sans cesse d'une terre à l'autre sans y séjourner. Bien mieux, il songe à aller en Suisse, en Italie... et quoi qu'on en ait dit, je me demande si ces projets — jamais exécutés, bien entendu, puisque nous sommes en face d'un valétudinaire qui n'a plus ni décision ni volonté — ne cachent point quelque projet d'émigration.

Le 4 juillet 1789, il a écrit de Paris au Cardinal de Bernis : « Je ne suis qu'un passant dans le lieu d'où j'écris cette lettre, ma santé qui éprouve toujours quelques malingreries m'oblige de me tenir éloigné du tumulte. Mon Esculape avait envie de m'envoyer en Italie, croyant qu'un climat plus chaud pouvait m'être utile. Si j'étais par hasard dans le cas d'user de ce remède, j'espère que vous ne me chasseriez pas de chez vous... [1] »

Le prince n'a pas usé de ce remède. Il a été à Vernon, à Anet, à Armainvilliers, à Nogent-sur-Seine, à Châteauvillain, où son beau-frère, l'innocent prince de Conti, terrorisé par les événements, est venu lui demander l'hospitalité, car c'est seulement auprès d'un grand seigneur aussi populaire qu'il espère trouver le salut. Puis, après de nouveaux déplacements, le duc de Penthièvre est revenu en coup de vent à Paris. Il a été voir sa fille au Palais-Royal le 1er août 1789 et, « la trouvant dans le foyer même des agitateurs », il a fui épou-

1. Lettres inédites conservées dans les archives de la famille de Bernis. Communication de M. Frédéric Masson, de l'Académie française.

vanté, « se gardant bien de revenir[1] par le jardin dont la vue était effrayante », et dès le lendemain, après avoir passé la nuit en prières, il a gagné, Aumale et Eu où l'a rejoint Mme de Lamballe. C'est là qu'il a reçu, le 7 octobre, à neuf heures du soir, la nouvelle foudroyante des événements du 5 et du 6 octobre.

— Oh! mon papa, s'est écriée Mme de Lamballe, quel horrible événement! Il faut que je parte sur-le-champ[2]!

A minuit, la princesse s'est mise en route pour rejoindre la reine, « par un temps affreux et la nuit la plus obscure ». Exténué, le duc de Penthièvre l'a rejointe le 10 à Paris. Chaque jour il a vu le roi, la famille royale et sa fille. Celle-ci, qui avait déjà plusieurs fois visité son père à Châteauvillain, à Anet et à Sceaux pendant le courant de l'année, l'a suivi avec ses enfants et Mme de Lamballe à Châteauneuf-sur-Loire, où il est arrivé le 19 décembre.

Pour un long séjour? Certes non. Le 12 janvier, il est dans son château d'Amboise, où sa fille vient le voir également, et, le 19, il écrit de nouveau au Cardinal de Bernis : « Ma santé m'a obligé de demander au Roi de vouloir bien me permettre de passer l'hiver dans la demeure que j'ai acquise sur les bords de la Loire. J'ai des étouffements fort incommodes que ma Faculté dit n'être pas dangereux, mais qui ne me permettent point de fréquen-

1. Honoré Bonhomme : *Op. cit.*, p. 131. Fortaire : *Op. cit.*, p. 220.

2. Fortaire : *Op. cit.*, p. 232.

ter le grand monde. Je ne suis pas venu dans le lieu d'où j'écris cette lettre sans avoir fait ma cour à Leurs Majestés depuis qu'Elles sont aux Tuileries... »

Et le 26 janvier : « Mon prétendu voyage à Rome est de même classe que mon soi-disant voyage en Suisse de l'automne dernier, qui a fait une explosion fort au-dessus de mes mérites ; ce qu'il y a de réel est que ma santé dérangée depuis dix mois, comme vous avez pu le voir dans les lettres dont je vous ai importuné, et non raffermie par l'état de convulsion, très opposé à mon caractère, dans lequel nous nous trouvons, pourrait demander un voyage d'un moment à l'autre, mais je ne porterai pas mes pas vers Rome sans m'être préalablement concerté avec vous. Je ne demande point à Votre Éminence de confier au papier ce qu'elle ne croit point devoir mettre par écrit. Je souhaiterais seulement qu'elle voulût bien me mander si les obstacles à mon voyage de Rome prennent naissance dans cette ville ou viennent de ma patrie... »

« Je prête demain le serment civique devant la municipalité de la ville d'Amboise, dont j'habite le château ; cette maison est fort mal décorée en comparaison de Chanteloup, mais la vue en est superbe. J'enverrai tout de suite le procès-verbal de ma prestation de serment au district de Saint-Honoré, sur le territoire duquel se trouve l'hôtel de Toulouse. La commune de Paris semble mettre quelque prix à cette démarche de ma part. Je crois devoir m'y porter, le Roi ayant accepté la constitution nouvelle et Monsieur ayant prêté le serment que l'on désire de moi. J'ai rendu compte à Sa Majesté, ainsi que le devoir me le prescrivait, de la conduite que je tenais...[1] »

Le duc de Penthièvre, on le voit, se soumet à la Révolution tant que ses devoirs de sujet de Sa Majesté le lui permettent[2]. Il en déplore les conséquences terribles qu'il pressent avec une grande netteté de vue. Mais — cette fois encore — il est le type parfait du grand seigneur qui sait vivre avec son temps et qui, sans aimer la Révolution, a senti la nécessité d'une évolution. Les bornes de cette étude ne me permettent pas de dire combien sa popularité est grande, quelles ovations l'attendent partout où il passe, même en ces temps si troublés. Ces égards sont touchants. A Sceaux, écrit-il à Bernis, le 5 avril 1790, le maire s'absente pendant les jours saints « pour éviter de prendre le pas sur lui dans les cérémonies de la semaine ».

De Châteauneuf il écrit encore, le 30 mai 1790 : « Nous avons eu une petite émotion à Amboise pour un motif trop peu à redouter dans le temps qui court. Le peuple d'une des paroisses de cette ville voulait faire rétablir la troisième fête de la Pentecôte, supprimée depuis plusieurs années : cette émotion a pris fin d'une manière touchante pour moi. Le curé envers qui on commençait à user de menaces a dit que les émeutes étaient un moyen de m'éloi-

1. *Archives Bernis.*

2. « Mon serment civique est prêté et remis au district de Saint-Honoré. Ma conduite a reçu l'approbation du Roi. » Lettre à Bernis du 5 mars 1790.

gner d'Amboise, et tout le monde s'est retiré sans rien dire. »

Est-il atteint par quelque mesure révolutionnaire ? Il s'efforce d'en sourire.

En avril 1790, il a écrit à Bernis : « L'étiquette est devenue pour moi une langue étrangère : Ma plus belle dignité maintenant est celle de maire de Fevrolles, village de Brie où j'ai du bien, à laquelle mes concitoyens de ce lieu m'ont élu avec une unanimité et une amitié dont j'ai été touché jusqu'au fond du cœur. »

Après le décret du 19 juin, il écrit encore qu'il est maintenant « un pauvre goujat à la veille de devenir décrotteur à la royale », et il ajoute plus loin : « M. de Bourbon Penthièvre (c'est le nom que je porte maintenant)... fait encore usage de son cachet et il continuera à s'en servir jusqu'à ce que le décret du 19 juin soit en vigueur. Seulement il contresigne Amiral. »

Force-t-on ses gens à ne plus porter livrée à ses couleurs ?

« J'obéis, dit-il, au reste je ne puis que me louer de l'amitié que le peuple me témoigne. Pourquoi me voudrait-il du mal ? J'ai toujours pensé que le rang élevé analogue à ma naissance me dévouait à me sacrifier pour lui[1]. »

1. Lettres inédites. *Archives Bernis.* Pour bien comprendre les idées sociales et politiques du duc de Penthièvre, il faudrait lire le cahier des réformes que le bureau présidé par lui présenta en 1787 à l'Assemblée des Notables (*Arch. Nat.* K 678). C'est un modèle d'esprit large, tolérant et éclairé. Le prince ne fut nullement étranger à sa rédaction, comme le prouvent plusieurs annotations de son écriture. Il demande qu'on donne

Cette phrase résume bien l'attitude du duc de Penthièvre au moment de la Révolution. Tel est le prince dont la duchesse d'Orléans subit forcément l'influence, pendant que son mari est au loin. Entre le beau-père et le gendre il y a un abîme. Et quand le duc d'Orléans revient enfin d'Angleterre, en juillet 1790, ulcéré par la procédure ouverte en son absence au Châtelet sur les journées des 5 et 6 octobre, froidement accueilli par tout le monde de l'Ancien Régime, traité déjà comme le bouc émissaire d'un parti, la princesse, plus partagée que jamais entre deux courants contraires, hésite, chancelle, atermoie... puis se décide.

la moitié des places au tiers état. Il demande qu'à tout prix on évite les nouveaux impôts, il implore avec véhémence des mesures d'économie, crie contre le luxe, la masse des impôts, etc. « Un bruit sourd, écrit-il, se répand déjà jusqu'aux extrémités du royaume; le respect étouffe le murmure, mais la confiance est déconcertée et le silence de la nation semble être l'expression de son découragement et de ses alarmes... La fidélité du bureau ne permet pas de dissimuler à Sa Majesté que les peuples tant de fois déçus dans leurs espérances, ces peuples nombreux dont les tributs arrosés de sueurs et de larmes entretiennent l'opulence et les délices de la capitale et de la Cour... seraient réduits au désespoir si ils ne voyaient disparaître tant d'offices, tant de charges frivoles et sans dignité qui ne s'arrêtent un moment sur la tête de leurs titulaires que pour les soustraire aux charges publiques... »

CHAPITRE IX

Les premiers différends du ménage. — La politique. — L'argent. — Bellechasse. — La duchesse d'Orléans et ses fils. — Le duc de Penthièvre. — La question religieuse. — Duplicité de Mme de Genlis. — Les scènes au Palais-Royal. — La séparation.

Certes, à l'heure du retour d'Angleterre, les événements, pour la duchesse d'Orléans, sont graves. Sur le terrain politique, elle sent son mari très loin d'elle. Il est entraîné maintenant dans une voie sur laquelle on ne rétrograde point. Premier grief. Il y en a un autre : Le duc d'Orléans — a-t-on dit — l'a ruinée. Cette ruine est-elle si complète qu'il l'avoue lui-même ? N'a-t-il point, comme on l'a dit, laissé de grosses ressources en Angleterre ?... Il y a lieu de faire des réserves... Mais, en tous cas, la princesse se croit dans la misère [1]. Les emprunts du prince sont énormes, il lui verse une pension dérisoire, cherche à mettre la main sur ses biens, et dès lors la malheureuse, incapable de gérer une fortune

1. « Elle reçoit en ce moment 450.000 francs par an, dont 350.000 vont aux dépenses d'intérieur... Il serait certainement possible d'économiser beaucoup sur ce chapitre. » Governor Morris : *Op. cit.*, p. 171, à la date du 19 janvier 1791. Il est vrai que le trésorier du prince sert très irrégulièrement la pension de la princesse. La loi sur les apanages, du 13 août 1790, a porté une atteinte considérable à la fortune du duc d'Orléans. Governor Morris écrit encore, le 19 janvier 1791, que « Son Altesse est ruinée, c'est-à-dire réduite à 200.000 livres de rentes ». Elle l'invite à venir *jeûner avec elle* (p. 200).

diminuée[1], ignorante des chiffres, tenaillée par la crainte de manquer de tout, va connaître les soucis d'argent qui la harcelleront sans arrêt jusqu'après 1815.

Nous possédons à cet égard des lettres révélatrices.

En 1791, revenant sur les événements antérieurs, elle écrira à son mari pour se plaindre de ce « qu'il réduise ses ressources à elle à mesure qu'il paye ses créanciers ». Et comme le prince lui reproche durement de crier trop haut sa ruine, elle lui répond avec assez de bon sens : « Ce ne sont point les inquiétudes que j'ai pu marquer sur l'état de vos finances qui ont excité celles de vos créanciers, c'est votre bilan !... »

Lorsqu'au retour d'Angleterre le prince diminue sa maison et congédie nombre de ses gens, on sent combien ce procédé blesse la princesse et quelles divergences d'opinions la séparent de son mari. « Je ne puis pas, mon cher ami, lui écrit-elle dans une lettre non datée, ne pas vous répéter encore

1. Bibliothèque de l'Institut. *Fd d'Orléans, précité.*
Ce Fond d'Orléans a été légué en 1900 par le comte Beugnot à l'Institut. On verra dans le second volume de cet ouvrage de quelle importance sont pour l'histoire de la famille d'Orléans ces documents qui n'ont pas été connus de leurs biographes, sauf de Roussel qui a publié quelques extraits dans sa fameuse *correspondance de L. P. J. d'Orléans*. Ces papiers ont été saisis au moment de l'arrestation de ce prince en 1793. Le comte Beugnot les tenait de son grand-père, le député constitutionnel de l'Aube. Celui-ci les avait reçus du journaliste Fiévée, connu encore de nos jours par son joli roman *La dot de Suzette*. De qui les avait-il reçus ? La famille Beugnot l'ignore, mais il est bien certain que des rapports existèrent entre Roussel et Fiévée, très mêlé au monde de la Terreur, et que l'un d'eux les communiqua à l'autre.

que le parti que vous prenez me cause une peine mortelle, plus encore par rapport à vous, cher ami, que par rapport aux personnes en faveur desquelles je vous ai parlé. Autant je trouve simple que, ruinés comme nous le sommes, vous ne donniez ni retraite ni gratification à ces personnes qui vous ont vu naître et qui de tout temps ont été attachées à nous, autant il m'aurait paru simple de leur laisser finir leurs jours dans des appartements où elles ont fait de la dépense [1]. Ce n'était pas la crainte du déchaînement des propos qui, je croyais, vous aurait engagé à leur accorder cette douceur, mais et votre justice et votre bonté, d'autant plus que cela ne vous coûtait rien, car ce n'est que de cette année que, d'après les décrets, qu'elles ont été imposées pour leur appartement; par conséquent, cette déduction était faite de ce que vous serez imposé pour le Palais-Royal; à l'hôtel de Toulouse, on a taxé de même par appartement, de cette année... Enfin, mon cher ami, c'est un devoir à moi de vous avoir fait les représentations que je vous ai faites. Je suis fâchée que ce soit sans succès; j'espère cependant encore que vous réfléchirez sur cet objet. Si vous faisiez des exceptions comme je ne veux pas ne pas l'espérer encore, je

1. Il faut reconnaître que le prince, « obéissant à la nécessité », affirmera plus tard Rouzet de Folmon, ne diminua pas sans peine les pensions de sa famille. Il écrivit à Mme de Buffon que cette mesure lui « perçait l'âme ». *Correspondance citée.* Les pensionnaires de la Maison d'Orléans — très charitable depuis trois générations — s'élevaient au nombre énorme de 3.100 personnes (*Etat nominatif des créanciers de Louis-Philippe-Joseph.* Imprimé. *s. d.*).

suis bien sûre, cher ami, que j'en serais la première instruite [1]..... »

Et la princesse termine en faisant allusion aux sentiments politiques de son mari.

Je ne sais même pas s'il ne faut pas voir un peu d'ironie dans la phrase suivante :

« ...Je suis encore plus malheureuse que vous dans ce moment-ci, vous êtes consolé par l'opinion que ce que nous perdons contribuera au bonheur, vous savez que je ne pense pas de même, et je n'ai pour supporter mes peines que votre tendresse, mon cher ami, qui doit vous éclairer sur les moyens d'adoucir ma situation, et que je me flatte bien, cher ami, de reconnaître dans votre conduite à mon égard. Je vous écris donc tout ceci afin de n'en plus reparler, je vous ai dit tout ce que je croyais devoir vous dire, ainsi, cher ami, je n'y reviendrai pas. »

Dans cette lettre fiévreuse, hâtive, mal ordonnée, nerveusement écrite comme toutes celles qui suivront [2], on sent monter l'indignation de la princesse en même temps que d'un effort suprême elle cherche à croire encore à la tendresse du prince.

Mais, encore qu'elle s'en défende, voici plusieurs mois déjà qu'elle est « travaillée » par ses entours pour demander la séparation de biens. Comme on le verra plus tard, le duc de Penthièvre [3] l'y pousse,

1. Bibliothèque de l'Institut. *F^ds d'Orléans, précité.*

2. Lettres dont, contrairement à l'habitude des publications critiques, j'ai dû moderniser l'orthographe parfois un peu fantaisiste.

3. Cf. La *Correspondance* dite de Métra, Paris, 1886, t. II, p. 402.

Mme de Lamballe [1], demeurée en très bons termes officiels avec son beau-frère, est cependant du même avis et elle se charge du rôle délicat d'intermédiaire. Enfin, Mme de Chastellux, M. de Ségur et sans doute Governor Morris l'ont engagée dans la même voie :

« Mme de Chastellux m'explique la situation de cette famille, a écrit Morris dès le 22 octobre 1789. Nous discutons la ligne de conduite que devrait suivre la duchesse, et, comme elle est entre les mains du vicomte de Ségur et de Mme de Chastellux, je pense qu'elle agira avec plus de raison et de fermeté qu'elle n'en a naturellement [2]. »

Donc, au début, la princesse ne songe qu'à une séparation de biens pour sauvegarder ses intérêts matériels.

Mais nous arrivons maintenant à toucher le point le plus douloureux de son être intime, et c'est dans un véritable drame de famille qu'il faut

1. Ce rôle apparaît clairement dans une correspondance qui sera publiée dans le second volume de cet ouvrage. Il a été déjà révélé dans ses *Mémoires* par la duchesse de Tourzel. Celle-ci — on l'a dit — reflétant les opinions outrées de son parti, écrira même que Philippe-Egalité, par rancune contre sa belle-sœur, ordonna sa mort (*Mémoires de Mme de Tourzel*, t. I, p. 200). Ceci est insoutenable, mais on sait avec quelle froideur le prince apprit la mort de la princesse. Vindicatif comme il l'était devenu, on peut se demander s'il n'en voulait pas cruellement à Mme de Lamballe d'avoir soutenu la duchesse d'Orléans contre lui. Le 3 septembre 1791, Mme de Lamballe, après une rupture définitive, écrira à son beau-frère : « Vous avez porté les choses au point que nous ne pourrons plus nous voir. Adieu, mon frère, je souhaite que vous puissiez être heureux après avoir fait le malheur de toute notre famille. » L'historiographe Moreau (*Op. cit.*, p. 210) dit que le chevalier de Talleyrand fut dans la circonstance le conseil de M. de Penthièvre.

2 Governor MORRIS : *op. cit.*, p. 109.

chercher la cause de sa prochaine séparation de corps.

Là encore apparaît la femme néfaste dont les manœuvres vont définitivement démolir un édifice devenu bien fragile : l'union conjugale du duc et de la duchesse d'Orléans.

Les faits sont connus. Mme de Genlis s'est chargée de les expliquer à sa manière avec une prolixité déplorable, les historiens en ont parlé, et le dernier volume paru sur le « Gouverneur » nous a édifié sur ce chapitre si pénible de la vie de notre princesse [1]. Je n'y reviendrai donc que pour apporter au procès de nouvelles pièces bien significatives [2] :

Depuis le voyage d'Angleterre, Mme de Genlis, abandonnant un peu le duc d'Orléans, avait placé toutes ses ambitions sur le duc de Chartres, dont elle espérait faire un chef de parti. Sa mainmise sur lui, sa sœur et ses frères, était, semble-t-il, définitive et absolue. Elle avait écarté la mère pour prendre sa place d'une manière encore plus formelle et plus bruyante que par le passé, et le duc d'Orléans avait laissé faire avec une complaisance reconnaissante et attendrie. On l'a dit plus haut, Mme de Genlis les avait parfaitement élevés, ces enfants, et l'instruction qu'elle leur avait donnée était en tous points remarquable. Mais — en admettant même qu'elle l'ait reconnu — je ne sache pas que ceci ait pu lui concilier la gratitude de la duchesse d'Orléans.

1. J. Harmand : *Ouvrage précité.*

2. D'après le *fond d'Orléans*, cité plus haut, et quelques pièces d'archives particulières.

C'est, auprès d'une femme délaissée, un titre de gloire bien chétif pour la maîtresse du mari d'avoir mieux réussi dans une telle tâche qu'elle l'aurait fait elle-même. Dans certaines circonstances il existe des supériorités qu'on n'aime point.

Et puis, surtout, il y avait les fameuses opinions politiques! Ces principes égalitaires à la Jean-Jacques, le *Ça ira*, qu'on chantait à Bellechasse, la fréquentation quotidienne des hommes de la Révolution, tels que Barère, David, Desmoulins, Pétion..., les opinions exaltées du duc de Chartres..., tout cela blessait à chaque instant le cœur de la duchesse d'Orléans, laissant des traces qui ne s'effacent point.

Le 9 février 1790, les trois princes ont prêté au district de Saint-Roch le serment patriotique auquel rien ne les oblige. Je ne crois pas, — bien qu'on en ait dit, que ce soit là un des principaux griefs de leur mère — car elle se modèle en tout sur son père qui, détail assez curieux, l'a, comme on l'a vu, prêté lui-même d'assez bonne grâce. Mais il y a pis. Quelle doit être son indignation, par exemple, quand on lui met sous les yeux, au mois de mars suivant, le *Journal de Marat*[1], contenant une profession de foi patriotique et incendiaire qui n'est point signée. Elle a reconnu : le style c'est celui du duc de Chartres. Elle fait venir son fils qui rougit et qui renie son article. Mais une mère ne s'y trompe pas.

D'ailleurs, partout et toujours elle sent la main de Mme de Genlis. Pendant les huit mois que le duc

1. Cf. J. HARMAND : *Op. cit.*, p. 241.

d'Orléans a passés en Angleterre, celle-ci a eu ses élèves à Bellechasse, à Saint-Leu, au château de La Croix, près Eu, loué pour la circonstance[1], et elle ne les a livrés à leur mère — en des instants — que pour mieux laisser à celle-ci le temps de les regretter.

Anticipons un moment. Lisons plutôt le journal du duc de Chartres : A la date du 7 octobre 1790 il écrit : « Voilà mon petit voyage de Châteauneuf fini... Quoique j'aie été très heureux de passer le temps avec ma mère et mon grand-père, cependant j'ai éprouvé une vive peine à me séparer de tous ceux avec qui j'ai le bonheur de vivre depuis si longtemps et en particulier de mon amie [Mme de Genlis], que je regarderai toujours comme une seconde mère, et de mon père que je n'avais jamais quitté. J'ai bien senti dans le cours de ce petit voyage combien tout ce qui est à Bellechasse m'est cher, et combien il m'en coûtera de m'en séparer pour longtemps. J'oubliais de dire que, quel que fût mon bonheur de revenir avec ma mère, comme elle paraissait un peu souffrante, je m'étais opposé à ce qu'elle revînt avec moi ; je serais revenu dans le cabriolet... Mais elle a préféré passer la nuit et revenir avec moi : d'ailleurs elle dort en voiture[2]. »

1. Cf. *Archives de la Municipalité d'Eu.* On montre encore à la Croix un puits duquel Mme de Genlis faisait tirer de l'eau au duc de Chartres. J'adresse ici à S. A. R. Monseigneur le comte d'Eu l'hommage de ma gratitude profondément respectueuse pour la grande bienveillance avec laquelle il a bien voulu guider mes recherches en m'accueillant au château d'Eu et en m'ouvrant ses archives.

2. G. Lenotre : *Les fils de Philippe-Égalité pendant la Terreur*, p. 22.

Ces lignes en disent long...

Et plus loin (1er décembre 1790) : « J'ai dîné chez mon grand-père à l'hôtel Toulouse. Ma mère y dînait aussi. Je suis revenu à Bellechasse à quatre heures et quart. Quoique je sois enchanté de dîner souvent avec ma mère, tout ceci ne va point comme je l'espérais avant... Sur trois jours de la semaine, je ne peux en donner que deux à mon cher Belle-Chasse. Cela me fait beaucoup de peine... »

Puis encore (13 décembre) : « Hier, j'ai été dîner au Palais-Royal... (avec sa mère)... Il n'était question que de jeu, on y mêlait des plaisanteries d'une aristocratie dégoûtante. »

Dans tout le journal du duc de Chartres, Mme de Genlis tient une place débordante, extraordinaire...

Tout s'explique. Le prince — il l'avouera plus tard — est amoureux d'elle avec l'effervescence d'un cœur d'adolescent chaste. Il l'appella sa « seconde mère » ... C'est entendu ; ... Mais comme cela est bien dans le goût du temps et combien cette maternité dans l'amour est à la mode depuis Rousseau et Mme de Warrens !

N'exagérons rien toutefois.

On a trop accablé Mme de Genlis en l'accusant d'avoir eu des bontés pour son élève. Il apparaît bien que leur intimité demeura honnête, et le journal du prince nous le représente aussi solide chrétien qu'il était ardent patriote [1]. Mais — détail combien touchant et qui est tout à l'honneur de notre princesse — quand il parle de la religion qu'il a reçue, c'est vers la vraie mère que —

1. Cf. J. Harmand : *Op. cit.*, p. 259.

pour une fois — s'élève le cri de son cœur. Après avoir noté les « désirs ardents » dont il est dévoré [1] et auxquels il ne veut pas succomber, il écrit : « O ma mère, que je vous bénis de m'avoir préservé de tous ces maux en m'inspirant des sentiments de religion qui sont ma force ! Si je n'avais pas la certitude d'une seconde vie et si je ne savais pas que, de ma part, une faute de ce genre serait un coup de poignard !... »

Mme de Genlis a laissé entendre que la duchesse d'Orléans était très froide pour ses fils et que leur père seul savait les aimer. Oui, le duc d'Orléans portait l'amour paternel à un degré presque attendrissant [2]. Si, comme il le faut espérer, certaines lettres de lui sont un jour publiées, on oubliera un moment Philippe-Égalité en face de l'homme qui, comme un bon bourgeois à l'esprit amène et à l'âme paisible, tient en réserve des trésors de tendresses pour sa « nichée »; mais, s'ensuit-il que la duchesse d'Orléans lui soit inégale ? Les lettres d'elle que l'on va lire suffiront à répondre aux insinuations de Mme de Genlis, et nous comprendrons ce qui devait se passer dans le cœur de cette mère qui — malade — voyage dans l'inconfort de la nuit pour jouir quelques heures de plus de la présence de son « petit Chartres ».

1. 22 mai 1791.

2. Ceux qui ont fréquenté les princes de la Maison d'Orléans savent que le roi Louis-Philippe — tout en reniant la politique de son père — vantait volontiers à ses fils les qualités paternelles de « Bon Papa Égalité ». Le journal du duc de Montpensier contient l'éloge de ce trop faible mais « malheureux et excellent père ».

Et le duc de Chartres n'est cependant pas celui qu'elle préfère. C'est alors un grand garçon, un peu gauche, assez timide, très renfermé, remarquablement intelligent, mais sans vivacité ni fantaisie dans le caractère. C'est un « raisonnable » et — comme aîné — il diverge depuis plus longtemps que les autres des voies suivies par sa mère ; Montpensier est un artiste, et Beaujolais un charmant petit prince qui promet déjà d'être plus Ancien Régime que les autres. N'en doutons point : quand il est livré à sa mère, elle doit consciencieusement chercher à le détacher de Mme de Genlis, à le faire « sien » et le gâter sans mesure.

Governor Morris nous l'a bien fait voir. Il a conseillé à la princesse — qui sans doute ne l'a pas beaucoup écouté — de lui donner le goût des affaires : « Ce charmant enfant, note-t-il, se présente avec très bonne grâce. Il est enjoué et empressé. Je l'embrasse plusieurs fois. Il me le rend avec effusion. Ce sera un charmant garçon, dans dix ou douze ans d'ici, pour les petites maîtresses d'alors [1]. »

En un mot, on peut établir la situation en disant que la duchesse d'Orléans aime sincèrement Chartres, tendrement Montpensier et passionnément Beaujolais.

Depuis longtemps, donc, elle supporte la « petite guerre » que lui fait Mme de Genlis, qui, comme on le sait, a également beaucoup éloigné d'elle Mlle d'Orléans, jeune personne très sensible sous

1. Governor Morris : *Op. cit.*, p. 123.

une apparence de sécheresse, mais au demeurant beaucoup moins sympathique que ses frères. C'est seulement quand, au retour d'Angleterre, le duc de Chartres doit entrer aux Jacobins que la duchesse d'Orléans se révolte — oh! bien timidement d'abord — et qu'elle cherche à alléger son chagrin en adressant à son mari la lettre suppliante que l'on va lire. Elle est longue cette lettre, mais elle établit trop bien la situation, elle est trop belle pour ne pas la citer tout entière[1] :

« Vous avez bien raison, mon cher ami ; il vaut mieux nous écrire; quand on discute avec quelqu'un que l'on aime un objet intéressant, on est bien exposé à s'échauffer, et je sens que c'est ce qu'il faut éviter entre nous, car il échappe des choses qui font du mal dans le moment, et qui en font encore après. Je serais bien aise de terminer, pour ce qui regarde Mme de Sillery[2], et vous ne m'en montrez pas moins d'impatience. Ainsi parlons-en, mon cher ami, pour n'y plus revenir ; car j'ai besoin non seulement de repos, mais de jouir des bienfaits que je vous dois.

« Vous avez déjà fait beaucoup pour mon bonheur en m'accordant mes enfants un certain nombre de fois par semaine. Ce seront des moments heureux que je vous devrai, et qui répandront une grande douceur sur mes jours. Je ne veux plus

1. Cette lettre, dont l'original existe à la bibliothèque de l'Institut dans le fond précité, a été publiée par Roussel en 1800. Depuis lors, on en a reproduit des fragments, mais elle n'a pas été publiée in extenso dans les ouvrages sérieux concernant notre héroïne.

2. On sait que c'est le nom porté alors par Mme de Genlis.

revenir sur le passé, ainsi que je vous l'ai dit. Les torts que je reproche à Mme de Sillery existent et ne peuvent être détruits ni par son *journal* ni par tout ce qu'elle pourra vous dire : *c'est moi qui ai vu et entendu tout ce qui m'a déplu*. Ce n'est donc que l'avenir qui peut me faire revenir sur son compte. Elle ne peut pas se justifier; mais elle peut réparer, et, si je vois que sa manière d'être et celle de mes enfants est telle que j'ai droit de l'attendre et de l'exiger, je suis juste et je serai bien aise d'oublier les sujets de plaintes qu'elle m'a donnés. Voilà, mon cher ami, ce qui est dans mon cœur et ce que j'ai déjà commencé à éprouver. Mme de Sillery a eu dernièrement de l'humeur; je l'ai supportée; mais le lendemain elle a eu une attention pour moi, elle m'a écrit un billet honnête ; je l'ai fait remercier par ma fille, et je lui ai répondu d'une manière dont vous avez été aussi content qu'elle; enfin ce sera sur sa conduite que je réglerai la mienne ; que pouvez-vous désirer de mieux, cher ami? Je ne dis pas que je lui rendrai mon amitié, ma confiance ; quand elles ont été blessées à diverses reprises, il est impossible qu'on puisse se rapprocher à un certain point ; mais Mme de Sillery peut compter sur tous les égards, les marques d'attention possibles. Je serai bien aise de pouvoir témoigner de la considération à la personne qui élève mes enfants; ainsi ce ne sera pas de ma faute si cela n'est pas. Vous devez être content de moi ; je l'attends de votre justice, mais encore une fois ne discutons plus sur ma manière de juger Mme de Sillery, je le puis moins à présent qu'autrefois, car, antérieurement, lorsque je m'éloignai d'elle, vous n'essayâtes pas de la justifier ; vous me dîtes seulement que vous aviez des raisons essentielles qui vous faisaient tenir à elle. Je jouissais du moins de vous faire un sacrifice que vous sentiez, mais à présent, vous me dites que Mme de Sillery *fait votre bonheur, qu'elle m'aime.* Je vous assure que quand vous me dites ces choses-là, elles me tuent. Éloignons, bien cher ami, ce qui pourrait troubler notre union et soyons, comme toujours, sans gêne, sans embarras l'un pour l'autre. Vous savez trop bien que vous ne pouvez avoir une meilleure amie que moi pour que je le répète ; mais j'espère que vous l'avez toujours pensé ; et que personne ne pourrait détruire la confiance que j'attends de vous. J'ose dire que je l'ai toujours méritée ; et je serais bien affectée de penser que vous avez pu soupçonner un instant que j'étais changée. Ceux qui vous ont mandé cette nouvelle avaient certainement des raisons pour accréditer une chose démontrée par toute ma conduite ; car assurément il ne s'est pas passé un seul jour pendant votre absence, où je n'aie prouvé mon attachement pour vous. Mais, comme vous me l'avez dit, on avait peut-être le projet de nous désunir. Ce que je puis vous dire avec vérité, c'est que personne n'a jamais essayé de m'éloigner de vous. Je ne sais pas comment pensent tous mes amis pour vous. Ce qui est bien sûr, c'est que, vis-à-vis de moi, ils sont comme je puis le désirer. Ils me sont attachés. Ils savent qu'ils m'affligeraient sans remplir d'autre objet. Ils savent d'ailleurs que je trouverais très mauvais qu'ils me parlassent de vous avec légèreté. Aussi, soit qu'ils vous approuvent, soit qu'ils ne vous approuvent pas, leur conduite est uniforme et on ne peut plus placée[1]. On vous a mandé que j'éloignais des gens qui vous appartenaient, que je les renvoyais, vous savez que vous avez été le premier instruit des changements que je projetais et que je ne les aurais pas faits si vous les aviez désapprouvés. Sauvan[2] était beaucoup trop cher pour remplir mon objet, et il me fallait un officier qui remplit la place des quatre qu'il avait sous lui. Tous ces gens étaient habitués à trop de gaspillage pour pouvoir me convenir. Obligée de porter l'économie sur les plus petits objets, j'ai réformé la petite Dutilleul, mais c'est après vous avoir écrit cinq ou six fois que c'était mon intention, que cependant je la garderais si vous le désiriez, mais que, dans la nécessité de faire des retranchements, celui-là se ferait moins apercevoir que les autres, parce que j'avais des femmes de reste. Et, en dernier lieu, je vous mandai que si vous ne me répondiez pas sur cet objet, je regarderais votre silence comme un acquiescement. J'étais donc bien fondée à croire que c'était une chose qui vous était absolument indifférente. Comme je désire si vivement qu'il n'y ait plus le moindre nuage et que vous soyez parfaitement à votre aise

1. Archaïsme qui s'opposait à « déplacée ».

2. Ce nom n'apparaît pas dans l'*Almanach du Palais-Royal;* mais comme, en 1790, Governor Morris parle d'un changement de maître d'hôtel chez la princesse, il est permis de croire qu'il s'agit de cet *officier*, à moins qu'il ne soit question d'un employé du garde-meuble.

avec moi, j'entre dans les plus petits détails.

« Il me reste à vous parler d'un objet bien intéressant, et sur lequel je désire que vous sachiez ma façon de penser; vous devinez que c'est de Mme de Buffon qu'il est question. Je vous avoue que, dans le principe de votre liaison avec elle, j'ai été au désespoir. Accoutumée à vous voir des fantaisies, j'ai été effrayée et profondément affectée, lorsque je vous ai vu former un lien qui pouvait m'ôter votre confiance. La conduite de Mme de Buffon, depuis que vous tenez à elle, m'a fait revenir sur les préjugés qu'on m'avait donnés contre elle; je lui ai reconnu un attachement si vrai pour vous, un désintéressement si grand, et je sais qu'elle est si parfaite pour moi, que je ne puis point ne pas m'intéresser à elle. Il est impossible que quelqu'un qui vous aime véritablement n'ait des droits sur moi; aussi en a-t-elle de véritables; et vous pouvez encore, sur ce point, être sans gêne avec moi : je vous le répète, mon cher ami, ce que je désirerais, ce qui ferait vraiment mon bonheur, c'est que vous fussiez parfaitement à votre aise avec moi, et que vous trouvassiez dans votre femme une société douce qui vous attirât et contribuât à votre agrément.

« Vous m'avez dit que vous alliez venir plus souvent chez moi; je vous le rappelle, parce que je suis intéressée à ce que vous n'oubliiez pas votre promesse; que, d'ailleurs, je veux vous répéter que vous aurez toujours une société qui vous conviendra; qu'en me prévenant la veille vous aurez toujours celle qui pourra vous être le plus agréable, et qu'en me le disant le matin, si je ne puis pas vous la procurer, vous serez du moins sûr de n'avoir personne qui puisse vous déplaire.

« Très cher ami, il faut que je vous dise aussi que, dimanche, Montpensier m'a prié que César[1] vînt dîner. J'y ai consenti, mais je vous avoue que je serais fâchée que cela fît planche. De temps en temps, j'y consens, mais je trouve très inutile que ce petit garçon soit de toutes les parties que fait ma fille. Je craindrais d'ailleurs qu'elle me demandât aussi d'amener ses compagnes[2], ce que je refuserais certainement. Aussi, cher ami, il vaudrait mieux éviter que cela fût, et vous le pouvez facilement.

« D'après ce que vous m'avez dit, mon cher ami, au sujet des observations que j'ai faites à mon fils, je crois que je ferai peut-être bien de lui dire que, s'il m'avait fait connaître votre intention, je me serais arrêtée au premier mot. Ce n'est pas que j'aie changé de manière de voir, mais si nos enfants peuvent nous croire des opinions différentes, je désire que cela n'influe pas sur leur conduite. Cela les mettrait trop mal à leur aise, et sur ce point, pour ce qui a rapport à eux, certainement je leur donnerai l'exemple de la soumission. La petite note précédente et que je compte toujours vous remettre avec toutes les autres, comme vous voyez, vous prouvera, cher ami, que pour les choses qui ne portent pas essentiellement sur l'existence future de mon

1. César Ducrest, neveu de Mme de Genlis.
2. La fameuse Paméla et Henriette de Sercey, élèves de Mme de Genlis.

fils, je cède et je céderai toujours ; mais la démarche qu'il veut faire est d'un genre trop sérieux pour que je ne fasse pas encore des représentations à ce sujet. C'est un devoir vis-à-vis de vous, vis-à-vis de lui. Je vous répète qu'il m'a causé hier une peine mortelle. Et je vous déclare que j'ai été aussi étonnée et affectée que vous ayez consenti à un arrangement de cette espèce sans m'en avoir dit un mot. Je vous avoue que j'espérais être consultée pour ce qui a rapport à mon fils. Si cela n'est pas, je suis destinée à jouer un rôle passif (ayant trop d'honnêteté et d'attachement pour vous, pour marquer à cet enfant que je désapprouve ce que vous conseillez, ou ce à quoi vous avez consenti). Et il pourrait en résulter des choses fâcheuses, ou pour l'un ou pour l'autre, et même pour l'un et l'autre. Cette nullité ne le frapperait pas d'abord ; mais lorsqu'il réfléchira, ou il me croirait nulle par caractère, et n'aurait ni confiance, ni déférence pour moi, ou il verrait que mes droits m'ont été ôtés, que cette nullité était forcée. Chercher dans ce cas à le rapprocher de moi, à l'éclairer, serait en quelque sorte l'éloigner de vous. Il faudrait donc lui fermer mon cœur ou courir ce risque. Cette réflexion m'est affreuse, m'est bien pénible ; car l'un ou l'autre de ces inconvénients m'affligerait profondément. Je vous dis ceci en général, pour tout ce qui peut avoir rapport à sa conduite ; quant à cet objet-ci [1], il ne pourra pas ignorer mon opinion ; car je suis très sûre que mon père dira et aura

1. L'entrée aux Jacobins.

même soin de faire dire que je suis très fâchée que que mon fils aille aux Jacobins, et peut-être exigera-t-il que je lui dise mon opinion à lui-même, afin qu'il ne puisse pas me reprocher un jour de ne l'avoir pas averti.

« Vous êtes convenu vous-même, mon cher ami, qu'il y a de grands inconvénients.

« Examinons-les nous-mêmes, et voyons si les avantages peuvent les compenser. Encore une fois, si les Jacobins étaient composés de députés seulement, ils seraient moins dangereux, parce qu'ils seraient connus par leur conduite à l'Assemblée et que l'on pourrait prévenir mon fils; mais, comment le mettre sur ses gardes vis-à-vis d'un tas de gens qui y ont la majorité et qui sont bien propres à égarer un jeune homme de dix-sept ans? Si mon fils en avait vingt-cinq, je ne serais pas tourmentée, parce qu'il pourrait distinguer lui-même. Mais, à dix-sept ans, jeté dans une société de ce genre, en vérité, mon cher ami, cela n'a pas de raison! Et que ce soit nous, que ce soit ses parents qui, pour finir son éducation, l'envoient aux Jacobins, me paraît et paraîtra sûrement à tout le monde une chose inconcevable et qui me ferait, en vérité, regretter qu'il fût sorti des mains de Mme de Sillery.

« C'est pour qu'il apprenne à parler que vous voulez passer par-dessus tous les dangers que vous ne pouvez pas ne pas envisager pour lui; et vous me dites, mon cher ami, pour me faire voir ces avantages comme vous, qu'un fameux orateur anglais ne le serait pas, s'il n'avait appris à parler de bonne heure!

« Je vous répondrai à cela que c'est sûrement en assistant aux séances du Parlement, aux assises, aux plaidoyers, qu'il a appris cet art et que mon fils aura les mêmes facilités en allant aux Jacobins. Qu'il suive l'Assemblée nationale et les séances des nouveaux tribunaux, quand ils seront établis, et, pour peu qu'il ait de dispositions il y apprendra à parler tout comme on apprend en Angleterre. D'ailleurs, pourquoi n'attendrions-nous pas la nouvelle législature? Ce n'est différer que de quelques mois ; et peut-être, à cette législature, appréciera-t-on les Jacobins, comme il en a déjà été question... »

Les termes de la lettre sont bien touchants, bien délicats, on sent que la timide princesse est encore « tout amour », qu'elle voudrait oublier le passé et que, dans l'instant où elle écrit, elle a rejeté loin d'elle jusqu'à cette idée de séparation de biens qui lui a été conseillée. Il suffirait d'un mot du duc d'Orléans pour les ramener l'un à l'autre. Mais ce mot il ne le prononce point. Il passe outre et, le 22 octobre 1790, son fils est présenté aux Jacobins.

Et, d'ailleurs, lui-même, où reçoit-il cette lettre et celles qui suivront? On ne sait trop. Depuis son retour il erre, il se cache, tantôt à Monceaux, tantôt chez Mme de Buffon,... en de très rares instants au Palais-Royal, près de la princesse.

Dans sa solitude, la duchesse d'Orléans cherche à ramener à elle ses enfants — quand on veut bien les lui donner à souper. Timidement, elle les interroge un jour sur leur « gouverneur ». — Est-il vrai que vous aimiez tant Mme de Sillery?

Il faudrait que je fusse bien ingrate pour ne la

pas aimer de toute mon âme ! répond vivement Mlle d'Orléans. Et Chartres et Montpensier font à peu près la même réponse[1].

Mais, si maintenant le duc de Chartres va échapper par son âge à la tutelle de son « amie » Mme de Genlis, celle-ci prend sa revanche avec ses autres élèves. Elle les compromet en de fâcheuses fréquentations. Elle conduit, le 1er juin 1790, Mlle d'Orléans aux Cordeliers.

Cette fois, la coupe est pleine.

Mme d'Orléans demande la démission de sa rivale. De nombreuses lettres sont échangées entre elles[2]. Le « gouverneur » semble céder et offre cette démission, le 10 juillet 1790. Bien entendu, le duc d'Orléans ne l'accepte pas et lui promet d'amener une réconciliation. Mlle d'Orléans, qui aime beaucoup mieux Mme de Genlis que la duchesse, apprend que sa gouvernante est menacée et elle tombe dans un état des plus inquiétants. Que fait donc la pauvre mère? Soucieuse de la santé de sa fille, elle cède encore et, triomphante, Mme de Genlis pose ses conditions. Elle conduira ses élèves, trois fois par semaine, dîner au Palais-Royal, et Mme d'Orléans la recevra avec tous les égards qu'elle mérite.

Ces trois réunions avec leur mère sont en vérité bien suffisantes !

Écoutons plutôt Mme de Genlis, qui joue les vic-

1. Mme de Genlis : *Mémoires*. L. IV, p. 16.

2. Cf., pour toute cette partie, les ouvrages précités de J. Harmand et de R. Arnaud et les explications diffuses et embrouillées données par Mme de Genlis dans les *Leçons d'une Gouvernante*.

times : « Mme d'Orléans, écrit-elle, gardait tous les soirs le comte de Beaujolais une heure et demie, ce qui le faisait coucher à onze heures et l'obligeait à se lever beaucoup plus tard. Je voyais avec peine ce dérangement dans les études de cet enfant charmant qui annonçait en tous genres de si heureuses et de si brillantes dispositions, mais, depuis si longtemps accoutumée à souffrir en silence, je me taisais[1]... »

Puis le ton du Palais-Royal était assurément détestable pour de jeunes patriotes, l'influence de leur mère pernicieuse[2]... Tel était l'avis de Mme de Genlis, avis qu'elle faisait partager au duc d'Orléans, très soucieux dès lors d'écarter ses enfants de leur mère et des amies trop Ancien Régime dont elle était entourée.

Naturellement, la duchesse d'Orléans céda encore jusqu'au jour où — sur le conseil de Mme de Chastellux, sans doute — elle se reprit et signifia à Mme de Genlis, au cours de l'automne 1790, de ne plus mettre les pieds chez elle. Cette fois, avec l'énergie des faibles qu'on a poussés à bout et qui se révoltent enfin, elle a adopté une ligne de conduite dont elle ne se départira point et qui lui aliénera totalement son mari.

1. Mme de Genlis : *Mémoires*, t. IV, p. 49.

2. Bien au contraire, dans les lettres que la princesse écrira à ses fils après sa séparation, lettres pleines de tendresse dans lesquelles elle mendie la confiance de ses enfants, elle ne prononcera pas un mot qui puisse les influencer contre leur père et elle les engagera à lui montrer une égale confiance. Il y a là la preuve d'une grande dignité de femme et de mère. Il sera plus amplement tiré parti de ces lettres dans la suite de cet ouvrage.

En apparence, Mme de Genlis se soumet et elle promet de ne plus venir dîner au Palais-Royal et d'y envoyer ses élèves seuls. Dans ses *Leçons d'une gouvernante,* elle apparaît résignée, vaincue, s'inclinant sous les « éclats » de Mme d'Orléans. Mais, écoutons maintenant Mme d'Orléans elle-même et lisons cette lettre inédite dont les révélations sont très suggestives [1] :

« ... Il vient de m'arriver la chose la plus inconcevable, la plus imprévue, écrit la princesse à son mari, vous savez que ma fille m'avait dit que Mme de Sillery comptait venir dîner aujourd'hui, que je lui avais répondu suivant nos conventions, etc. Quand je vous parlai de cette histoire, vous la traitâtes de radotage, etc., et en effet, j'avais bien cru aussi de même que c'en était un de la part de la petite, car nos conventions étaient si claires qu'il me paraissait impossible que Mme de Sillery pût y manquer d'une manière si manifeste. Eh bien, malgré ce que vous me dites encore alors, cher ami, c'est cependant ce qui arrive. Mes fils viennent de me dire dans l'instant que, quand même j'irais chercher ma fille, elle viendrait de son côté, qu'ils étaient chargés de sa part de m'en prévenir... C'est de mes douceurs et de mon honnêteté qu'elle a abusé au point de vouloir me forcer à la recevoir, mais cela ne sera pas... Je vous assure que j'ai eu un mérite extrême, mon cher ami, à ne pas faire une sortie sur cette

1. Cette lettre, extraite comme les autres du fond d'Orléans (*Biblioth. de l'Institut*), doit être placée au début de l'année 1791.

femme à mes enfants. Qu'est-ce que c'est que cette persécution? Ce manque de foi? Est-ce comme cela qu'elle prétend me faire revenir? Comment! Je conçois à recevoir ses lettres, à causer avec elle de mes enfants, je la remercie, je l'embrasse, et voilà à quoi mes bons procédés m'ont conduite? J'ai eu bien du mérite à me contenir, et c'est bien pour vous, cher ami, mais ce que je n'ai pas dit à Mme de Sillery par attachement pour vous, j'espère que vous lui direz par égard pour moi... Ceci ne peut se supporter, et vous voyez combien on peut compter sur une personne de cette *espèce*... Je me faisais une fête d'avoir mes enfants, de les mener à une partie que j'avais arrangée pour eux... voilà tout culbuté... Mme de Sillery méritait bien que je lui écrivisse pour lui dire que... il n'était pas possible qu'elle oubliât si tôt les points dont elle était convenue avec vous, mais elle abuse du pouvoir que vous avez sur moi, de la tendresse qu'elle sait que j'ai pour vous... » ... Sans doute le prince ne tint-il aucun compte de cette lettre. Quelque temps plus tard [1], la duchesse d'Orléans lui écrivit encore. Et avec quelle délicatesse, quelle douceur elle s'efface, cette femme qu'on accuse de vouloir détourner ses enfants des principes de leur père.

« ... Ce que je désire est d'être consultée sur ce qui regarde l'éducation de mes enfants, et je me flatte bien que nous serons souvent d'accord, mais

1. Il semble bien en effet que la lettre non datée qui suit ait été écrite après celle qui est publiée ici dans ses parties essentielles.

quand cela ne sera pas après vous avoir fait mes représentations et vous avoir dit mes raisons, je me soumettrai et ce sera moi qui vous répondrai que votre volonté sera exécutée. Je désire en être l'instrument... C'est pour moi un devoir et un besoin... Vous semblez craindre que je ne communique à mes enfants mes opinions, vous vous trompez bien, je les aime trop pour cela[1] et je sens que ce serait faire leur malheur que de leur donner de l'humeur contre un état de chose qui s'établit et sous lequel ils sont destinés à vivre; mais je ne les porterai jamais à l'exagération, et je leur conseillerai d'avoir une opinion à eux. »

Dans l'intervalle de ces lettres, il est incontestable que la duchesse d'Orléans demande conseil à son père et que Mme de Lamballe est toujours l'intermédiaire entre les partis[2]. Elle reçoit toujours d'eux le conseil de demander une séparation de biens[3], mais, certes, elle ne songe pas plus à

1. Soit qu'elle écrive (en 1791), après la séparation, à son cher Valois en se plaignant doucement de son silence, soit qu'elle adresse à son « petit coquin » de Beaujolais des lettres charmantes, elle dit à ses enfants qu'elle n'a vécu que pour eux.

2. D'Eu, la duchesse d'Orléans, écrivant à son mari, fera encore allusion à « la demande en séparation que mon père a prié ma belle-sœur de lui proposer ».

3. Quelques mois plus tard, arrivée depuis peu chez son père, elle écrira à son mari « évoquant des souvenirs antérieurs » et lui parlant « de la séparation que je vous ai demandée et à laquelle vous avez consenti ». Le 23 mai 1791 il lui coûtera « infiniment » de demander cette séparation à l'amiable. « ... Le dérangement connu de vos affaires, les engagements que vous m'avez fait prendre pour des sommes supérieures à celle de ma dot, votre propre intérêt, celui de nos enfants, tout, écrira-t-elle au prince, exige une séparation de biens. »

quitter son mari que son père ne songe à la recevoir définitivement.

Le choc trop violent que les derniers événements révolutionnaires et que les malheurs de sa fille ont causé au duc de Penthièvre a un peu affaibli ses esprits. Il ne saurait prendre sur lui des responsabilités aussi graves, et d'ailleurs la pensée ne lui vient pas encore de désunir — de corps — deux époux entre lesquels n'ont pas été prononcées jusqu'ici des paroles irréparables. Ce qui le préoccupe toutefois beaucoup, c'est l'atmosphère dangereuse au point de vue religieux dans laquelle vivent sa fille et ses petits-enfants. Il est très troublé du « schisme » qu'il appréhende en France et il prévoit, non sans raisons, les pires événements à cet égard. « Préservez notre pays du schisme! écrit-il au cardinal de Bernis, le 4 juillet 1790; le pape est un homme prudent, je mets une grande confiance dans sa sagesse! » Et quand il se sera refugié à Eu, il lui écrira encore sous le coup d'une tristesse profonde[1] : « Je souhaite bonne année à Votre Éminence, elle sait combien je désire son bonheur; le mien est fort compromis, j'adore ce que la Providence ordonne ou permet. Ma santé est toujours fort souffrante... « Si nous étions assez malheureux pour que le schisme s'établît, pourriez-vous me procurer le moyen d'exercer le culte chez moi dans l'orthodoxie catholique, sans être forcé à m'expatrier. » Puis encore[2] : « Monsieur le cardinal,

1. 1er janvier 1791. *Archives Bernis.*
2. 6 février 1791. *Idem.*

il ne peut y avoir de schisme de droit lorsque le plus grand nombre des évêques se trouvent réunis, mais il y en a de fait quand le pouvoir suprême empêche les ministres orthodoxes de remplir leurs fonctions et les fait exercer par des intrus; j'aurai recours à vous si les circonstances le requièrent... » Et enfin : « ... Il[1] arrive ce que j'avais prévu relativement au schisme; l'Église de France est très catholique, la grande majorité des évêques tenant à l'unité, mais, de fait, le schisme s'établit en ce pays, le pouvoir administratif liant les mains aux ministres légitimes et faisant exercer leurs fonctions par des instrus. Votre Éminence m'a mandé qu'il ne serait pas impossible de me procurer le moyen de vivre chez moi dans la catholicité au milieu de l'hétérodoxie... »

Bientôt, c'est le duc de Penthièvre qui va diriger la conscience religieuse de sa fille et de ses petits-enfants, et leur dicter la conduite à tenir vis-à-vis des prêtres jureurs. On comprend donc qu'après un séjour à Châteauneuf-sur-Loire[2], la duchesse d'Orléans reprise à nouveau par le passé craigne plus que jamais l'avenir et qu'ayant subi l'influence d'un homme imbu des principes héréditaires de respect à l'Église et à la Monarchie, elle retrouve à Paris ses répugnances plus fortes contre Mme de Genlis et son entourage suspect.

Aussi bien, sur l'ordre de son mari, a-t-elle une explication définitive avec Mme de Genlis au début

1. 23 mars 1791. *Idem.*
2. Cf. plus haut.

du mois de mars 1791. Elle ne peut plus supporter l'empire de cette femme... Elle va le lui faire connaître à Bellechasse.

Voici ce que nous dit Mme de Genlis : « Elle [la duchesse d'Orléans] s'avança brusquement, écrit-elle[1], m'imposa silence, tira de sa poche un papier en me disant du ton le plus impérieux qu'elle allait me déclarer ses intentions. Aussitôt elle me fit à haute voix et avec une extrême volubilité la lecture de l'écrit du monde le plus surprenant.

« Mme la duchesse d'Orléans me signifiait dans cet écrit que, vu la différence d'opinions, je n'avais d'autre parti à prendre, *si j'étais honnête,* que de me retirer sans délai. »

Devant un ordre aussi positif, il n'y avait qu'à s'incliner. Mme de Genlis fixa son départ au mois suivant... Encore fit-elle une réserve, grâce à cette ténacité peu commune qui n'était pas la moindre de ses vertus, car elle se croyait encore assurée de la victoire. Elle ajouta au duc d'Orléans qu'elle partirait... « à moins que Mme d'Orléans ne me demandât elle-même de rester ».

Mais la duchesse tint ferme.

« En vain, écrit J. Harmand[2], son mari déploya-t-il tous les moyens de persuasion : alléguant l'éducation inachevée, l'opinion publique, la santé de Mademoiselle. En vain dépêcha-t-il son fils, le duc de Chartres, pour unir les larmes aux prières. Mme d'Orléans ne céda point. »

1. Mme de Genlis : *Leçons d'une gouvernante,* t. I, p. 335.
2. J. Harmand : *Op. cit.,* p. 271.

C'est là la version de Mme de Genlis. Mais cette fois encore nous avons maintenant celle de la duchesse d'Orléans, qui la venge aux yeux de la postérité :

Sans doute, les moyens de « persuasion » employés par le duc d'Orléans furent-ils sans douceur. Ce prince, qui avait généralement des formes et des égards vis-à-vis de sa femme et qui n'était point violent, sortit cette fois de son caractère. Il vint au Palais-Royal, trouva la princesse malade — au bain — et certes, la malheureuse dut-elle entendre des paroles bien cruelles pour qu'elle osât adresser la lettre suivante à son mari : « Je vous écris[1] parce que pour le moment je suis absolument hors d'état d'éprouver une scène et comme j'imagine que votre intention n'est pas précisément de me tuer, nous n'aurons pas de conversation aujourd'hui sur des objets que vous traitez de manière à m'achever. Tout est réuni pour me mettre au désespoir, vous êtes indifférent pour ce qui me regarde et d'une dureté sans exemple. Vous savez que j'ai une perte, vous voyez que je suis dans un état affreux, vous ne m'en dites seulement pas un mot ; vous ne demandez seulement pas de mes nouvelles et vous m'écrivez la lettre la plus révoltante pour une femme et pour une mère ; ce n'est donc pas à votre cœur que je m'adresse, mais je ne cesserai de m'adresser à votre justice parce que je vous ai toujours vu en avoir et que vous reviendrez à votre état naturel. Au risque

1. *Bibliothèque de l'Institut, Fd d'Orléans.* Lettre V.

même de vous mettre en fureur je ne puis pas ne pas vous rappeler que je vous ai dit dans mon bain qu'il était impossible que j'eusse une explication satisfaisante avec Mme de Sillery ; je vous l'avais déjà dit le jour que vous m'en parlâtes pour la première fois, je vous l'avais déjà dit à votre retour d'Angleterre, au moment où nous étions convenus que jusqu'à ce que ma fille fût réglée, j'aurais une conduite que vous-même avez approuvée et dont je ne me suis pas écartée un seul instant, je n'ai jamais cessé de vous répéter la même chose et si vous ne l'avez pas entendu ce n'est pas de ma faute, car je vous l'ai dit à différentes reprises, et de toutes les manières possibles. Le papier que j'ai lu à Mme de Sillery était même plus modéré que je vous avait dit ; ce qui prouve ma bonne foi, c'est de l'avoir écrit, car j'aurais pu forcer Mme de Sillery à ce qui est arrivé avec des formes différentes ; mais j'ai mieux aimé, me méfiant de ma vivacité et voulant vous rapporter exactement ce que je lui aurais dit, le mettre par écrit (la réflexion m'avait d'ailleurs fait ajouter des choses mieux pour elle, et que la manière dont j'en ai été reçue tout en entrant dans sa chambre m'aurait dispensée d'avoir si je ne m'y étais pas décidée pour vous), j'étais de si bonne foi, je vous le répète, que je vous l'aurais montré avant d'aller à Bellechasse si vous aviez été à Paris...

« Si Mme de Sillery avait été honnête elle m'aurait répondu qu'elle ne voulait pas être un sujet de désunion et de malheurs pour moi, qu'elle me rendait mes enfants, qu'elle prendrait tous les moyens pour que ma fille ne se doute pas de cette séparation... *Tout aurait été dit et j'aurais été à ses pieds...* Au lieu de cela elle s'est mise en fureur, a prétendu qu'elle tenait de vous que je disais que je n'avais jamais eu d'amitié pour elle, son ton est devenu moqueur et a fini par être extrêmement malhonnête... Elle pouvait se montrer généreuse et me prouver ce qu'elle m'avait dit souvent : « que mon sort l'intéressait », mais elle s'est livrée à une conduite bien différente en s'écartant absolument des principes qu'elle s'est toujours piquée d'avoir. Rappelez-vous aussi que lorsque je vous dis que j'aimerais mieux n'avoir pas d'explication, souffrir en silence, et attendre tout du temps, vous me répondîtes que cela ne se pouvait plus, que vous aimiez mieux tout à présent, qu'il n'était pas dans votre caractère *d'être pour moi comme vous l'étiez,* que c'était contre votre sentiment, mais que vous y étiez *forcé,* que vous ne pouviez plus supporter d'être accusé de faiblesse, de fausseté (ces dernières paroles me firent un grand effet)... Vous allez voir combien peu mon intention était de changer le plan de leur éducation, de les écarter de vos principes, par le plan que je comptais vous proposer, c'était d'abord de conserver toutes les personnes qui sont auprès d'eux, de faire continuer le journal de M. le Brun, de nous faire apporter tous les matins celui de la veille, afin que nous en fissions la lecture ensemble si vous vouliez, je comptais aussi vous dire que vous me donneriez ce que vous trouveriez convenable pour leur table et qu'en conséquence je me chargerais de tout ce détail qui deviendrait bien moins cher... »

Ici la princesse entre dans le récit des réformes qu'elle aurait voulu faire. Sachant que son mari craint un entourage dont les idées sont trop distantes des siennes, elle aurait fait le sacrifice de *toujours dîner seule,* de sorte que, quand ses enfants seraient venus chez elle une ou deux fois par semaine, le prince les aurait trouvés sans cette société qui lui déplaît...

Elle implore en des accents touchants, elle espère encore un peu atteindre le cœur du père par ses enfants qu'il aime et le ramener à elle. « Nous apprendrions ensemble nos enfants... à nous en faire aimer... »

Puis, un dernier cri d'angoisse, de détresse : « Mais, si je dois croire votre lettre, toutes ces considérations ne sont plus rien. Si vous n'écoutez pas la voix de l'amitié, celle de la nature, vous renoncerez à votre bonheur et j'y renoncerai pour moi-même. Pensez-y, réfléchissez et ne vous hâtez pas de décider du sort de toute notre vie !... »

Quelques jours après, nouvel appel suppliant : « J'ai demandé seulement que vous me laissiez ce que toute mère ne peut pas ne pas avoir[1] ! »

On le voit d'après le ton de ses lettres, jusqu'ici, malgré ses infidélités nombreuses, la duchesse d'Orléans a pu croire à un reste d'affection de la part de son mari. Elle sait que s'il est chez lui

1. *Biblioth. de l'Institut. Fond d'Orléans.* Lettre VI.

« gâté », le cœur n'est point naturellement mauvais. Mais, quand une ancienne maîtresse qui a gardé des droits sur un homme faible veut se venger de la femme de celui-ci, la victime est désignée d'avance. Et elle se venge [1].

Quelques jours plus tard, la princesse reçoit de son mari une manière de procès-verbal rédigé avec la sécheresse d'un homme de loi. Il accepte avec une fureur concentrée le départ de Mme de Genlis, nomme une « maison » à Mlle d'Orléans, interdit à sa mère de l'aller voir dans le couvent — encore inconnu — où on va la mettre en compagnie d'une institutrice nommée Mme Lopin, à moins qu'elle ne soit seule, ne permet à sa fille d'aller au Palais-Royal — sans jamais y diner — que si sa mère est malade, et il prend les précautions les plus minutieuses pour que la séparation entre Mme de Genlis et Mlle d'Orléans soit adoucie pour l'une et pour l'autre. « Je vous l'ai dit, écrit-il, il y a sept à huit mois et mille fois depuis ce que mon fils vient de vous confirmer, que cette séparation violente avec toutes les circonstances qui l'ont précédée mettra votre fille au désespoir et peut avoir les suites les plus funestes pour elle. »

En écrivant ces lignes, l'excellent père devenu détestable mari qu'est le duc d'Orléans est-il sincère ? Craint-il vraiment pour la santé de sa fille ? « Joue »-t-il de celle-ci pour conserver Mme de Genlis qui, assurément, guide sa main tandis qu'elle

1. MORIOLLES : *Op. cit.*, pp. 30 et 32.

écrit? Il est malaisé de démêler ce qu'il y a de sincère ou d' « attitude » dans sa manière de faire et peut-être lui-même se méprenait-il sur ses propres sentiments faussés par une regrettable Égérie. Ce qui est certain, c'est qu'après avoir notifié à la malheureuse princesse que ses fils, envoyés sur les côtes, allaient lui être également enlevés, il devenait encore plus injuste en ajoutant : « Pendant quinze ans, je n'ai rien fait pour mes enfants, sans vous consulter et sans agir de concert avec vous, mais vous leur montrez que vous n'avez aucun égard pour mon repos et à ma volonté sur eux et par là, c'est vous seule qui me forcez à vous ôter sans retour toute espèce d'influence sur leur éducation. »

La princesse, navrée et blessée par ces accusations, répond en rétablissant les faits : « Vous me mandez que vous m'avez toujours consultée pour ce qui regarde mes enfants tandis que vous savez fort bien que je n'ai jamais été consultée pour rien et que toutes les autres fois que vous m'avez annoncée quelque chose qui avait rapport à eux, c'était toujours une chose décidée à laquelle il fallait me soumettre. Vous savez tout aussi bien que toutes les personnes qui les entourent ont été choisies par Mme de Sillery. — Vous savez au contraire que je ne me suis jamais permis la plus légère démarche à leur égard sans vous consulter, sans avoir votre approbation... Plus on a souffert avec *douceur* et plus on se sent aigrie lorsqu'on éprouve le comble des humiliations et des malheurs... »

Et comme le duc de Chartres joint ses supplications[1] aux reproches de son père, elle se sent plus que jamais méconnue, incomprise... seule; et à ce fils qui, lui aussi, préfère Mme de Genlis à sa mère, elle écrit au cours d'une lettre qui n'est qu'une longue plainte déchirante: « La scène attendrissante que nous avons eue ensemble, mon cher ami, m'a fait bien du mal, ma santé est dans un état de faiblesse et mon cœur est si déchiré que des émotions dans le genre de celles que tu m'as fait éprouver me sont mortelles. »

Que se passe-t-il alors? Quels entretiens demeurent mystérieux entre Mme de Genlis et le prince? Quels conseils Mme de Chastellux donne-t-elle de son côté à Mme d'Orléans? On ne sait trop... Mais sans doute y a-t-il une nouvelle scène terrible et sans témoin. En effet, au printemps de la même année, Mme de Lamballe dit au comte de Moriolles que la duchesse d'Orléans « a été mise à la porte par son indigne mari »; le duc de Penthièvre l'assure ensuite que son gendre « l'a chassée du Palais-Royal, la renvoyant avec la seule chemise qu'elle avait sur le corps », et dès le 8 avril 1791, Governor Morris a écrit dans son journal : « Mme de Chastellux me dit que la duchesse d'Orléans part demain [2] sous prétexte

1. *Biblioth. de l'Institut. Idem.* Le duc de Chartres reprocha à sa mère de vouloir « tuer sa sœur » en lui enlevant Mme de Sillery. Dans toutes les lettres de la princesse à ses fils on remarquera, au cours du second volume de cet ouvrage, avec quelle modération elle leur parle de leur père.

2. Dans une note justificative de sa conduite (cotée n° 17, f° *précité*), le duc d'Orléans, qui avait collationné lui-même avec soin le petit dossier concernant ses différends avec la duchesse d'Orléans, reprend les événements et les conte à peu près de

d'aller voir son père indisposé, mais en réalité pour effectuer sa séparation d'avec son mari, dont la conduite est devenue trop brutale pour être supportée[1]. » C'en est fait. La princesse est répudiée... Mais la voilà pourtant qui jette un dernier appel[2] ! « ... Je veux, écrit-elle au prince, avant de partir pour aller chercher auprès de mon père les seules consolations sur lesquelles je puisse compter à présent, vous conjurer de réfléchir encore au parti auquel vous voulez me forcer. La personne qui, depuis que mes enfants sont entre ses mains, n'a cessé d'être une cause de désunion entre nous va donc nous séparer pour jamais. C'est elle qui vous a engagé à me tendre un piège[3]. Car, tout était calculé par elle, mais je suis bien sûre que

la même manière que Mme de Genlis dans ses *Souvenirs de Félicie*. Il semble ne pas vouloir comprendre les motifs d'aversion de la princesse contre Mme de Genlis, aversion qui fut croissante depuis le voyage en Angleterre où il avait reçu de sa femme une « lettre de menaces » au sujet du *Gouverneur*. Il nous donne la clef de cette singulière correspondance entre époux destinés à se voir fréquemment en écrivant non sans inimitié contre les familiers de la duchesse d'Orléans : « apparemment ses *Conseils* ne furent pas contents de l'effet qu'avait produit notre conversation (au retour d'Angleterre), car ils la décidèrent à ne jamais me parler et à toujours m'écrire ». Au sujet du départ de la duchesse d'Orléans, il écrit : « Elle me faisait des mensonges atroces... Elle est partie pour le joindre [le duc de Penthièvre] avec Mme de Chastellux. J'ai été le matin à midi chez elle... une femme de garde-robe m'a dit qu'elle venait de partir... Cela n'était pas vrai. Elle n'est partie que quelque temps après. »

1. Governor MORRIS : *Op. cit.*, p. 223.

2. *Biblioth. de l'Institut.* Fond d'Orléans. Lettre VIII, avril 1791.

3. Sans doute, la prière adressée au duc d'Orléans par Mme de Genlis au sujet de sa démission *soumise à la volonté de la princesse.*

tout l'était à votre insu,... je ne pourrais supporter l'humiliation à laquelle vous vouliez me condamner et encore moins celle que vous me prépariez, car votre projet était de m'ôter plus que jamais mes enfants et c'est dans le moment où je vous avais proposé un plan qui devait vous convertir, qui aurait assuré votre bonheur, que vous voulez y renoncer... Réfléchissez encore, je vous en prie... Au nom de mes enfants, au nom de la tendresse que vous eûtes pour moi. Ne consommez pas cet horrible sacrifice. Mme de Sillery n'est-elle pas un monstre si elle y consent [1] ? Vous renoncerez aux projets horribles conçus par quelqu'un qui a juré ma perte...

« Je n'ai pas remis votre lettre [2] à Mme de Chastellux, vous avez trouvé une manière de me la rendre infiniment chère en la choisissant pour vic-

1. Quelques semaines plus tard, Mme d'Orléans parlait au comte de Moriolles de Mme de Genlis en l'appelant « la femme infâme » qu'elle avait tardivement dévoilée. L'année suivante, elle parlera encore dans sa correspondance de « cette femme méchante et altière qui se dispense à mon endroit des procédés et des égards les plus simples, cette femme à laquelle je n'ai jamais fait de mal et dont je ne parle qu'avec des sanglots ». (Archives particulières.)

2. Le duc d'Orléans vengea Mme de Genlis en chassant Mme de Chastellux du Palais-Royal. A tort ou à raison, Mme de Genlis la considérait comme responsable de son propre renvoi. Mme de Genlis eut en effet la dignité — tardive — de partir pour revenir. A une lettre très dure du duc d'Orléans qui l'accusait d'avoir influencé sa femme, Mme de Chastellux répondit avec tact et dignité : « Mme d'Orléans a toujours été le modèle des mères comme celui des épouses... Ces soupçons m'honorent infiniment. Je ne puis qu'être flattée de vous voir persuadée que j'ai influé sur la conduite de Mme d'Orléans, puisqu'elle a toujours mérité entièrement l'approbation de sa famille et celle de tout le public. »

time, vous devez sentir que par là même vous m'avez attachée à elle pour la vie, d'autant plus que je sais... à quel point elle est loin de ce que vous semblez vouloir penser et établir... »

Cet appel ne rencontra point d'écho, et, le 9 avril 1791, la duchesse d'Orléans partit pour rejoindre le duc de Penthièvre, au château d'Eu. Elle quittait ce Palais-Royal, où dans l'illusion de ses seize ans, elle était entrée jadis, pleine de confiance en l'homme auquel elle avait imprudemment confié sa main. Elle avait cherché le rêve dans le mariage et elle n'y avait rencontré que la réalité.

Si les délicats sont malheureux — et ils le sont tous — ils le sont surtout à l'heure où ils sont désabusés, où ils connaissent l'horrible certitude que les joies longtemps attendues ne viendront plus et qu'ils ne peuvent se résigner à aimer la vie telle qu'elle est, parce qu'elle les a trompés et que leur avenir est irrémédiablement noir et sans issues possibles. Pour la princesse, qui n'était point femme à chercher dans les aventures le bonheur qu'elle n'avait pu rencontrer dans le devoir, le 9 avril 1791 fut sans aucun doute le moment d'angoisse suprême.

Et ce qui devait aiguiser la souffrance de son cœur très tendre et très blessé, c'est que, jusqu'à l'heure de la mort tragique du duc d'Orléans, l'« amoureuse dans le mariage » devait aimer encore celui qui l'avait fait souffrir. Elle cessa un jour de l'estimer, mais pendant vingt-deux ans elle avait fait de lui « sa vie », elle le savait digne de pitié —

ce faible — et elle aurait pu — même en 1793 — s'écrier comme le poète-philosophe [1].

On ne peut plus haïr l'être qu'on a compris.
Je tâche donc toujours d'aller au fond des âmes :
Nous nous ressemblons tant ; je retrouve surpris
Un peu du bien que j'aime au cœur des plus infâmes
Et quelque chose d'eux jusqu'en mon dur mépris.

L'âme froissée, repliée sur elle-même, languissante et très lasse, la princesse cessa réellement de « vivre » le jour où — femme sans mari — mère sans enfants — elle alla pleurer dans les bras de son vieux père [2]. Mais celui-ci devait bientôt mourir, et dorénavant, la duchesse d'Orléans allait errer de par le monde, cherchant ce calme et cette paix que, comme tant d'autres, elle ne trouva sans doute qu'au dernier jour : dans l'éternel repos.

1. Guyau.
2. A Eu, à Radepont, à Vernon, la princesse « ne cesse de pleurer, et ses yeux sont toujours rouges jusqu'au sang ». Cf. *Mémoires du Cte de Moriolles.* Passim.

TABLE DES MATIÈRES

CHAPITRE V

CHAPITRE VI

CHAPITRE VII

CHAPITRE VIII

CHAPITRE IX

Imprimerie de Montligeon (Orne). — 5026-6-13.

Lightning Source UK Ltd.
Milton Keynes UK
UKHW05f1436210818
327530UK00028B/731/P

9 780282 034160